构树扶贫工程

——我国生态农牧业发展的新探索

中国扶贫发展中心　指导编写

沈世华　罗朝立　主编

U0902094

中国文联出版社

图书在版编目（CIP）数据

构树扶贫工程 ：我国生态农牧业发展的新探索 / 沈世华，罗朝立主编 . -- 北京 ：中国文联出版社，2023.4
ISBN 978-7-5190-5162-4

Ⅰ．①构… Ⅱ．①沈… ②罗… Ⅲ．①构树－林业经济－产业发展－中国②扶贫－研究－中国 Ⅳ．①F326.23②F126

中国国家版本馆 CIP 数据核字（2023）第 050033 号

主　　编　沈世华　罗朝立
责任编辑　胡　笋
责任校对　胡世勋
装帧设计　麦　青

出版发行　中国文联出版社有限公司
社　　址　北京市朝阳区农展馆南里 10 号　　邮编　100125
电　　话　010-85923025（发行部）　010-85923076（编辑部）
经　　销　全国新华书店等
印　　刷　天津和萱印刷有限公司

开　　本　710 毫米 ×1000 毫米　1/16
印　　张　22.5
字　　数　300 千字
版　　次　2023 年 4 月第 1 版第 1 次印刷
定　　价　68.00 元

内容简介

本书从杂交构树产业发展历程、产业扶贫、效益分析、带贫机制、专项评估、前景展望、乡村振兴等方面全面系统地梳理了我国精准扶贫十项工程之一构树扶贫工程的实践过程，认真总结了国家行业部门、地方政府、科研机构、参与企业等协同推进该工程的经验成果，深入分析了实施过程中好的做法、经验教训和突出问题，并提出了相关意见建议与解决方案。构树扶贫科技成果还催生启动了科技部国家重点研发计划项目，将更好地为“十四五”巩固拓展构树扶贫产业成果和有效衔接乡村振兴提供科技支撑。本书适合相关行业部门、地方政府决策和愿意加入构树扶贫产业发展的企业参阅，也可以供相关高等院校师生和科研院所研究人员研读。

编 委 会

主　编：

沈世华　中国科学院植物研究所研究员、博士生导师

罗朝立　国家乡村振兴局中国扶贫发展中心副主任

副主编：

黎祖交　中国生态文明研究与促进会创会常务理事

　　　　原国家林业局经济发展研究中心主任、教授

侯朝和　河北农业大学客座教授

田　志　国投集团中投咨询公司高级项目经理

编著人员：

彭献军　中国科学院植物研究所副研究员

陈乃芝　中国科学院植物研究所副研究员

胡艳敏　中国科学院植物研究所博士后

王芬芬　中国科学院植物研究所博士后

张小康　中国科学院植物研究所博士研究生

王　开　中国科学院植物研究所硕士研究生

郑思凡　中国科学院植物研究所硕士研究生

王乃夫　中科创构（北京）科技有限公司董事长

序 I

构树是起源于我国的乡土树种，经中国科学院植物研究所研发，培育出了杂交构树新品种，其具有许多优势：生长快、产量高，亩产嫩枝鲜叶可达 8 吨左右；蛋白含量高、用途广，干细枝嫩叶粗蛋白含量高达 26%，是理想的高蛋白饲料，可广泛用于养殖；生命力旺盛、适应性强，在荒山荒坡和石漠化、盐渍化区域都能生长。杂交构树是减抗饲料原料，是进口粗蛋白饲料的理想替代品，能为畜牧业发展提供优质粗蛋白。基于此，原国务院扶贫开发领导小组 2014 年 12 月，将构树扶贫工程确定为精准扶贫十项工程之一，这是一项极富开创性、有重要意义、有带贫特色、有发展前景的扶贫产业。以中国科学院植物研究所的杂交构树产业体系为核心科技支撑，采取“久久为功、绵绵用力”思路和“试点先行、稳步推进”的战术，经过扶贫、农业、科技、国土、林草等部门和试点地区的共同努力，涌现出一批成功案例，探索出增收脱贫的新路子。2017 年，构树扶贫典型案例作为参阅材料提供中央政治局第三十九次集体学习，得到习近平总书记肯定。[①]据不完全统计，试点期间全国杂交构树累计种植面积超过100万亩，涉及28个省（自治区、直辖市），200多个贫困县，有600多家企业或合作社从事杂交构树种植养殖产业，带贫效果明显，地方政府和企业积极性高，为打赢脱贫攻坚战贡献了力量。

本书立足于2015年以来构树扶贫工程试点示范和推广工作的实践，系统梳理了构树扶贫工程的来龙去脉、取得的成绩、存在的问题以及下步工作建议，是一本全面客观介绍构树扶贫工程的好书。按照保障初级产品供给和树立大食物观的要求，我们应该向构树要蛋白。希望更多的读者朋友了解杂交构树，关心支持杂交构树产业发展，只要大家都参与进来，“小构树”就一定可以做成“大产业”，这对丰富国内粗蛋白饲料来源、提升农民种养效益、助力巩固拓展脱贫攻坚成果、全面推进乡村振兴具有积极意义。面对我国粮食安全和畜牧业高质量发展的国家战略需求，以及百年未有之大变局和复杂多变的国际形势，愿我们大家携起手来，共同努力，让杂交构树造福人民、造福国家。相信构树这棵中华老树，一定会随着杂交构树这个新品种的华丽转身及其应用价值的日益彰显，再次焕发出令人瞩目的青春和活力。

刘永富

2022年3月

---

① 高永伟:《构树扶贫 大有可为——就构树扶贫工程实施情况专访国务院扶贫办开发指导司》,《中国扶贫》2020年第7期，第75–78页。

序 II

我国是世界畜牧业大国，但蛋白饲料原料紧缺，大量依赖进口，特别是大豆，近十几年来，进口逐年递增，价格不断提高，饲料成本越来越高，对我国养殖业产生巨大冲击，“人畜争粮”的矛盾更加突出。破解蛋白来源紧缺难题，是我国畜牧业健康发展和保障粮食安全的当务之急。

构树是我国原生植物，属于桑科构属，分布广、适应性强、用途多，其饲用、食用、药用、造纸等应用价值在我国诸多古籍中均有记载。十多年前，针对我国畜牧业“蛋白原料不足、抗生素超标、粪污面源污染”三大瓶颈，中国科学院植物研究所沈世华研究团队提出“以树代粮、种养结合”设想，在收集评价野生构树种质资源基础上，采用杂交育种等技术，培育出国内外首个木本、功能性、高蛋白杂交构树新品种，同时通过联合攻关、技术集成研究，建立了“繁—种—采—加—养—沼—肥”等一体化生态农牧产业技术体系，并进行试验示范，实现了以下三大创新突破：一是全株粗蛋白质含量可达 20%，比野生构树提高 5% 以上，可与紫花苜蓿媲美；二是全株木质素为 16% 左右，比野生构树降低 2% 以上，中性洗涤纤维 45% 左右，实现了由人工采摘的叶片利用到机械化采收的全株利用的突破；三是生命力旺盛，适应性强，生长过程可不打农药、不用除草剂，富含类黄酮，饲用过程可减少抗生素使用，实现了由化学种植和有抗养殖到生态种植和健康养殖的突破。

基于我国生态农牧业发展和打赢脱贫攻坚战的需要，国家把杂交构树扶贫产业确定为精准扶贫十项工程之一，是一项符合国家战略需求的大好事，在原国务院扶贫办等部门的大力推动下，构树扶贫工程增收脱贫成效显著，产业持续“造血”功能强劲，生态农牧业循环经济模式得以显现，为健全国家饲草料供应体系增添了“新兵”，让中国畜牧业看到了摆脱蛋白饲料原料长期依赖进口的未来，称得上“利在当代，功在千秋”。

我相信在国家相关部门的指导下，通过“产学研”紧密合作，杂交构树产业将惠及更多百姓。我们科学工作者，尤其是中国科学院植物研究所的同仁们，将积极配合国家相关部门，重点做好杂交构树品种创新和产业关键技术攻关。同时努力做好杂交构树产业化科技服务支撑，积极推动品种、品质到国家品牌的建设，把中国科学家利用乡土树种自主研发的杂交构树这一项原创成果转化打造成具有中国特色的杂交构树生态种植和养殖产业，形成战略上的优势，增强国家竞争力。

匡廷云

2022 年 3 月

前　言

在广袤的祖国大地上，土生土长着一种树，它根系发达，枝叶繁茂，树冠宽阔，城中山野、沟边路旁、田间地头随处可见，从终年炙热的南国三亚到冬季寒冷的塞外承德，从东部台湾海滨到西域藏南高原，从海拔几米高的平原到3000多米的崇山峻岭，都有自然分布，学名叫构树（*Broussonetia papyrifera* L.），属桑科构属中小乔木。据考证，我们的祖先在8000年前就开始利用石拍加工构树树皮衣服，并于6000多年前开启了向海外传播之路，大大早于2000多年前的丝绸之路。《诗经》《山海经》《本草纲目》和《农书》等都有关于构树的记载，人们剥皮造纸制衣御寒，摘果挖根入药治病，拾花采叶食用充饥，割枝加工养猪喂牛等，历史源远流长，伴随着中华民族的文明进程，因古代四大发明之一造纸术用它来造纸而闻名天下，被外国人称为纸桑（Paper mulberry）。

面对新时代出现的粮食、土地、生态和环境等危机，中国科学院植物研究所科研人员系统收集评价野生构树基因资源，建立种质资源圃与选育圃；破译构树高精度基因组，解析农艺性状形成分子机制，挖掘重要关键功能基因；通过杂交选育、太空诱变结合现代生物育种手段，将野生构树进行改良，培育出了杂交构树新品种，实现了木本资源植物种质原始创新的新突破，在保留原有优良遗传特性的同时，在产量、品质和加工等农艺性状方面也有显著提高。

杂交构树具有如下主要特点：一是营养丰富均衡，全株嫩枝叶粗蛋白 20％以上，有氨基酸 18 种，富含生物活性物质，树叶类黄酮 5.38%，是优良的功能性饲用蛋白质原料。二是速生丰产，进入稳产期，每年亩产鲜绿料 8 吨左右，肥水光热条件越好的地方，产量越高。三是适应性强，能在年降水量 300 毫米以上、极端最低气温不低于 −20℃、含盐碱 6‰以下地方种植，是沙荒地、石漠化区域、盐渍化区域、矿山生态治理的好树种。生长过程可不打农药、不用除草剂，从源头上减少了污染和农残。四是耐刈割，每年可采收 3—4 次，南方可采收 5—7 次，可机械化刈割粉碎，一次种植可连续收割 15 年以上，减少土层扰动，有利于防治水土流失。五是见效快、收益高，当年种植当年见效，平均每亩年收入 3000 元左右，如加工成饲料、养殖产值达上万元。六是用途广，树皮纤维优良，可以造纸、制作高档衣服；嫩叶可做蔬菜，芽可制茶，全株可做功能保健品；茎干可加工板材，作菌菇养殖基料等。

生产实践结果表明，发展杂交构树“构—饲—畜”一体化生态农牧业，具有“一升三降三增”的效果：“一升”即提升畜禽产品的品质，“三降”即降低饲养成本、降低抗生素使用、降低面源污染 ，“三增”是增强免疫力、增加蛋白质、增加养殖收益，是破解我国蛋白质饲料“卡脖子”难题的新途径。国家相关部门对杂交构树新型蛋白饲草料资源开发利用高度重视：2018 年 4 月，农业农村部将构树纳入《饲料原料目录》，进入国家饲料体系；2019 年 11 月，国务院扶贫办、自然资源部、农业农村部联合发文，允许在一般耕地上发展杂交构树饲料，解决了种植用地问题；2020 年 9 月，国务院办公厅在《关于促进畜牧业高质量发展的意见》中明确提出“开发利用杂交构树”等新饲草料资源，“健全饲草料供应体系”，将其利用价值提高到国家战略层面。2021 年 12 月，农业农村部发布《“十四五”全国畜牧兽医行业发展规划》，将杂交构树纳入饲草千亿级产业区域特色饲草资源之一，加快我国现代畜牧业体系建设。2021 年 12 月，科技部立项启动了国家重点研发计划“主要经济作物优质高产与产业提质增效科技创新”重点专项中的“杂交构树产业关键技术集成研究与应用示范”项目，加强杂交构树应用科技研发，成为脱贫攻坚科技成果中唯一被列入国家重点研发计划“经作专项”的项目。

杂交构树生长快、产量高、易种植、效益好，成为农民脱贫增收的“摇钱树”。2014 年，原国务院扶贫开发领导小组将杂交构树列入精准扶贫十项工程，在原国务院扶贫办的大力推动下，带贫效果明显，为打赢脱贫攻坚战贡献了积极力量。同时，为破解我国蛋白质饲草料“卡脖子”难题，确保肉蛋奶食品安全探索出一条新途径。

本书从杂交构树科技研发、纳入扶贫工程决策过程、试点扶贫成效、产业技术体系、国家支持政策、应用产品市场、经济—社会—生态效益、带贫机制、扶贫成效、典型案例、专项评估、前景展望、乡村振兴等方面全面系统梳理构树扶贫工程的实践过程，认真总结行业部门、地方政府、科研机构、参与企业等协同推进的经验成果，深入分析实施过程中好的做法、经验教训和突出问题，为“十四五”巩固拓展构树扶贫产业成果、有效衔接乡村振兴提出意见建议和解决方案，可供相关行业部门、地方政府决策和愿意加入杂交构树产业发展的企业参考。

编著者

2022 年 3 月

目　　录

第一章　发展历程 …… 1

第一节　国家战略 …… 3

一、保障食品安全 …… 3

二、决战脱贫攻坚 …… 4

三、发展绿色经济 …… 5

四、建设绿水青山 …… 7

第二节　创新研发 …… 9

一、野生构树及其利用价值 …… 10

二、杂交构树特性 …… 16

三、杂交构树区域试验 …… 28

四、杂交构树主要用途 …… 29

第三节　价值意义 …… 32

一、发展杂交构树产业是我国粮食安全的重要战略措施之一 …… 32

二、发展杂交构树产业是解决我国食品安全的重要途径之一 …… 34

三、发展杂交构树产业是精准扶贫工程的重要举措 …… 34

四、发展杂交构树产业是生态文明和美丽中国建设的有效载体 … 35

第四节　工程诞生 …………………………………… 35
一、走访咨询 …………………………………… 36
二、实地调研 …………………………………… 38
三、研讨会商 …………………………………… 43
四、入选启动 …………………………………… 45
第五节　试点过程 …………………………………… 46
一、探索性试点 …………………………………… 46
二、扩大性试点 …………………………………… 52
三、“三品”战略 …………………………………… 57

第二章　产业扶贫 …………………………………… 61
第一节　产业体系 …………………………………… 63
一、育苗产业 …………………………………… 63
二、种植产业 …………………………………… 66
三、饲料产业 …………………………………… 68
四、养殖产业 …………………………………… 69
第二节　科技体系 …………………………………… 79
一、种源良种化 …………………………………… 79
二、种苗工厂化 …………………………………… 80
三、种植标准化 …………………………………… 81
四、采收机械化 …………………………………… 82
五、养殖科学化 …………………………………… 83

第三节　支持政策 …… 84
一、国家层面支持政策 …… 84
二、行业层面支持政策 …… 85
三、地方层面支持政策 …… 86
第四节　市场表现 …… 87
一、饲料市场：发展杂交构树扶贫产业是提升我国饲料工业竞争力的重要途径 …… 87
二、畜产品市场：发展杂交构树扶贫产业可为我们提供优质安全的肉蛋奶产品，助力农业供给侧结构性改革 …… 88
三、产销对接平台 …… 89

第三章　效益分析 …… 91
第一节　经济效益 …… 93
一、育苗效益：杂交构树组培苗从源头上为工程试点提供了可靠支撑 …… 93
二、种植效益：杂交构树具有明显的比较优势 …… 95
三、加工效益：杂交构树饲料不仅品质好，利润空间也大 …… 96
四、养殖效益：构饲养殖产品质优价优、能卖好价钱 …… 98
五、其他效益：其他产品加工效益虽处起步阶段，效益却已显现 …… 102
第二节　社会效益 …… 103
一、富民利企 …… 103
二、领导肯定 …… 107

三、专家认可 …… 109
四、宣教科普 …… 110
第三节 生态效益 …… 112
一、生态适应：杂交构树的强大生命力为我国生态治理和增加耕地显示了新的选项 …… 112
二、土壤改良：杂交构树的种植对地力的影响为提高耕地质量提供了新的思路 …… 113
三、畜禽免疫：杂交构树饲料的研发运用为实现畜禽食品安全开辟了新的路径 …… 114
四、粪污利用："构—饲—畜"一体化养殖为有效解决养殖行业污染难题展示了新的希望 …… 114

第四章 带贫成效 …… 117
第一节 带贫模式 …… 119
一、自主种植 …… 119
二、入股分红 …… 119
三、务工就业 …… 120
四、种养联动 …… 120
五、企业带动 …… 120
第二节 典型案例 …… 121
一、省级扶贫案例：河南省——高位推进、系统支持 …… 121
二、县级扶贫案例：巫溪县——科学发展杂交构树产业、助力山区脱贫攻坚 …… 125

三、村级扶贫案例：松台村——发展杂交构树产业、壮大集体经济、实现增收脱贫 …………………………… 129
四、企业带贫案例：华好生态养殖有限公司——杂交构树饲料是个宝、奶牛吃了效果好 …………………………… 132
五、合作社带贫案例：河南省太康县合作社组织贫困户种杂交构树脱贫又致富 …………………………… 138
六、贫困户脱贫案例：安徽省霍邱县农户宋方军，一个贫困户的构树脱贫纪实 …………………………… 143

第五章　专项评估…………………………… 147
第一节　基本情况 …………………………… 149
第二节　整体评价 …………………………… 151
一、构树扶贫工程成效显著，利于农民就业增收 …………… 151
二、杂交构树对耕地地力未表现出负面影响 …………… 152
三、遵循新的耕地保护政策，杂交构树产业寻求新空间 …… 153
第三节　评价结论 …………………………… 154
一、种苗培育技术成熟，组培苗优势明显 …………… 154
二、技术体系不断完善，农机设备迭代更新 …………… 154
三、产品品质受到认可，市场开拓仍需投入 …………… 155
四、产业发展潜力较大，市场终端成为关键 …………… 156
五、构树饲料替代效果良好，有望缓解进口依赖 …………… 157
六、杂交构树产业减少种养殖生产成本，经济效益明显 …… 157
七、有效防止水土流失、构建生态循环农业 …………… 158

第六章　发展前景 …… 159
第一节　发展机遇 …… 161
一、我国蛋白质饲草料紧缺，市场前景广阔 …… 162
二、国民大健康意识与日俱增，催生优质食品新兴市场 …… 163
三、巩固拓展脱贫攻坚成果，造血产业大有作为 …… 164
四、乡村振兴战略任重道远，生态农牧业持续发力 …… 165
第二节　面临挑战 …… 167
一、土地问题：杂交构树种植缺乏稳定可靠的用地保障 …… 167
二、技术问题：缺乏全面适应构树产业发展的研究成果和技术标准 …… 168
三、资金问题：缺乏构建完整的杂交构树产业链和实施大规模生产经营的资金投入 …… 169
四、区域选择问题：缺乏对杂交构树产业发展必备条件的科学认知 …… 169
五、市场问题：缺乏管理规范的市场环境 …… 170
六、组织领导问题：缺乏政府部门的协同推动 …… 170
七、社会认知问题：缺乏权威有效的舆论宣传 …… 171
第三节　发展举措 …… 171
一、从国家层面提高杂交构树产业的战略定位 …… 172
二、国家相关部门协同推动杂交构树产业发展 …… 172
三、加强协同攻关，强化杂交构树产业发展的科技支撑 …… 173
四、做好杂交构树产业发展的顶层设计、区域布局和规划制定 …… 173

五、及时组织开展杂交构树系列产品的科学认定评定 ········ 173
六、加大舆论宣传力度，提升杂交构树产业及其产品的社会认知度 ········ 174
七、搭建产业发展交流平台，强化行业服务指导 ········ 174

第七章　乡村振兴 ········ 177
第一节　重要意义 ········ 180
一、助力产业兴旺：有利于从源头破解畜禽养殖业“三大制约瓶颈” ········ 180
二、助力乡村宜居：有利于加快农村生态环境治理、改善人民生产生活环境 ········ 182
三、助力生活富裕：有利于农民增产增收和就近就业创业 ········ 184
四、助力沃土增地：有利于土壤改良和边际土地的合理利用 ········ 186
五、助力科技推广：有利于彰显科学技术在乡村振兴中的重要作用 ········ 187
第二节　有利条件 ········ 188
一、政府支持：为在乡村振兴中大力发展杂交构树生态农牧业提供了可靠的组织保障 ········ 188
二、企业参与：为在乡村振兴中大力发展杂交构树生态农牧业奠定了较好的发展基础 ········ 190
三、技术储备：为在乡村振兴中大力发展杂交构树生态农牧业提供了必要的科技支撑 ········ 192

四、经营模式：为在乡村振兴中大力发展杂交构树生态农牧业探索了可行的发展路径 …… 194
五、社会反响：为在乡村振兴中大力发展杂交构树生态农牧业展现了广阔的市场前景 …… 195
第三节 几点建议 …… 196
一、制定杂交构树乡村振兴产业规划 …… 197
二、推进杂交构树现代农业产业园区深化试点 …… 197
三、加大基本农田之外种植用地挖潜 …… 197
四、加强全产业链科技攻关和技术创新 …… 198
五、打造杂交构树的地理标识和品牌 …… 198
六、对接好乡村振兴产业发展专项政策及市场资源 …… 199

致 谢 …… 200

附录 1 …… 201

附录 2 …… 273

参考文献 …… 334

第一章

发展历程

第一节　国家战略

一、保障食品安全

随着我国经济社会的发展，居民的膳食结构发生了巨大的改变，改革开放至今，居民对口粮的消耗下降超三分之二，对肉蛋奶等动物性食品的消费量增长了 3 倍多，呈现从“吃饱”到“吃好”转变。近十年来，国内生产已无法满足居民日益增长的对肉蛋奶等食品的消费需求，我国进口牛羊肉、液态奶和奶粉的数量逐年攀升，畜禽蛋白饲草料的对外依存度也居高不下。因此，新时代的食品安全，包括粮食安全，从一定意义说，就是保障我国日益增长的肉蛋奶和足量、优质饲料的供给需求。

我国是世界畜牧品生产大国，每年需要大量粮食生产饲料，占全部粮食消费量一半左右。其中，蛋白质原料奇缺，进口依赖率达 80% 以上，2020 年我国进口大豆 10033 万吨、苜蓿 128 万吨，进口额 3238 亿元人民币（数据来源：中国海关）。近十年来，大豆进口价格翻了一倍，国家因此多付了大量外汇，饲料成本增加，给我国养殖行业带来巨大冲击，加之世界农业生产与贸易格局变化等问题，引起国际社会对中国粮食安全的广泛关注。如果这些进口饲料全部由我国自己生产，将需要 7 亿多亩耕地，占用约 40% 的良田，少产 2 亿多吨粮食，又会带来粮食危机，“粮饲争地”“人畜争粮”的矛盾将更加突出。

粮食是特殊商品和战略物资，如果把中国粮食安全交给其他国家，等于把国运交给其他国家，其后果甚至比外国驻军更加严重。十八大以来，习近平总书记高度重视粮食安全问题，他强调："中国人的饭碗任何时候都要牢牢端在自己手中，我们的饭碗应该主要装中国粮。"他还强调："我国是个人口众多的大国，解决好吃饭问题始终是治国理政的头等大事"，"解决 13 亿人吃饭问题，要坚持立足国内"[①]。2022 年全国两会上，习近平总书记又提出：要树立大食物观[②]。要向森林要食物，向江河湖海要食物，向设施农业要食物，同时要从传统农作物和畜禽资源向更丰富的生物资源拓展，发展生物科技、生物产业，向植物动物微生物要热量、要蛋白。如何破解蛋白饲料来源紧缺瓶颈难题，是我国畜牧业健康稳健发展和确保粮食安全的当务之急。

二、决战脱贫攻坚

我国是一个农业大国，农业是我国国民经济的基础，农业、农村、农民"三农"问题，始终是我国社会经济建设和发展的首要问题。连续 18 年中央一号文件都是关于三农方面的工作。早在党的十六大报告中明确提出要在 21 世纪头二十年全面建设小康社会的目标中，进一步强调指出"建设现代农业，发展农村经济，增加农民收入是全国建设小康社会的重大任务"，这是关乎中国未来发展的重大战略决策。党中央高度重视三农工作，习近平总书记多次作出指示，他在 2013 年 12 月农

① 2013 年中央农村工作会议，央视网。

② 习近平看望参加政协会议的农业界社会福利和社会保障界委员，中国政协网，2022 年 3 月 6 日。

村工作会议上表示“小康不小康，关键看老乡。一定要看到，农业还是‘四化同步’的短腿，农村还是全面建设小康社会的短板。中国要强，农业必须强；中国要美，农村必须美；中国要富，农民必须富”。

几十年来，习近平总书记曾先后在县、市、省、中央工作，为了让人民过上好日子，扶贫始终是他工作的一个重要内容。党的十八大以来，以习近平同志为核心的党中央把消除贫困摆在治国理政更加突出的位置，提出到 2020 年全面建成小康社会的奋斗目标，实现“两不愁三保障”是贫困人口脱贫的基本要求和核心指标①。2014 年年底，全国 832 个贫困县，共有贫困村 12.8 万个，贫困人口 8800 多万。如何切实有效地实施和达到预期的目标，是摆在我们面前的一大难题。

三、发展绿色经济

发展绿色经济作为实现科学发展的重大举措，是建设生态文明的首要任务和应对气候变化的战略选择。2012 年 11 月，党的十八大从新的历史起点出发，做出“大力推进生态文明建设”的战略决策，从 10 个方面绘出生态文明建设的宏伟蓝图。建设生态文明，是关系人民福祉、关乎民族未来的长远大计。面对资源约束趋紧、环境污染严重、生态系统退化的严峻形势，必须树立尊重自然、顺应自然、保护自然的生态文明理念，把生态文明建设放在突出地位，融入经济建设、政治建设、文化建设、社会建设各方面和全过程，努力建设美丽中国，实现中华民族永续发展。具体要求要实施重大生态修复工程，增强生态产品生产能

① 《习近平在解决“两不愁三保障”突出问题座谈会上的讲话》，人民网 2019 年 8 月 15 日。

力，推进荒漠化、石漠化、水土流失综合治理，扩大森林、湖泊、湿地面积，保护生物多样性。

十九大报告进一步指出：我们要建设的现代化是人与自然和谐共生的现代化，既要创造更多物质财富和精神财富以满足人民日益增长的美好生活需要，也要提供更多优质生态产品以满足人民日益增长的优美生态环境需要。报告特别强调“推进绿色发展”。明确提出了“加快建立绿色生产和消费的法律制度和政策导向，建立健全绿色低碳循环发展的经济体系”“构建市场导向的绿色技术创新体系”等要求。

《中华人民共和国国民经济和社会发展第十四个五年规划和2035年远景目标纲要》明确提出，推动绿色发展，促进人与自然和谐共生。“十四五”时期，我国生态文明建设进入了以降碳为重点战略方向、推动减污降碳协同增效、促进经济社会发展全面绿色转型、实现生态环境质量改善由量变到质变的关键时期。

2021年2月2日，《国务院关于加快建立健全绿色低碳循环发展经济体系的指导意见》指出：“建立健全绿色低碳循环发展经济体系，促进经济社会发展全面绿色转型，是解决我国资源环境生态问题的基础之策。”强调要“全面贯彻习近平生态文明思想，认真落实党中央、国务院决策部署，坚定不移贯彻新发展理念，全方位全过程推行绿色规划、绿色设计、绿色投资、绿色建设、绿色生产、绿色流通、绿色生活、绿色消费，使发展建立在高效利用资源、严格保护生态环境、有效控制温室气体排放的基础上，统筹推进高质量发展和高水平保护，建立健全绿色低碳循环发展的经济体系，确保实现碳达峰、碳中和目标，推动我国绿色发展迈上新台阶”。

四、建设绿水青山

为推动绿水青山建设，十八大以来，中共中央、国务院（含中办、国办）先后出台《国有林场改革方案》《国有林区改革指导意见》和《建立国家公园体制总体方案》《关于建立以国家公园为主体的自然保护地体系的指导意见》《国务院办公厅关于科学绿化的指导意见》等多个文件，把发展林业作为实现科学发展的重大举措、建设生态文明的首要任务、应对气候变化的战略选择。加强森林、草原、湿地等生态系统建设和生物多样性保护，实施重大生态修复工程，科学开展国土绿化，不断提升生态系统质量和稳定性，增加生态产品生产能力，成为建设绿水青山的内在要求。

十八大报告强调：要实施重大生态修复工程，增强生态产品生产能力，推进荒漠化、石漠化、水土流失综合治理，扩大森林、湖泊、湿地面积，保护生物多样性。十九大报告提出：必须树立和践行绿水青山就是金山银山的理念，坚持节约资源和保护环境的基本国策，像对待生命一样对待生态环境，统筹山水林田湖草系统治理，实行最严格的生态环境保护制度，形成绿色发展方式和生活方式，坚定走生产发展、生活富裕、生态良好的文明发展道路，建设美丽中国，为人民创造良好生产生活环境，为全球生态安全作出贡献。习近平总书记多次反复强调：既要绿水青山，又要金山银山，宁要绿水青山，不要金山银山，而且绿水青山就是金山银山。

习近平总书记 2021 年 8 月 23 日下午考察河北省塞罕坝机械林场时，强调“在推动绿色发展、增强碳汇能力等方面大胆探索”“要加强林业科研，推动林业高质量发展”“深刻理解和落实生态文明理念，再接再厉、二次创业，在实现第二个百年奋斗目标新征程上再建功立业”[①]。2022 年 3 月 30 日，习近平总书记在参加首都义务植树活动时指出，森林和草原对国家生态安全具有基础性、战略性作用，林草兴则生态兴。又说，森林是水库、钱库、粮库，现在应该再加上一个“碳库”[②]。

值得一提的是，我国是造纸、木质家具和人造板等林产品生产和消费大国，2017 年我国全面停止天然林的商业性采伐后，原料来源主要靠进口。2020 年中国木材进口数量为 2305.2 万吨，纸及纸板进口 1154 万吨，木浆进口数量为 2556 万吨（数据来源：中国海关）。据联合国粮农组织的统计，现在全世界每年光人为砍伐就有 1200 万公顷的森林消失。2020 年联合国最新报道，全球森林面积已减少 80%，保护森林成重中之重！随着原始森林数量的减少，木材产量将不断下降，我国从国际贸易市场进口的木材纤维量难以大幅增加。专家推测，“假如世界木浆供应量今后不大幅增加，中国将面临一个可怕的资源枯竭问题”。因此，以木材为原料的产业必将把采购的目光转向国内，搜寻国内资源。大力营造速生丰产林，增加国内木材产量来满足国民经济发展的需要，才是解决我国浆纸用材供需矛盾的根本途径。

此外，我国还是一个矿产资源大国，采矿留下的尾矿、废弃地、废渣等严重破坏了生态环境，也给周边地区带来了环境的污染。据不完全

---

① 《习近平在河北承德考察时强调 贯彻新发展理念弘扬塞罕坝精神 努力完成全年经济社会发展主要目标任务》，央广网 2021 年 8 月 26 日。

② 《习近平在参加首都义务植树活动时强调全社会都做生态文明建设的实践者推动者让祖国天更蓝山更绿水更清生态环境更美好李克强栗战书汪洋王沪宁赵乐际韩正王岐山参加》，新华社 2022 年 3 月 30 日。

统计，全国矿业开发占用和损坏土地面积为 165.8 万公顷，其中尾矿堆放 90.9 万公顷，露天采坑 52.2 万公顷，采矿塌陷 20.3 万公顷。煤矿开采破坏土地较为严重，采煤过程中排放的煤矸石、粉煤灰等固体废弃物累计达 7.40×108 吨，占压耕地 1.33 万—2.00 万公顷。矿山开采过程中形成的露天采矿场、排土场、尾矿场、塌陷区以及受重金属污染而失去经济利用价值的土地成为矿山废弃地。环境的恶化和土地资源的减少，使我国政府十分重视矿山废弃地的生态恢复（复垦）工作。然而，至今矿山废弃地的复垦率还不到 10%，远低于发达国家的 65%。矿山废弃地生态恢复的首要工作是植被恢复，因为所有自然生态系统的恢复和重建，总是以植被恢复为前提。此外，植被恢复除了本身起着构建退化生态系统初始植物群落的作用外，还能促进土壤结构与肥力以及土壤微生物与动物的恢复，从而促进整个生态系统结构与功能的恢复与重建，因此，研究矿山废弃地的植被恢复问题具有十分重要的现实意义。

第二节　创新研发

面对上述国家战略需求和我国蛋白质饲料粮长期依赖进口，尤其是中美贸易摩擦和非洲猪瘟暴发，极大地冲击我国饲料加工和养殖业发展，危及我国粮食安全和食品安全的严峻形势，中国科学院植物研究所科技人员认识到，只有坚持科技创新，努力开发新型饲用蛋白质源，才能有效解决这一“卡脖子”问题。为此，他们突破以草本为主的饲草料思路，以我国原生构树木本植物为研发对象，通过近 20 年的连续奋斗，在全面收集我国野生构树种质资源基础上，通过杂种优势，结合航天搭载选育等手段方法，培育出木本功能性、高蛋白杂交构树新品种“科构 101”，在饲料、造纸、生态绿化、食用等方面都有广阔的应用前景。

一、野生构树及其利用价值

（一）野生构树主要特征

构树（*Broussonetia papyrifera* L.）别称构桃树、构乳树、楮桃、楮树、楮实子、壳树、榖树、纱纸树、谷树、谷浆树、谷桑、肥猪树、鹿仔树、野毛桑等，属于桑科构属多年生乔木（图 1-1），体内有白色乳液；株高 10—20 米，树冠宽阔，分枝发达，小枝多毛（图 1-2）；根系发达，深根粗壮，易横生侧向蔓延；树叶 3—5 裂或不分裂，表面粗

▲ 图 1-1　构树植株

糙有糙毛；植株分为雌、雄株，雄花序为柔荑花序，长条粗壮；雌花序球形头状，柱头线形；果实聚花果，成熟时橙红色，肉质球形浆果（图1-3）；种子埋于浆果顶端，紫红色，种皮壳质坚硬；生育期因气温而异，南方早、北方晚，北方花期4—5月，果期7—9月。

构树起源于华夏大陆，除黑龙江、吉林、内蒙古、新疆等省（自治区）外，自然分布于我国大部分地区，南自热带海南岛、北至河北承德，东起台湾海滨、西达西藏藏南，从低海拔的平原到3000多米的高山都有生长，是典型的乡土树种和先锋植物，耐干旱、贫瘠，抗病虫害，适应性强，常生长在丘陵、山坡、河滩地、平坦地，以及边坡岩壁、沟边路旁、房前屋后。随人类迁徙和社会活动，遍及东南亚大陆、

▲ 图1-2　构树嫩枝条（多毛）

▲ 图1-3　构树果实（球形浆果、多种子）

太平洋岛屿以及日本、印度、巴基斯坦等国家，同时还被引种到英国、加纳、美国东南部等地。

（二）构树利用价值

据考证，我们的祖先在8000年前就开始利用石拍加工构树树皮衣服，并于6000多年前开启了向海外传播之路，远早于2000多年前的丝绸之路。2500多年前，在《诗经》《山海经》等古代典籍中都有关于构树的记载，作为多用途的资源植物，伴随着中华民族的文明进程，有着悠久的历史和文化。

1. 树皮制衣

构树生长速度快，分布广，并且无毒无害，最早被用于制作树皮布。据史料记载，春秋战国（前770—前221），智慧的祖先就开始使用构树的“树皮布”来遮羞保暖。树皮布是以构树树皮为原料，经过拍打技术加工制成的无纺织布料，在用麻和木棉纺织之前，人类经历过相当长时期的“无纺织”年代，用构树皮来制作蔽体的服饰、垫单、腰带等等，直至明清时期构皮布的文化仍然盛行，是具有世界性影响的重大发明，被誉为“服装活化石”。2006年5月20日，黎族树皮布制作技艺被列入第一批国家级非物质文化遗产名录。

2. 打浆造纸

我国古代四大发明之一的蔡伦（约62—121）造纸术所用的原料就有构树皮，汉朝以来构树皮普遍被用来造纸。贾思勰在《齐民要术》（约成书于533—544）中还讲到“秋季楮子熟时采收，第二年播种，造就三年后可供剥皮制纸”，说明那时野生构树已经不能满足造纸的需求，而已经开始种植构树用于造纸了。

构树皮打浆造纸对中国乃至世界文化数千年的记载与传承有重大意义，对人类的进步具有划时代的价值。2006 年，丹寨石桥的古法造纸技艺被列入首批国家级非物质文化遗产名录，同年，“傣族构皮手工造纸技艺”被纳入首批国家级非物质文化遗产名录和云南省第一批非物质文化遗产保护名录。2014 年，日本由构皮手工造纸改进而来的和纸被列入世界非物质文化遗产名录。

北宋（960—1127），由构树皮生产的楮纸制作的“交子”是世界上出现最早的纸币，开启了货物与纸币贸易的纪元，现在构树皮纤维仍然被用来制作人民币、日元的纸币。

3. 药用保健

根据医药史料记载，构树的种子、叶、枝、皮、乳汁五部分都可入药，一般在夏秋季节采子、叶、枝、乳，冬春季节采根皮、树皮，既可以鲜用也可以阴干使用。构树楮实子药用最早出现在汉末《名医别录》（220—450），是重要的中药材，用于治疗肾虚、头晕、目昏、阳痿、水肿、虫咬、痢疾、癣疮、腰膝酸软等。

构树在美容及养生保健方面有重要用途。明朝《本草蒙筌》（1565）中有：“悦颜色轻身，壮筋骨明目……赤者频服，不老不饥，筋力倍增，行及奔马。并载经注，决无欺人。”长期食用构树产品具有较高的医疗保健作用。清代《本经逢原》中记载“褚实，走肝肾血分……壮筋骨，益颜色……脾胃虚人禁用”。《药性通考》中提到“褚实子，阴痿能强，水肿可退，充肌肤，助腰膝，益气力，补虚劳，悦颜色，轻身壮筋骨，明目……补阴妙品，益髓神膏”。

4. 菜肴食用

野生构树的花、叶以及果实均可食用，几千年来一直是人们喜爱的美味佳肴。构树嫩叶营养丰富、味道鲜美，三国时期陆玑（220—280）所著《毛诗草木鸟兽虫鱼疏》写道“其叶初生可以为茹”。明朝《本草纲目》（1578）中记载有“歉年人采花食之。雌者皮白而叶有丫叉，亦开碎花，结实如杨梅，半熟时水澡去子，蜜煎作果食”，说明人们除了食用构树的嫩叶以外，还采构树的花、果实来食用。

构树平时就是餐桌上不可多得的美食，而在饥荒年代那更是救命的食材。明代《救荒本草》（1406）中就专门讲述了构树相关食物的制作方法：“采嫩叶煠熟，换水浸洗淘净，油盐调食。又以子（不以多少）炒舂去赤皮，浸软煮熟，以糖渍之，可食。”

5. 饲料养殖

早在南宋（1127—1279）就有记载，《农书》畜养篇中记载构叶养牛的方法：“宜预收豆、楮之叶，与黄落之桑，舂碎而贮积之。天寒即以米泔和剉草、糠麸以饲之”。清代《农桑经》《三农记》及《齐民四术》等书中也都有记载将构树叶片捣碎与麦麸、豆饼、稻糠、棉籽饼拌合，用以喂牛的方法。《三农记》还记载了使用构树叶片饲喂家猪的方法“采褚、榆、梓叶煮豢”。水煮后构树叶片具有特殊的香味能够促进食欲，还有利于消化，可作为辅料加速猪的生长，被称为“肥猪树”。

随着构树饲料热度逐年递增，构树饲料加工工艺也不断发展。中华人民共和国成立后就有农民将每年 4 月至 9 月采摘的构树叶片装入木桶中密封，待冬季与米糠、南瓜、红薯搅拌混合作为饲料。这种将植物饲料密封于缺氧条件下，通过厌氧乳酸菌发酵得到的粗饲料被称作青贮饲料。这种工艺不仅满足了构树饲料在冬季的饲喂需求，还可以提高构树叶片的消化效率。

6. 园林绿化

构树生长快速、枝繁叶茂、树形优美，适应能力强、病虫害少，十分适合做庭荫树和行道树，是公园及风景旅游区常见的绿化树种。宋朝张耒（1054—1114）所作《满庭芳·裂楮裁筠》中写有“裂楮裁筠，虚明潇洒，制成方丈屠苏。草团蒲坐，中置一山炉”，诗人刘克庄（1187—1269）在《楮树》中写到“楮树婆娑覆小斋，更无日影午窗开”，都讲到构树凭借快速生长、冠大阴多的优良特性，常种于房前屋后、庭院花园中，既美化环境，又遮阴避暑。北宋苏轼（1037—1101）晚年被贬海南儋州，在院子墙角发现一棵老楮树枝繁叶茂，借景抒情写下了《宥老楮》，描述构树“树先樗栎大，叶等桑柘沃”，虽不是栋梁之木，但是用途却十分广泛。明朝文学家袁中道（1570—1626）作一首《楮亭记》，构树遮阴效果好，夏日酷暑难耐时，凉亭处却“水风泠泠袭人”，十分阴凉舒适，数日之后，构树就像饮食衣服“不可暂废”，深得诗人喜欢，并将亭子取名为“楮亭”。

（三）野生构树产业化的不足

尽管几千年前在树衣、中药、造纸、饲用和园林等方面已有利用，但由于构树处于野生未被驯化改良状态，很多生物农艺性状难以产业化和规模化生产利用，主要表现在：

一是野生构树木质化程度高，纤维素含量多，粗蛋白含量低，嫩茎干很难全株饲喂，从古到今只能采叶加工饲料。

二是幼嫩茎杆有毛扎手，叶面粗糙，作为饲料适口性差，需要切碎煮熟才能饲用。

三是生长较慢，产量低，木质化程度高，不能连枝带叶使用，也不能规划化、机械化采收。人工采叶成本高，爬树采叶既麻烦又危险。

四是野生构树雌雄异株，没有形成品系，以种子繁殖实生苗个体差异大，后代农艺性状不稳定。

五是根深粗大，破坏土层，不能在农地上种植，不能像农作物那样在耕地上种植，立地条件、农作环境差，不便于产业化。

六是构树雌株有红色果实，易被鸟类采食，导致无序传播，耕地上生长难以除尽。人工道路园区绿化，成熟果实掉到地上会弄脏地面，不易清扫，还招养虫子，影响景观。

虽然野生构树具有多用途开发利用潜力，是重要资源植物和育种研究材料，但是只有经过科学研发、系统选育，这棵古老的资源树种才会为我们的生活、生产、生态等方面创造出价值，在新时代绽放出耀眼的光芒！

二、杂交构树特性

立足于我国粗蛋白饲料原料进口的现状和畜牧业发展形势，针对“人畜争粮”、饲料紧缺矛盾和食品安全的巨大需求，为解决我国饲草资源短缺的问题，同时满足我国绿色经济发展及生态环境治理等需求，中国科学院植物研究所沈世华研究团队以我国原生树种构树为研究对象，提出“以树代粮、种养结合”的思路，在系统收集评价野生构树种质资源基础上，通过杂交选育结合航天诱变等育种手段，培育出首个木本、功能型、高蛋白饲用杂交构树新品种“科构 101”。同时，建立了杂交构树“构—饲—畜”一体化生态农牧业产业体系，并在全国范围内进行适应性检测和产业链试验，表现出良好的农艺性状和广阔的应用前景。

1. 杂交构树植物学特性

饲用杂交构树“科构 101”，为多年生小乔木（图 1–4），株高 5—10 米。主干分枝多，侧枝发达，树冠开阔，伞状圆形。树皮平滑、厚实，外皮灰褐色，内皮白色。树叶轮生或两侧排列，叶脉三出，侧脉多数；叶片 3—5 裂或不裂，旺盛生长时分裂尤为明显（图 1–5）；叶大型，宽卵形，先端锐尖，基部心形，边缘有锯齿，叶面光滑无毛，长 25—35 厘米，宽 20—30 厘米，叶柄长 10—13 厘米。根系发达，主根不明显，侧根多，常生长在土壤浅层，在地下形成网状（图 1–6），横向生长能力强，长达几米，根长与树干高度比例大。雌株（母性），无数单个小雌花聚合成球形花序（图 1–7），花期 4—5 月，败育，不能形成种子，自然条件下靠萌生和根蘖无性繁殖。耐砍伐，可以像韭菜一样刈割，萌生能力强。生长季节，幼芽嫩叶受伤时，会流出浅白色乳汁。

2. 杂交构树生态学特性

杂交构树“科构 101”属于阳性喜光树种，温度越高、光照越强、湿度越大、水肥越多，生长越快、产量越高、品质越好。同时，适应性也很强，可在年极端低温 −20℃，年降雨 300 毫米，含盐量 0.6% 以下环境中原土种植，在有灌溉条件的新疆南疆、甘肃河西走廊，以及西藏海拔 3000 米以下的河谷平川也可人工栽种。耐干旱、瘠薄，能在荒山荒坡、石漠化区域、沙漠化区域、盐碱地生长（图 1–8、图 1–9）。抗病虫害能力强，没有发现明显的病虫害，在生长过程中不打农药，从源头杜绝了农药污染和原料农残问题。耐砍伐，当年栽植，当年收获，一

▲ 图 1-4 植株（二年生，春季发芽期）

▲ 图 1-5 嫩枝叶

▲ 图 1-6 根系（二年生）

▲ 图 1-7 雌花

▲ 图 1-8　石砾坡种植（一年生）

▲ 图 1-9　盐碱地种植（二年生）

年栽种可连年采收，对土层扰动少，有利于水土保持；饲料用每年可刈割 3—5 茬，可连续收割 15 年以上，一次种植，多年受益。

“科构 101”树种为单性雌株，败育，不能形成种子，无性繁殖，在自然条件下萌生和根蘖繁殖扩大种群，传播范围有限，严格控制在人为种植区域内，不存在无序传播和生物入侵，物种生态评价安全。

3. 杂交构树主要经济性状

杂交构树在保持野生构树优良特性的同时，还获得了更优异的农艺性状。

（1）速生、丰产、耐砍伐。在水肥条件较好的农地种植“科构 101”，2 个月左右就可以采收第一茬，全株离地面 10—20 厘米采收后，可从基部树干上萌生十来个新枝条，而且越砍越旺（图 1-10）。华北中原地区每年采收 3—4 次，每年亩产鲜枝叶 6 吨左右，南方条件好的地区可采收 5—8 次，亩产高达 10 多吨。同样地块上蛋白质饲草苜蓿每年可刈割 2—3 茬，产鲜草约 3 吨；能量饲草青贮玉米一年一茬，亩产约 4 吨。从每年的产值来看，每吨按 500 元计算，杂交构树为 3000 元左右，比种苜蓿增收 1200 元，增加 66%；比种青贮玉米增收 1600 元，增加 114%（见表 1-1）。

杂交构树是多年生木本，一次栽种，多年受益，像割韭菜一样，可连续收割 15—20 年，不翻动土层，减少水土流失，有利于耕地保育。

▲ 图 1-10　饲料林（一年生，第三茬）

表 1-1　常见饲料作物性能比较

品种名称	杂交构树	苜蓿	青储玉米
属性	多年生，木本	多年生，草本	一年生，草本
每年亩产鲜重	6 吨左右	3 吨	4 吨
年采次数	3—5 次	2-3 次	1 次
经济寿命	15—20 年	5 年	1 年
每亩年产值	3000 元	1800 元	1400 元

注：数据来源于 2018 年。

（2）木质素低、纤维优良。杂交构树嫩株木质素为 16% 左右，比野生构树木质素降低 2 个百分点以上，纤维、半纤维也得到优化，实现了从以前只能用叶片到现在全株连枝带叶使用，从只能人工摘叶到机械化采收飞跃。

杂交构树树干富含纤维，品种优良。树皮纤维细长，平均长度为7.45mm，纤维表面光滑，并且与苎麻、棉纤维的化学组成和结构上类似，是高级轻工纺织品，生产宣纸、高档纸的原料（图1-11、图1-12）。枝干芯材质疏松，色泽白，纤维含量为46.7%，平均长度

▲ 图1-11 树皮

▲ 图1-12 树皮纸浆

为 0.8mm，强度大，与杨树、桉树等木本植物相当；而木质素含量为 16.2%，比桉树 19.7%、杨树 22.9% 低。一年生杂交构树干芯用硫酸盐法制浆得率为 50% 左右，与 5 年生三倍体毛白杨相当，高于 3 年生细叶桉，是优良的造纸原料（图 1–13、图 1–14）。杆芯可做普通板材使用，

▲ 图 1–13 树干

▲ 图 1–14 树干纸浆

加工纤维板、刨花板、大芯板、胶合板等；树干粉碎后可做菌包，是种植蘑菇的好材料，也可以加工成燃料块发电，或供乡村人民生产、生活能源使用。

（3）蛋白高、营养丰富、适口性好。根据农业农村部饲料效价与安全监督检验测试中心检测表明，生长在贵州省务川县的杂交构树，待长到 1.2 米高时，连干带叶全株刈割，其干物质粗蛋白含量为 25.41%，比苜蓿 19% 高出 6.41 个百分点，增加 33.74%。山东省牡丹区种植的杂交构树，全株青贮料粗蛋白含量为 21.15%，比苜蓿发酵料 18% 高出 3.15 个百分点，增加 17.5%（表 1–2）。如按每年亩产 8 吨鲜枝叶、干料 2 吨计算，折合成净粗蛋白质产量为 423 公斤 /（亩 · 年），分别相当于 7 亩大豆［产量 150 公斤 /（亩 · 年）× 蛋白质含量 40% = 蛋白质 60 公斤 /（亩 · 年）］、4.7 亩苜蓿的净蛋白质产业［产量 500 公斤 /（亩 · 年）× 蛋白质含量 18% = 蛋白质 90 公斤 /（亩 · 年）］，是目前单产蛋白质最高的作物。

饲用组分测定表明：杂交构树的中性洗涤纤维和酸性洗涤纤维不管是鲜料还是发酵料都比苜蓿的低，意味着适口性好，便于消化吸收。而重要的矿质营养钙、磷组分，杂交构树都比苜蓿高（表 1–2）。

表 1–2　全株杂交构树和全株苜蓿的主要常规营养成分比较（以干物质基础）

项目	鲜料（%）			发酵料（%）		
	杂交构树 A	苜蓿 LY	前后对比	杂交构树 B	苜蓿 LY	前后对比
粗蛋白	25.41	19.00	33.74	21.15	18.00	17.50
中性洗涤纤维	41.44	46.00	−9.91	46.72	49.00	−4.65
酸性洗涤纤维	22.76	34.00	−33.05	32.64	37.00	−11.78

续表

项目	鲜料（%）			发酵料（%）		
	杂交构树 A	苜蓿 LY	前后对比	杂交构树 B	苜蓿 LY	前后对比
钙	2.11	1.35	56.29	1.74	1.4	24.28
磷	0.33	0.27	22.22	0.36	0.29	24.14

注：A：被检原料来源于贵州省务川县，检测报告编号是 No. WJ171345；B：被检原料来源于山东省牡丹区，检测报告编号 No. WJ181327；LY：数据来自中国饲料成分及营养价值表（2019 年第 30 版）。

表 1-3　氨基酸含量比较（%）

序号	名称	杂交构树	豆粕	苜蓿	羊草
1	天门冬氨酸	1.88	–	–	–
2	苏氨酸	0.91	1.71	0.69	0.61
3	丝氨酸	0.90	–	–	–
4	谷氨酸	2.03	–	–	–
5	脯氨酸	1.18	–	–	–
6	甘氨酸	1.06	–	–	–
7	丙氨酸	1.13	–	–	–
8	胱氨酸	0.30	0.65	0.21	0.35
9	缬氨酸	1.40	2.09	0.91	0.48
10	蛋氨酸	0.36	0.59	0.21	0.35
11	异亮氨酸	0.89	1.99	0.68	0.43
12	亮氨酸	1.69	3.35	1.20	0.85
13	酪氨酸	0.32	1.47	0.63	0.43
14	苯丙氨酸	1.24	2.21	0.82	0.31
15	赖氨酸	1.25	2.68	0.85	0.76
16	组氨酸	0.42	1.17	0.39	0.33
17	精氨酸	1.00	3.38	0.75	0.62
18	色氨酸	0.32	0.57	0.35	0.36

注：“–”表示未检测到。

氨基酸含量高，种类齐全。苜蓿、羊草和豆粕中有 12 种氨基酸，而杂交构树可以检测到 18 种氨基酸，特别是 8 种动物必需氨基酸的含量（赖氨酸、色氨酸、苯丙氨酸、蛋氨酸、苏氨酸、异亮氨酸、亮氨酸和缬氨酸）除了色氨酸之外，均高于羊草和苜蓿（表 1–3）。

（4）富含类黄酮等功能活性物质。类黄酮是仅在植物体合成的一类多功能次生代谢化合物，在植物生长、发育和繁殖，特别是植物环境适应、提高免疫和防御能力方面起重要作用，也是作物品质、药用和功能活性等的主要评价指标。类黄酮具有多种功效和应用价值，有很强的抗氧化作用，可有效清除体内的氧自由基，防止衰老退化，降低血脂和胆固醇，降低血糖，促进血液的循环，减少心脑血管疾病的发病率，改善睡眠；类黄酮具有消炎抗菌解毒作用，可以护肝、解肝毒、止咳、祛痰、提高机体免疫机能，防止癌症的发生。在畜牧业动物养殖生产上，类黄酮能显著提高动物生产性能，改善动物机体免疫机能，增强动物机体抗病力，减少药物、抗生素等的使用。类黄酮广泛存在于中药材、蔬菜、水果等食品中，以叶、花、果实中的含量和种类最多。

采用超声方法提取类黄酮，通过分光光度计进行测定。结果显示，杂交构树叶片类黄酮含量达 53.810 mg/g（5.38%），紫花苜蓿叶片类黄酮含量为 3.455 mg/g（0.34%），是紫花苜蓿的 15 倍。

利用超高效液相色谱串联质谱方法，分析杂交构树类黄酮化合物组成，发现有 20 种组分，包括：绿原酸、新绿原酸、芹菜素、木犀草素、芹菜素苷元、木犀草素苷元等（表 1–4）。紫花苜蓿最常见的类黄酮种类主要为芹菜素、木犀草素、苜蓿素，起重要功能作用的绿原酸很少，含量为 94.72 μg/g（0.009%），而杂交构树绿原酸、新绿原酸含量为 10874.74μg/g（1.087%），是紫花苜蓿的 114 倍。

绿原酸主要来自中药材金银花、杜仲等，是一种重要的生物活性物质，广泛应用于医药、保健、食品和日用化工等多个领域，具有抗菌、抗病毒、抗肿瘤、增高白血球、保肝利胆、降血压、降血脂、降血糖、免疫调节等作用。还具有无药残、无耐药性、无毒副作用等优点，可替代抗生素和激素类药物成为理想饲料添加剂，对提高动物生产率具有重要意义，其在畜禽生产方面具有广阔的应用前景。随着新技术的开发，杂交构树一定会成为一种新型的蛋白质饲料，为畜牧业的可持续发展提供新的活力。

表 1-4　杂交构树类黄酮种类分析及含量

序号	类黄酮分类	含量（μg/g）
1	新绿原酸	6490.59
2	绿原酸	4384.15
3	矢车菊素 -3-O- 芸香苷	18.59
4	5，7，4′ - 三羟基 -6-C- 阿拉伯糖 - β -D- 葡萄糖苷	292.00
5	5，7，4′ - 三羟基 -6-C- ［a-L- 鼠李糖（1→2）］- β -D- 葡萄糖苷	230.64
6	5，7，4′ - 三羟基 -8-C- 阿拉伯糖 - β -D- 葡萄糖苷	153.40
7	5，7，4′ - 三羟基 -8-C- ［a-L- 鼠李糖（1→2）］- β -D- 葡萄糖苷	19.66
8	异荭草苷	387.97
9	荭草苷	319.04
10	牡荆素 -7-O- β -D- 葡萄糖苷	448.30

续表

序号	类黄酮分类	含量（μg/g）
11	牡荆素 / 异牡荆素	1335.97
12	木犀草素 –C– 六碳糖，C– 六碳糖	122.02
13	木犀草素 –7– O–β–D– 葡萄糖苷	987.16
14	木犀草素 –7– O–β–D– 葡萄糖醛酸	1779.24
15	木犀草素	27.39
16	芹菜素 –C– 六碳糖，C– 六碳糖	782.71
17	芹菜素 –7– O–β–D– 葡萄糖苷	991.68
18	芹菜素 –7– O–β–D– 葡萄糖醛酸	2422.30
19	二氢芹菜素衍生物	77.87
20	芹菜素	9.21

三、杂交构树区域试验

为将科研成果及时转化为生产力，推动经济社会发展，2004 年至 2014 年期间，中国科学院植物研究所科研人员与企业和地方政府等单位合作，在全国 21 个省（自治区、直辖市）70 多个县开展了环境适应性种植与产业化应用试验。

1. 环境适应性试验

先后在北京海淀、怀柔林果地，河北邯郸市库区水源地、沧州盐碱地、唐山尾矿、张家口风沙源、石家庄三荒地，辽宁大连盐碱地、海滨滩涂、边坡石砾，山东菏泽和东营黄河滩地，山西阳泉煤矸石，重庆江北荒石滩、彭水石漠化荒地，内蒙古包头荒石山、通辽沙地，贵州毕节边坡沙石地，广东广州，云南楚雄退耕还林地，湖北荆州，甘肃兰州，新疆伊利、石河子耕地等地区，对不同气候类型、不同土壤立地条件进行了原土种植，观测杂交构树的成活率、生长发育与越冬情况及耐抗能力，评价杂交构树环境适应性与生态效益。结果表明，杂交构树有很强的耐瘠薄和干旱的能力；在抗逆性方面，极限抗低温可达 −25℃，耐盐达 8‰，耐碱 pH 值到 9，抗重金属和有害污染物，还有很强的粪肥消纳能力；几乎无病害，偶有天牛蛀干，表现出广泛的适应性和耐抗性。

2. 产业化应用试验

先后在北京海淀、顺义，天津大港、静海，辽宁大连，河北唐山、保定、廊坊，山西运城、太原、晋中、阳泉、长治，山东聊城、滨州、东营，河南新乡、濮阳，福建莆田，湖南邵阳、永州，四川南充，重庆酉阳、秀山，贵州遵义，云南楚雄，安徽安庆，江苏徐州、苏州，宁夏石嘴山等地区分别开展了杂交构树“构—饲—畜”全产业链等产业化应用试验。各地因立地条件不同，其栽培管理、产量、品质、采收加工等方面有较大差别，并在种苗繁育、栽培管理、饲料养殖以及打浆造纸、菌菇培育、生态治理、茶叶加工等多个领域展现出良好的应用效果。

四、杂交构树主要用途

1. 饲料养殖

由于我国养殖业面临的“三大瓶颈”制约很难在短期内得到根本改变，杂交构树饲料恰好适于作为优质畜禽饲料原料，加之国家相关政策扶持，杂交构树饲料、养殖产业必将在其适生区域逐步兴起，其前景将十分可观。

2. 制浆造纸

目前我国纸张的需求量已经超过世界人均消费水平，但因原料缺乏过度依赖进口纤维。依托杂交构树的纤维特点和规模种植优势，在适生区域实施“林—浆—纸”一体化战略，发展制浆、造纸产业，是大势所趋。

3. 生态治理与国土绿化

杂交构树因抗逆性、抗污染性强，而且树形美观、适生范围广，已被实践证明为生态治理和国土绿化的理想树种。秉持“生态产业化”思路，将杂交构树种植赋予产业功能，形成生态治理和国土绿化产业，是一件顺理成章的事情。

4. 菌菇养殖

针对目前木腐型食用菌生产所需的主要原料木屑资源短缺，而辅料麸皮、豆粕等原料价格偏高等制约食用菌产业发展的瓶颈问题，以构树全株粉碎物为主要原料，通过碳氮比例调配，设计适宜不同食用菌的替代高效栽培料配方，可生产生物转化率高的食用菌栽培基质，缓解食用菌产业发展面临的原料问题。

5. 食品与饮料

现代科学表明，杂交构树不仅可以食用，而且营养价值很高。将杂交构树的叶片、花等制作成各种菜肴、面食、点心、果汁、果酱，将其嫩芽、嫩叶制作成茶叶和饮料等，必将受到消费者的青睐。

6. 保健品与化妆品

资料显示，杂交构树的果实和相关提取物含有丰富的营养保健和美容功能，将其制成保健品、化妆品，可抗细胞氧化、抗衰老、增强人体免疫力。目前由此种果实制成的多功能饮料已被专家称为“第四代功能性保健饮料”。

7. 生物制药

将杂交构树的叶、皮、根等部位入药，不仅能补肾利尿、强筋骨，还具有降血压、增强免疫力、抗前列腺炎、治皮肤病等作用，目前临床已经用于治疗浅部真菌感染、阿尔茨海默病和肝炎。未来通过杂交构树规模化种植，可进一步开发工业化生产类黄酮制品和生物杀菌剂。

8. 人造板

杂交构树的树干和枝条由于出浆率高、原料成本低，可以直接用来生产密度板用浆，或直接粉碎制造刨花板。在我国人造板业原料供应不足的大背景下，通过大规模种植杂交构树，推动人造板业大发展，不失为明智选择。

9. 生物制炭

利用杂交构树材质天然多孔，灰分低等特征，开发空气和水体污染治理净化活性炭、储能炭、特异性能炭等新型炭材料。以杂交构树纤维素或木质素为原料，开发高性能活性碳纤维；针对构树木材生物量大、芯材灰分低的特点，直接热解炭化加工固定炭含量 90% 以上的工业硅还原剂和高热值清洁民用炭燃料。

10. 精细林化工

杂交构树半纤维素含量比一般木材高出 30%，采用水热炭化制备生物基化学品技术，可将半纤维素解聚转化为低聚糖、乙酰丙酸、糠醛等生物基化学品。研究构树叶精蛋白提取技术，开发植物精蛋白食品、保健品。

11. 其他产业

除上述产业外，杂交构树种苗繁育、养殖后有机肥生产也是一个巨大产业。同时，杂交构树生产过程中的配套装备、相关机械、专用农机具、农资、耗材原料等等，同时，在各个产业形成的产品流通、销售方面也会形成一个线上、线下可观的产业。

第三节 价值意义

一、发展杂交构树产业是我国粮食安全的重要战略措施之一

粮食安全，“国之大者”。我国是人口大国，也是畜牧业大国。随着我国社会经济的发展，居民生活水平提高，对肉蛋奶的消费量与日俱增，畜禽饲养规模不断扩大，饲料总产量不断增加，饲料粮需求还将保持刚性增长，粮食存在巨大缺口，每年需要进口大量粮食。

2021 年，全国粮食产量取得“十八连丰”，总产量 6.8285 亿吨（数据来源：国家统计局）。但我国粮食进口也再创下新高，进口粮食 1.6454 亿吨，进口金额为 748.09 亿美元（数据来源：中国海关总署）。特别是蛋白质原料，近年来，进口大豆居高不下，每年达 1 亿吨左右，对外依存率 85% 以上，进口金额 500 多亿美元，对我国养殖业带来巨大挑战。从全国粮食消耗比重来看，2021 年我国畜牧业消耗饲料 4.5 亿吨，超过一半，占全部粮食消费的 51.7%。近 20 年来，人吃的口粮消

费呈下降趋势，而养殖用饲料粮消耗量则以年均 6.9% 的速度递增，预计到 2035 年我国饲料消费达 5.3 亿吨，粮食危机更加严重，最突出矛盾表现在蛋白质饲料安全上，按饲料中蛋白质原料占 25% 计算，需要 1.325 亿吨，对外依存率将更高。在国内耕地资源有限和国际贸易不确定性等背景下，加强本土新饲草料资源开发，推进玉米豆粕减量替代工程，进而减少粮食进口，是确保畜牧业健康发展、保障国家粮食安全的根本出路。

多地种植对比试验表明，杂交构树生长快，产量高，品质好，耐刈割，种植当年即可采收鲜茎叶 3—5 茬，一次栽种可连续收获 15—20 年。同样地块上种植杂交构树，亩产鲜茎叶可达 8 吨左右（热带地区可达 10 多吨），每亩年产净蛋白 420 多公斤，而大豆每亩年产净蛋白 60 公斤、苜蓿每亩年产净蛋白 105 公斤，即一亩杂交构树产出的蛋白质相当于 7 亩地的大豆或 4 亩地苜蓿。中国农科院饲料所生物饲料开发国家工程研究中心对杂交构树饲用价值的分析评价报告认为：全株杂交构树可作为蛋白质饲料的来源，饲用价值优于苜蓿。从杂交构树瘤胃消化试验结果来看，杂交构树 48 小时干物质的消化率为 89%，大豆 98%、苜蓿为 49%，蛋白质的消化率为 94%，大豆 98%、苜蓿为 67%，总体上低于豆粕，远高于苜蓿。

杂交构树是优质非粮蛋白质饲草料，猪饲料可添加 10% 以上（干物质），牛羊饲草可添加 50% 左右，可以替代部分豆粕、苜蓿，缓解“人畜争粮”的矛盾。从饲料原料类型的角度看，目前主要是以谷物类粮食“谷饲”和草原放牧“草饲”的草本植物饲料，杂交构树“以树代粮”诞生了“树饲”的木本植物饲料，这对于长期以来苦苦寻找饲料原料新来源的我国养殖业界，是一项标志性重大突破。在大量边际土地、低产田和闲置农地等种植杂交构树，结合“粮改饲”供给侧结构性改革，规模化生产蛋白原料。如果种植1亿亩杂交构树做饲料，有望彻底解决我国蛋白质饲料大量依赖进口“卡脖子”难题，真正把饭碗端在我们中国人自己的手里。

二、发展杂交构树产业是解决我国食品安全的重要途径之一

杂交构树是本土培育的有自主知识产权的新品种，生长快、产量高、种植区域广，在总量上有优势。抗性强，耐病虫害，生长过程不打农药，能有效控制农药残留，从源头上有安全保障。杂交构树是药食同源植物，叶片富含类黄酮等生理活性保健物质，能提高禽畜免疫能力，少用或不用抗生素等，解决养殖过程中的防疫抗生素等药物超标问题，生产安全放心畜产品。同时，杂交构树氨基酸总量高，种类齐全，富含动物必需氨基酸和风味氨基酸，畜产品风味好，品质大大提升。

三、发展杂交构树产业是精准扶贫工程的重要举措

易种植、门槛低、来得快、可持续，贫困农户种植杂交构树平均每亩收入3000多元，比每亩全株青贮玉米1435元、紫花苜蓿1800元的收入都高。贫困农户还可以通过种养一体、务工就业、入股分红等多种方式从杂交构树扶贫工程中获利增收。按照每亩年产6吨杂交构树鲜枝叶，加工成全日粮饲料，至少可以饲养1头奶牛，或2头肉牛，或10头猪或20只羊，综合产值可达2万—5万元/（亩·年）。

四、发展杂交构树产业是生态文明和美丽中国建设的有效载体

我国是全球荒漠化、石漠化、盐渍化和水土流失最严重的国家之一。虽然经过多年治理，生态脆弱状况有了较大改观，但是生态治理的任务仍然十分艰巨。加强这些地区的植被建设，是摆在我国人民面前一项长期、艰巨的战略任务。为此，党的十八大和十九大报告已经做出明确的部署。通过几年的试点表明，杂交构树根系发达，生命力和适应性、抗逆性都十分强劲，为我国暖温带及以南地区荒漠化、石漠化、盐渍化治理，提供了一个理想生态经济树种。同时，杂交构树还具有释氧固氮、吸附二氧化硫、滞留烟尘、富集转移多种重金属、减少雾霾和酸雨生成的生态功能，加之树形美观、容易种植和便于管理，也是我国乡村绿化美化、实现“生态宜居”的一种选择。中科院院士方精云实地调研后就表明，杂交构树不仅有经济价值，还能固土保水，对抵制地表径流、治理水土流失及阻止土地沙化有显著作用，有助于水土保持和石漠化治理，促进生态修复，保障生态安全。

第四节　工程诞生

党的十八大以来，习近平总书记站在中华民族伟大复兴和人类减贫事业的历史高度，精心谋划中国精准脱贫工作，对推进全面建成小康社会、实现第一个百年奋斗目标作出战略指引。2013 年 11 月，习近平总

书记在湖南湘西考察时，首次提出了“精准扶贫”：扶贫要实事求是，因地制宜。[①]要精准扶贫，切忌喊口号，也不要定好高骛远的目标。随之，2014年1月，中共中央办公厅、国务院办公厅印发《关于创新机制扎实推进农村扶贫开发工作的意见》，2014年4月，国务院扶贫办《关于印发〈扶贫开发建档立卡工作方案〉的通知》，2014年5月，国务院扶贫办等7家部委和单位出台《关于印发〈建立精准扶贫工作机制实施方案〉的通知》，对精准扶贫工作模式的顶层设计、总体布局和工作机制等方面都做了详尽规制。为贯彻落实习近平精准扶贫指示精神和各项文件任务，国务院扶贫办作出推行“精准扶贫工程”的部署，开始项目的遴选工作。

一、走访咨询

遵照国务院扶贫办工作安排，在开发指导司的帮助指导下，2014年8月，中国扶贫发展中心成立“杂交构树产业扶贫”专项工作组。工作组先后前往国家林业局造林司和场圃总站、中国科学院国家技术转移转化中心、中国农科院技术转移中心、中国科学院植物研究所调研（图1–15），并就有关政策问题咨询了农业农村部计划司、畜牧司及国家饲料工程技术研究中心等。

① 《总书记带领我们“精准脱贫”》，《人民日报》2018年10月5日。

▲ 图 1-15 国务院扶贫办开发指导司海波司长一行在中科院植物所调研（2014 年 9 月）

自 2003 年以来，中国科学院植物研究所牵头与相关单位合作，在全国 20 余个省（自治区、直辖市）开展了杂交构树产业试验试点和部分企业小范围应用示范，未形成规模大面积推广。总体看，走访的部门负责同志多数对原生构树和杂交构树了解不深，杂交构树产业还未进入政府管理工作范畴，从行业管理要求的角度，对推广杂交构树持谨慎态度。各部门主要关切点包括：①杂交构树尚未列入国家良种审定目录，未申请新品种保护，尚不具备大面积种植推广条件；②我国对进入市场销售的饲料或饲料添加剂有明确的审定要求，目前相关部门并未对杂交构树枝叶的饲料利用进行过审定批准，尚不具备市场销售的条件，但构树叶可以作为农户自用、养殖场自用饲料不受限制；③利用组培等技术可以进行大量复制，杂交构树知识产权保护难度大；④杂交构树树叶作为饲用成本较高，经济性能有待市场检验。

二、实地调研

2014 年 9—10 月，工作组联合中国科学院植物研究所、中国工程技术咨询公司等有关专家专程前往有代表性的地方进行了现场实地考察和座谈交流。

1. 安徽省岳西县杂交构树“育—种—养”基地

项目建设主体安徽中科安岳林业科技发展有限公司，公司主要负责人原从事化妆品销售行业，无农业从业经验，后经县领导引荐后，开始从事杂交构树产业。为了验证杂交构树的生长效果，最初选择在群山之中的土层瘠薄、只能长草的荒山地，种植杂交构树 200 亩，取得良好效果后，调研时已种植 3000 多亩。从实地看，杂交构树成活率较高，高于我国生态建设中生态树种的成活率，树苗已经经过多次收割，长势较旺，体现了良好的成长性。

岳西基地杂交构树种植密度约 400 株 / 亩，年均收获三次，年亩产杂交构树鲜枝叶 4 吨以上，产量基本超过预期目标。该地采取公司 + 合作社 + 农户模式运转，树苗为公司垫资发放，嫩枝叶全部回收，种苗款在农民交回枝叶后逐步抵扣。农民亩均需要一次性投入种苗费用 800 元（2 元 / 株），年可获得杂交构树收入 1500—1600 元，由于杂交构树枝叶全部回收，农民无经营风险，因此当地群众积极性较高。

▲ **图 1-16　中国扶贫发展中心李慧处长一行在岳西调研**（2014 年 9 月）

安徽安岳公司 2011 年开始进入当地发展杂交构树产业，当时累计投资已达 2800 万元，其中固定资产投资 2300 万元，流动资金 500 万元。（图 1-16）主要完成的工程包括 660 平方米的组培中心、20 栋育苗大棚、办公用房、观光鱼塘、饲料加工车间等。公司收购的树叶尚未入市销售，主要用于公司自己的 200 只波尔山羊、300 只皖西白鹅及鱼塘养鱼。公司的销售收入主要来自杂交构树种苗销售，2013 年上半年提供种苗 180 万株，种苗销售到河北、新疆、贵州、云南、宁夏、山东等省区，种苗供不应求，种苗销售收入占总收入的 70% 以上。经过三年的项目建设，安徽安岳公司已经进入盈利阶段，其中 2013 年盈利 500 万元，预计全部投资回收期 5 年。从实际效果看，企业对发展杂交构树产业前景比较乐观。当地政府对发展杂交构树产业比较支持，其中，国土部门安排土地整理专项资金，协助企业完成土地平整、入园道路建设等工程，杂交构树所在乡在土地流转等方面也给予了大力支持。

2. 贵州省毕节市杂交构树石漠化绿化试验点

贵州省毕节市杂交构树为当地林业部门于 2014 年 6 月从北京引进，引种主要目的是针对当地严重的石漠化山区的生态治理进行品种适宜性试验，当年栽培面积 20 亩。为验证杂交构树在石漠化地区的生态适应能力，选择修建高速公路后遗留的山石回填堆放地区，即没有土、没水，条件最恶劣的"炮石山"试种。

现场调研发现，尽管杂交构树苗在历经长途运输（在途时间 7 天）、非适宜季节栽培（当地植树适宜季节为春、冬两季）以及土地条件极差的不利条件下，仍然保持了 80% 以上成活率，实地看，苗木青翠，长势良好，尽管仅有短暂的 4 个月，已经由最初 5 厘米的小苗，生长为 20 厘米以上的壮苗，最好的长 70 厘米、5 个分枝（图 1-17）。该地立地条件恶劣，鲜有杂草能够存活。2004 年 8 月 6 日，毕节市林业局对该地块引种进行了初步验收，认为：杂交构树引种成功，为石漠化治理和荒山绿化增添了新树种，为毕节今后 3 年灭荒攻坚战完成 194 万亩荒山绿化提供了新的技术支撑。陪同调研的毕节市林业局专家认为，杂交构树在最差的条件下取得成功，意味着可以在全市石漠化地区广泛推广应用，发展潜力巨大，并已经列入发展计划。毕节市扶贫办吴学军主任认为，杂交构树引种成功，不仅为石漠化地区生态建设提供了新树种，也为发展养猪、养羊产业，促进扶贫攻坚创造了条件。

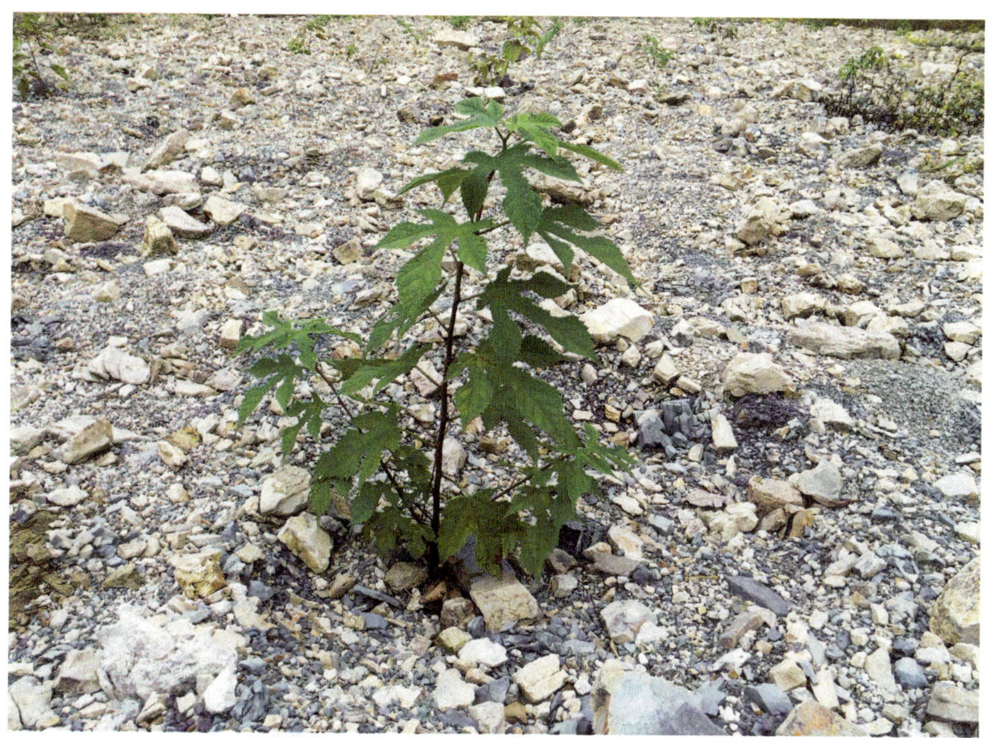

▲ **图 1-17 贵州省毕节市“炮石山”种植 3 个月的植株**（2014 年 10 月）

3. 宁夏回族自治区石嘴山市杂交构树“种—养”基地

宁夏回族自治区石嘴山市杂交构树栽培点为当地招商引资引入企业——宏昌汇容林业科技有限公司的生产实验基地。该公司认为杂交构树产业是适宜宁夏环境特点、极具发展潜力的产业，为了发展该产业，已经投资 1000 万元，开展包括杂交构树生产栽培、饲料加工和养殖业对比等一系列生产实验，总结摸索经验数据，同时进一步加强与地方沟通，为土地流转，大规模发展杂交构树产业奠定基础。目前企业在盐碱沙荒地栽培杂交构树 200 亩，拥有杂交构树叶粉加工、青黄贮饲料加工、养殖基地（存栏 300 只羊、50 只野猪、20 匹马、20 只鹿）等生产设施。当时该基地仍处于试验阶段，尚无稳定的投资收益。

▲ 图 1-18 中国扶贫发展中心李慧处长一行在石嘴山调研（2014 年 10 月）

从实地调研看，2011 年该公司开始种植杂交构树，经过 3 年栽培，杂交构树表现良好（图 1-18）。据了解，每亩栽培 600 株，年收割 3 次，亩产杂交构树枝叶 2 吨，经测算，亩纯收益可达 1400 元。鉴定结果表明，杂交构树树叶蛋白含量高达 26%，连干带叶为 20%—22%，远高于苜蓿草的蛋白含量。该厂养殖试验表明，杂交构树叶对促进动物生长效果也十分明显，但尚无经过认可的对比实验数据。该公司计划未来利用 5 年时间发展杂交构树 5 万亩，该项目已经在当地发展改革委立项。

综上所述，杂交构树有三个特点：一是萌生能力强，丰产性高。一次栽植，可连续收获 15—20 年，每年刈割鲜枝叶 3—5 次，年产超过 4 吨。二是营养价值丰富，适口性更好。杂交树叶微量元素和氨基酸含量丰富，粗蛋白含量是苜蓿 1.4 倍，叶片更厚更光滑，适口性更好，利用率更高，对提高动物免疫力有一定效果，可作畜、禽、鱼优质饲料原料。三是生态效果突出，适用性广。收获过程不挖根、不扰动土层，年极端最低气温不低于 −20℃、年降水 300 毫米以上、土壤盐分 6‰以下均可正常生长，石漠化沙漠化和盐碱治理与土地改良及防风治沙效果显著，既可保持水土，也可绿化城市。

三、研讨会商

在国务院扶贫办开发指导司指导下，中国扶贫发展中心启动了“杂交构树资源综合利用及其产业化研究”课题，组织专家研讨杂交构树产业扶贫必要性与可行性，分别形成《杂交构树利用前景分析》《关于开展以构树产业促进贫困地区农民增收试点工作的建议》《杂交构树产业扶贫试点方案》等报告。2014 年 12 月 3 日，中国扶贫发展中心在北京召开“杂交构树产业扶贫研讨会”，农业农村部、科技部、国家林业局等国家相关部委，中科院、中国农科院、中国林科院等相关科研机构，以及部分企业代表参加了这次大会，与会人员从科技、产业到扶贫与生态，从生物学、农学、林学、农机到经济、市场、金融、政策、管理等方面，进行了全面、系统、充分的研讨（图 1−19）。总的看，杂交构树兼具生态和经济效益，综合开发利用潜力大，尤其适于贫困地区草食畜牧业和生态治理，产业化扶贫有前途，可积极支持开展试点。达成的主要共识如下：

一是畜牧业是贫困地区赚钱的重要产业，但优质饲草料不足，发展杂交构树蛋白质饲草料有巨大的市场和需求。

二是安徽岳西杂交构树企业的实践表明，杂交构树产业是契合当地生态治理，企业盈利、贫困农户快速脱贫致富的好产业。

▲ **图 1–19 国务院扶贫办举办杂交构树产业扶贫研讨会**（2014 年 12 月）

三是中科院植物所在杂交构树品种培育、种苗繁育、栽培种植等方面开展了十多年应用试验，中国农科院饲料所进行了饲用价值分析评价和养殖配方，产业化企业做了多年的小面积实践，已初步形成杂交构树“构—饲—畜”一体化技术模式，基本达到产业扶贫的技术支撑要求。

四是由于杂交构树属于原创新品种，建议国家林业局列入林木良种审定目录，农业部纳入饲料原料目录。

五是选择适宜种植杂交构树的集中连片贫困区开展杂交构树产业扶贫开发试点，做好试点规划，积极引导企业进行一体化开发。

四、入选启动

2014 年 12 月 15 日，国务院副总理、国务院扶贫开发领导小组组长汪洋主持召开国务院扶贫开发领导小组第四次全体会议，总结 2014 年扶贫开发工作，研究部署 2015 年重点工作。国务院扶贫办主任刘永富及国务院扶贫开发领导小组成员单位负责人出席会议，并就国务院扶贫办向会议提交的扶贫开发领导小组 2015 年扶贫开发工作要点进行了讨论，其中包括杂交构树产业扶贫。

2014 年 12 月 22—24 日，全国扶贫开发工作会议在北京召开，为推动实施精准扶贫战略，刘永富主任在会上宣布：2015 年我国将实施精准扶贫十项工程，包括干部驻村工程、职业教育培训工程、扶贫小额信贷工程、易地扶贫搬迁工程、电商扶贫工程、旅游扶贫工程、光伏扶贫工程、构树扶贫工程、致富带头人创业培训工程、龙头企业带动工程。精准扶贫的基础是贫困人口建档立卡工作，截至 2014 年 11 月 30 日，各地已经全面完成了贫困村、贫困户识别工作，共识别出贫困村 12.8 万个，贫困人口 8800 多万。刘永富主任表示，将用好建档立卡成果，制定切实可行的脱贫措施，以群众脱贫需求为第一信号，找准脱贫门路，制定发展规划，因地制宜、因村施策、因户施法。十项精准扶贫工程中既有干部驻村帮扶、职业教育培训等“传统项目”，也有电商扶贫、光伏扶贫、构树扶贫等新手段新方法。构树扶贫指利用贫困地区荒山荒坡种植杂交构树饲料资源植物，以有效解决农牧争地矛盾，实现生态与经济的良性循环，是唯一一项农业产业扶贫项目。

第五节 试点过程

杂交构树产业扶贫被列入十项精准扶贫工程以来，国务院扶贫办高度重视，专门成立全国构树扶贫工程领导小组，刘永富主任亲自挂帅担任组长，指导开发指导司在中国扶贫发展中心设立项目办公室，协调各相关部委，采用植物所杂交构树品种以及产业化技术，重点在全国贫困地区实施杂交构树“构—饲—畜”一体化的生态农牧业产业扶贫。据不完全统计，杂交构树从2015年年初的1.47万亩发展到2020年年底的100余万亩，构树扶贫试点县增至200多个，参与的构树企业或合作社达600多家，带贫模式多样，带贫效果明显，为打赢脱贫攻坚战贡献了积极力量。

杂交构树新兴产业作为精准扶贫国家工程，需要一个认识、接受和掌握的过程，采取试点先行稳步推进的原则，经历了探索性试点和扩大性试点两个发展阶段。

一、探索性试点

从2015年2月至2018年6月，其开始标志是，按照国务院扶贫开发领导小组将构树扶贫工程作为精准扶贫十项工程之一的决策，国务院扶贫办行政人事司 2015 年 2 月 25 日印发《关于开展构树扶贫工程试点工作的通知》。通知要求在已有构树产业发展基础的山西、安徽、河南、广西、重庆、四川、贵州、甘肃、宁夏、内蒙等 10 个省（区、市）开展探索性试点。试点的目的是探索杂交构树综合利用和产业扶贫新途径，促进建档立卡贫困户增收。试点的方式，一是开展摸底调查，由省扶贫办对可发展杂交构树产业的县进行摸底调查，确定试点县；二是试点以省为主组织开展，由相关省区市扶贫办提出试点方案，国扶办予以指导、评估、支持。

▲ 图 1-20　全国构树扶贫推进会在务川召开

2015 年 9 月 29 日，第一次全国构树扶贫工程推进会在贵州省务川县召开（图 1-20）。会议由中国扶贫发展中心主任曹洪民主持，国务院扶贫办副主任欧青平出席推进会，国务院扶贫办、中科院植物所、10

个构树扶贫工程试点省、32个试点县、10个扶贫龙头企业等150余人参加会议。欧青平在发言中回顾了构树精准扶贫工程试点开展的情况，并高度评价了杂交构树扶贫产业对贫困地区实施精准扶贫工作、发展畜牧业、调整产业结构、保护环境、生态修护等方面的重要意义。他希望10个试点省份以此次会议为起点，进一步树立信心，紧紧围绕精准扶贫精准脱贫这个核心，充分发挥科技、金融两个重要作用，调动政府、企业、农民三方积极性，将构树扶贫工程发展水平提到更高的层次，带动更多贫困农户脱贫致富。

2016年10月8日，国务院扶贫办在贵州省贞丰县召开全国石漠化地区脱贫攻坚座谈会，国家发展改革委、国家林业局、中国科学院等相关部门代表，湖北、湖南、广东、广西、重庆、四川、贵州、云南8个省（区、市）扶贫办的负责同志参加会议（图1-21）。

▲ 图1-21 国务院扶贫办刘永富主任在贞丰杂交构树基地考察

刘永富主持会议并讲话，他指出，推动扶贫开发与石漠化治理相结合，要因地制宜做好规划，建好有利于贫困人口的利益联结机制，充分发挥市场机制的作用，形成多部门联动的工作机制。通过种植杂交构树推动草地畜牧业发展，一方面解决贫困地区蛋白饲料不足问题，促进贫困户增收脱贫。另一方面减少过度开垦造成的水土流失，促进石漠化地区的修复。在保护环境的基础上发展构树产业，既是脱贫攻坚政策，也是生态建设举措，是一项新举措、好举措。与会代表表示，构树扶贫工程为石漠化地区脱贫攻坚拓展了新的路子，是探索“生态建设与扶贫开发有机结合”发展模式重要举措，既促进贫困人口增收、又治理生态环境。下一步将结合各省脱贫攻坚总体规划，因地制宜推进构树扶贫工程，加大全产业链建设，加快脱贫攻坚进程。

2018 年 6 月 23 日，国务院扶贫办在河南省兰考县召开“全国构树扶贫工程现场观摩交流暨培训班”，洪天云副主任主持会议，刘永富主任出席并讲话，河南省副省长武国定致辞，中国科学院院士匡廷云到会指导并讲话（图 1–22）。山西、山东、河南、广西、贵州等省区的相关代表在培训班上作典型交流发言，来自 26 个省（区、市）扶贫系统、相关县和企业的代表 500 多人参加会议。

刘永富主任在会上对三年来的探索性试点工作进行了总结，他指出，构树扶贫工作要坚持科技领先、市场主体，政府支持、鼓励创新，抓住机遇、扩大试点，总结经验、带动脱贫的原则。要扎实做好种苗培育、基地建设、技术研发、完善带贫机制等方面的工作。

▲ 图 1-22　国务院扶贫办刘永富主任在兰考杂交构树基地考察

试点的经验表明，杂交构树确实是一个好树种。规模化种植生产出的新型优质饲料，蛋白含量高，又具有减抗作用，用它饲养出的动物，肉和奶的品质，优于传统配方饲料。杂交构树产业适合于种植大企业、小企业转型升级，更适合于农户、贫困户，是优质的扶贫产业。三年多来，试点规模逐步扩大，从 2014 年年底的 1.47 万亩发展到 2017 年的全国 70 个贫困县累计种植杂交构树 32 万亩，带动建档立卡贫困人口 8 万余人，在种苗繁育、采收加工、种养结合、产品开发等方面取得了阶段性成效。主要成果如下：

1. 推广了杂交构树新品种

试点初期一些地方使用了杂交构树扦插苗，由于这种苗叶片小，根系浅，枝干弱，退化快，防病差，所以我们推广使用了中科院“科构

101”组培苗，淘汰扦插苗，建立了15个组培育苗基地，形成了年产组培苗5亿株，可供种植70万亩的生产能力。同时针对组培苗价格偏高的问题，中科院植物所加快了二代技术的研发，这为推进构树扶贫产业化，提供了质优价低的种苗。

2. 创新了杂交构树种植采收技术

根据黄河滩区、西南喀斯特山区、中部丘陵地、黄土高原台地的不同地形地貌特征，因地制宜地搞出了一套种植采收办法。如平原川坝，土地平整适合集中连片规模化种植，种植方式采用宽窄模式，确定了每亩700株左右的定植标准，采收用大中型青储揉丝收割机。山区台地种植采用等行距方式，每亩定植1000株左右，采用小型青储收割机或手持式收割机。初步建立了一套种植采收标准。

3. 开发了杂交构树饲料产品

针对牛、羊、猪、鸡、鸭、鹅等畜禽的特点，研发人员开发了杂交构树青贮料、发酵料、粉末料、颗粒料四大类产品，青贮料主要是饲喂牛、羊，发酵料主要是饲喂猪。相关科研院所、大专院校和企业共同编制主要畜禽饲喂技术的团体标准。这些成果为解决杂交构树产品谁来用，怎么用，卖给谁奠定了基础。

4. 探索形成了多种带贫模式

试点开展以来，各地聚焦生产种植环节，组织贫困户参与，采取了多种有效的办法措施，实现了贫困户在杂交构树产业发展中挣得经营性收入、租金收入、股金收入和薪金收入等。

二、扩大性试点

扩大性试点从 2018 年 7 月至 2020 年 12 月，其开始标志是，2018 年 7 月 11 日《国务院扶贫办关于扩大构树扶贫试点工作的指导意见》。扩大性试点的主要目标任务是在适宜种植杂交构树的地区，让贫困群众参与杂交构树种植基地建设和发展养殖业，提高收入水平和自我发展能力，促进乡村产业兴旺，实现稳定脱贫。坚持因地制宜、种养结合、市场导向、政府引导的工作原则，重点在黄河流域滩区、长江流域低丘缓坡地、石漠化地区发展杂交构树生态畜牧业。主要工作内容一是推动杂交构树全产业链建设，建立不同地区标准化、规模化发展模式。二是实行绿色发展，将杂交构树畜牧业与生态修复有机结合，实行经济、生态、扶贫效益“三效合一”。三是建立健全带贫益贫机制，形成带动与激发内生动力的利益联结机制，提升贫困户可持续发展能力。在政策支持方面，可以享受“粮改饲”补贴，统筹整合涉农资金或扶贫资金支持杂交构树全产业链发展，以及退耕还林补助等。同时，要求加强工作指导、周密制定方案、开展跟踪评估和及时总结经验。

2019 年 9 月 5 日，国务院扶贫办开发指导司、中国扶贫发展中心在河北省魏县召开了全国构树扶贫经验交流暨产销对接研讨会，会议由罗朝立处长主持，吴华副司长做了安排部署（图 1–23）。有来自河北、山西、河南、重庆等 19 个省、直辖市、自治区的扶贫主管部门领导、企业代表等共 200 余人参加了会议，中科院植物所、中国农大、辽宁职业技术学院等专家进行了技术培训。

▲ 图 1-23 全国构树扶贫经验交流暨产销对接研讨会在魏县召开

吴华副司长在讲话中指出，近年来，在各级各有关部门共同努力下，构树扶贫产业链初步形成、工作面不断扩大、综合效益初步显现，构树扶贫产业发展取得了明显成效。但依然面临很多困难和挑战。下一步要明确方向，因地制宜，积极稳妥地推进试点工作。一要把握好政策。认真研究土地、财政、金融等各项政策，把好、用好政策，推动构树扶贫产业健康长远发展。二要遵循产业发展规律。因地制宜推进产业布局，推动一二三产融合发展。探索建立产业联盟，形成产业发展合力。三要拓宽销售市场。围绕市场销售这个“牛鼻子”，通过权威机构检测产品，明确各项科学指标，提升产品竞争力，拓展产品销售市场。四要坚持带动扶贫。紧紧围绕产业扶贫这个根本，建立健全贫困户利益联结机制，让广大群众产业发展受益增收，提升产业综合效益。

2019 年 11 月 8 日，国务院扶贫办、自然资源部、农业农村部三部委为了贯彻落实构树扶贫工程扩大性试点意见，指导地方稳妥、规范、有序做好试点工作，联合做出《关于构树扶贫试点工作指导意见的补充通知》，进一步明确构树用地问题，让基层吃了“定心丸”。1. 严格规范种植品种和范围，推广种植的是杂交构树，种植地块为一般耕地，在非国贫县严格避让永久基本农田，种植用途是连年采收做养殖原料。2. 加强技术研发，特别是杂交构树新品种、丰产栽培技术、采收加工机械、提升构树产业扶贫效果。3. 做好跟踪监管，重点做好加强工作指导、做好产销对接和专项评估。

2020 年 9 月 24 日，国务院扶贫办在北京召开构树扶贫工作推进会，会议由中国扶贫发展中心黄承伟主任主持，刘永富主任出席会议并讲话（图 1-24）。来自科技部、农业农村部相关领导，中科院植物所、生物饲料开发国家工程研究中心专家，以及河北、山西、内蒙古、辽宁、安徽、河南、广西、云南省县扶贫办负责人，部分企业代表参加了会。

刘永富主任指出，5 年来构树扶贫试点工作取得积极成效，呈现新的活力，成绩要给予充分肯定，但杂交构树产业作为一项农业产业项目，有其自身发展规律，不可能一蹴而就，大家要对做好构树扶贫工作树立信心。各地扶贫部门要紧紧抓住国家振兴奶业的契机，出台帮助措施，发挥龙头企业引领作用，以发展构树高蛋白减抗新型饲料为突破口，积极开拓终端市场，以销促产，做好产销对接、南种北用这篇文章，稳步扩大构树种植规模，带动贫困人口增收脱贫，促进构树扶贫产业健康可持续发展。

▲ 图 1-24　构树扶贫工作推进会在北京召开

总体来看，通过几年试点，杂交构树产业扶贫取得长足发展，在种苗繁育、采收加工、种养结合、产品开发等方面取得了阶段性成效，带贫效果明显。同时，为下一步杂交构树产业高质量发展提供了四个保障。

首先，政策上有保障。一是领导重视：2017 年 2 月，中共中央政治局第三十九次集体学习会上，构树扶贫工程得到习总书记的充分肯定，并将构树扶贫案例刊发在《中办通报》2017 年第 9 期上印发各地，供工作中参阅掌握；2019 年 6 月，胡春华副总理考察河南兰考杂交构树“构—饲—畜”产业化基地，对构树扶贫工程予以高度评价，对在黄河滩区种植杂交构树发展生态农牧业予以充分肯定；2019 年 11 月，胡春华副总理在全国畜牧业工作会议上强调，发展构树是建立现代饲料供应体系的有益探索，要继续推动畜牧业在产业扶贫中发挥作用，为脱贫攻坚和保供应作出应有贡献。二是出台 3 个构树扶贫文件：国务院扶贫办在 2015 年、2018 年分别发布了探索性试点和扩大性试点的文件，2019 年 11 月，又联合自然资源部、农业农村部印发了关于用地等方面的补充意见。三是出台 2 个畜牧业文件：2020 年 9 月，国务院办公厅出台《关于促进畜牧业高质量发展的意见》中，明确将杂交构树纳入新饲草料品种，提升到国家战略产业。2021 年 12 月，农业农村部发布《“十四五”全国畜牧兽医行业发展规划》，将杂交构树纳入饲草千亿级产业区域特色饲草资源之一，加快我国现代畜牧业体系建设。

其次，技术上有保障。一是杂交构树是中科院植物所在我国原生构树的基础上，结合现代生物技术研发的新品种，即“科构 101”，有产业技术的核心竞争力；二是国务院扶贫办和科技部将联合遴选 35 名构树扶贫工程专家，其中有 11 名院士，为构树扶贫工程提供强有力的技术支撑；三是匡廷云院士、李德发院士、印遇龙院士先后在全国成立了 4 个杂交构树产业院士工作站；四是 2021 年 12 月科技部立项启动了国家重点研发计划“主要经济作物优质高产与产业提质增效科技创新”重点专项“杂交构树产业关键技术集成研究与应用示范”项目，加强杂交构树应用科技研发。

再次，组织推动上有保障。一是构树扶贫工程是一把手工程，国务院扶贫办刘永富主任亲自推动；二是从中央部门到省级扶贫部门都有专门的处室、专门的人员在具体推动；三是按照国务院领导的批示，自然资源部和农业农村部也已经参与到构树扶贫工程中来一起推动。

最后，基础性工作上有保障。一是 2018 年 4 月农业农村部已正式将构树茎叶纳入《饲料原料目录》，为构树饲料进入销售市场，取得了合法身份；二是2018年5月中国农业科学院对种植8—12年杂交构树的耕地检测评价，结果是在适当施肥的情况下对后续改种农作物没有显著的影响，可以随时复耕；三是中国农业大学专家牵头编写了构树饲用等14个技术标准指南，饲喂标准的发布将打通市场销售渠道，大大缓解粗蛋白饲料不足的问题。

三、“三品”战略

狠抓构树扶贫工程“品种、品质、品牌”，是杂交构树精准扶贫工程的重要精髓和“构—饲—畜”产业“三品”战略。

1. 品种

构树扶贫工程采用的树种不是野生构树，是中科院植物所杂交培育的高蛋白、非粮饲料新品种——杂交构树“科构101”。农业农村部饲料效价与安全监督检验测试中心检测表明，杂交构树青贮的粗蛋白含量21.15%，比苜蓿高3.15个百分点。经生物饲料开发国家工程研究中心对比分析评价，杂交构树是优良的粗蛋白饲料，可以替代或部分替代苜蓿草粉在草食动物日粮中应用。中国工程院院士印遇龙团队试验结果表明，杂交构树蛋白饲料添加比例：猪全混合日粮饲料中添加10%左右（干重），牛羊全混合日粮饲料中可替代30%的苜蓿和20%的青贮玉米，可降低饲料成本。一个品种会带来一个产业，一个品种能改变一个行业。构树扶贫工程试点表明，“一个品种、一棵苗、一条链”，即“科构101”品种、组培容器苗、构—饲—畜产业链，不仅让贫困户脱贫增收，也拉开了我国饲料产业革命的序幕，让中国养殖业看到了摆脱蛋白饲料依赖进口的希望。

2. 品质

品质是产品的生命，特别是餐桌上的食品，尤其是肉蛋奶，品质是根本，关乎着中华民族的健康和强壮。现在有一种共识，肉蛋奶不是养出来，是种出来的，饲料原料是地里种出来的，原料安全、品质决定着饲料继而决定着产品的安全和品质。杂交构树养分丰富均衡，富含黄酮类、果胶及其他生理活性物质，不但易消化吸收，还能增强动物免疫能力。中科院植物所检测发现，杂交构树叶片类黄酮含量为5.38%，是紫花苜蓿叶片含量的15倍；其中重要生物活性物质绿原酸含量为1.08%，是苜蓿的114倍，具有抑菌消炎抗病毒作用，可以大大少用或不用药物和抗生素，符合农业农村部提出的2020年7月后饲料禁抗要求。

杂交构树饲料养殖畜禽，能显著改善畜产品的风味和品质，腥味膻味降低，肉质肥而不腻、瘦而不柴，形成独特的构香味，品质提高，独占鳌头。据国家权威机构检测和分析，构树鸡蛋DHA（俗称脑黄金）含量是普通鸡蛋的2.39倍，钙含量是普通鸡蛋7.36倍，而胆固醇含量仅为普通鸡蛋的一半。构树猪肉肉质鲜嫩，比普通猪肉脂肪含量降低三分之二，蛋白质增加10%，氨基酸特别是人体必需氨基酸显著高于普通猪肉。构树牛肉比普通牛肉大理石花纹成色好，脂肪降低一半，蛋白质、必需氨基酸和风味氨基酸含量高。构树羊肉色泽鲜亮，肉质水嫩，DHA和EPA（常称血管清道夫）含量分别是普通羊肉的2倍、1.6倍。

3. 品牌

构树是起源于我国的乡土树种，杂交构树是中国原创的、拥有自主知识产权的新品种，农业农村部将其列入“粮改饲”试点品种，用它来带动“以树代粮、以种定养、以养促种，种养循环”的模式，发展生态农牧业，把农业供给侧结构和乡村振兴行动结合起来，实现新农村生产、生活、生态的“三生”统一，是品种、品质产业诞生的品牌，是科技扶贫催生的品牌，更是中国品牌。杂交构树“三品”战略新兴产业正在全国贫困地区规模化、产业化、标准化示范推广，经济及生态效益将再添风采。

第二章
产 业 扶 贫

第一节 产业体系

杂交构树“育—栽—采—加—养—沼—电—肥”生态农业牧业循环产业链，各个环节都是较大的产业，产生可观的经济效益，带动地方产业发展。实践表明，每亩杂交构树饲料至少可分别饲养2头肉牛、6头猪或10只羊，可使饲料成本降低20%。如果种植1000万亩杂交构树，可以减少7.5%蛋白饲料原料进口。杂交构树产业将成为饲草安全、农业供给侧结构改革、乡村振兴、脱贫增收的新型战略产业之一。据部分省县2020年统计，在育苗方面产值为3.6亿元以上，饲料生产方面产值4亿元以上，两项直接经济产值达到7.6亿元以上。

一、育苗产业

构树扶贫工程明确规定使用杂交构树“科构101”组培容器苗，试点初期只有两三家组培育苗企业，生产规模很小。在各地政府支持下，迅速新建了10多家组培育苗企业，育苗能力大大提高，解决了组培苗“一苗难求、价格偏贵”局面，年产能达8亿株以上，可以满足年种植近百万亩的需求。组培苗价格也得到明显下降，从试点初期3—4元/株，下降到中后期2元/株以下。

针对杂交构树种苗市场鱼目混珠和价格高以及科技支撑薄弱等问题，2017年11月，国务院扶贫办开发指导司与中科院科发局、中科院植物所相关领导就杂交构树扶贫工程试点相关事宜进行协商，三方一致同意加强协作，大力推进构树扶贫工程试点工作。中科院植物所具体承担两方面的事务，一是负责杂交构树组培苗的繁育和管理；二是搭建技术和扶贫平台，通过杂交构树研发中心，强化和保障研发功能。在中科院指导下，中科院植物所牵头于 2018 年 4 月成立了“中科创构（北京）科技有限公司”混合所有制企业，重点开展杂交构树组培苗的繁育和管理，为全国构树扶贫工程提供充足、优质、低价的“科构 101”组培苗。

经过技术攻关，成功建立杂交构树“叶培 2.0”组培快繁新技术，繁殖系数达 280 万株 /（年 · 芽）以上，比“芽繁 1.0”200 万株 /（年 · 芽）增加 40%（图 2–1）。2018 年开始推广，育苗成本得到明显下降，市场苗价得到有效调控，从 2017 年每株成品苗 2.5—3.0 元，降到 1.5—1.8 元 / 株，降幅达 40% 以上。按每亩种植 800 株计算，每亩减少 800—960 元种苗成本。按照推广 100 万亩计算，仅此一项节约成本 8 亿—9.6 亿元。

中科院植物所成立公司前，与 10 家育苗企业有直接合作，其中有 5 家是跟当地政府签订的协议（表 2–1）。使用的技术是“芽繁 1.0”组培快繁一代技术，育苗能力达年产 5 亿株。

成立公司后采用授权挂牌使用“叶培 2.0”育苗技术，第一批认定的企业有 8 家，其中 1 个与地方政府合作，新签约的有 4 家（表 2–2），有效期为 1 年，至 2019 年年底。

▲ 图 2-1　杂交构树“叶培 2.0”育苗过程

表 2-1　2018 年前与中科院植物所合作育苗的企业或政府

省份	序号	企业名称	与政府合作	到期年份
北京	1	中植构树生物科技有限公司		2019
	2	北京乔纳森科技发展有限公司		2017
河北	3	中科院唐山中心工程植物事业部	唐山市政府	2017
山西	4	山西中科宏发农业开发股份有限公司	蒲县政府	2016
四川	5	四川郭刚农业科技有限公司		2017
河南	6	兰考中科华构生物科技有限公司	兰考县政府	2019
贵州	7	务川科构生物科技有限公司	务川县政府	2019
	8	贵州海铭魏农牧科技有限公司	册亨县政府	2019
	9	贵州军辉生物工程有限公司		2018
广西	10	广西巴马宏创生态种养殖有限公司		2019

表 2-2 全国第一批杂交构树“科构 101”组培苗容器苗标准化育苗企业名单

省份	序号	企业名称	基地名称
北京	1	中植构树生物科技有限公司	（大连）组培育苗基地
			（菏泽）炼苗基地
广西	2	广西巴马宏创生态种养殖有限公司	组培育苗基地
贵州	3	贵州军辉生物工程有限公司	组培育苗基地
	4	贵州海铭魏农牧科技有限公司（与册亨政府合作）	组培育苗基地
新签企业			
河南	5	河南福瑞兹生物科技有限公司	组培育苗基地
重庆	6	綦江区美莓园生物科技有限公司	组培育苗基地
四川	7	四川新西南构树产业发展有限公司	组培育苗基地
云南	8	云南程盈森林资源开发控股集团有限公司	组培育苗基地

在满负荷运行情况下，年生产能力可达 5 亿株成品苗，可以满足目前扶贫用苗的需求，每年种植 50 万亩以上的用苗需求，圆满完成国务院扶贫办提出的种苗管控“优质、足量、低价”的要求。中科创构（北京）科技有限公司因国家杂交构树扶贫工程而生，奔产业发展而行，在积极配合国家相关部委，与科研机构合作，把“科技创新推动产业发展，科技力量为扶贫工程保驾护航”作为企业的使命，确定了通过搭建杂交构树产业化服务平台，对接地方政府、企业和项目，形成凝聚力。

二、种植产业

充分发挥杂交构树适应性强的优势，在温度、无霜期、年积温、降雨量、耐盐碱量、海拔适宜的贫困地区，特别是有养殖基础的深度贫困县统筹规划、合理布局种植杂交构树。全国可以种植杂交构树地区初分为 2 个区域，分别为普通种植区和特需种植区。普通种植区要求极端

低温 -20℃以内、无霜期 200 天以上、年均降雨量 500 毫米以上、含盐量 0.6% 以下，主要集中在除黑龙江、吉林、辽宁、内蒙古、青海、新疆以外的地区，涉及 20 个省（自治区、直辖市），156 个地级市、州、区，460 个国贫县和 318 个省贫县。特需种植区要求极端低温 -20℃以内、无霜期 150 天以上、年均降雨量 100 毫米以上、含盐量 0.6% 以下，该地区年均降雨量偏少，但可以充分利用河水或雪山融水进行灌溉，主要集中在宁夏、甘肃河西走廊、新疆南疆，涉及 3 个省份，8 个地级市、州、区，41 个国贫县（图 2-2）。

▲ 图 2-2 杂交构树饲料种植园

根据国家 18 亿亩耕地保护红线政策，2019 年 11 月，国务院扶贫办、自然资源部、农业农村部联合发文《关于构树扶贫试点工作指导意见的补充通知》（国开办发〔2019〕18号）严格规范杂交构树种植范围，允许在一般耕地种植杂交构树采收用于饲草料生产，原则上不得占用永久基本农田。为支持脱贫攻坚，对已经占用永久基本农田种植的，强化日常管理，对所占永久基本农田的数量、质量变化情况全面跟踪管理，最大程度减少对耕地质量的影响。据中国农科院专家推算，我国可以用来种植杂交构树的地块至少有1.2亿亩以上一般耕地。

三、饲料产业

畜牧业的快速发展为人类提供了各种各样的肉、蛋、奶等畜产品，但人们也感觉到了畜产品的原有风味不再有，并且还担心畜产品的安全问题。尤其是近年来用药和饲料引起的畜产品安全问题此起彼伏，为了促进畜禽生长和预防疾病，大量使用抗生素，随之产生的耐药性、药物残留等问题严重危害了人体健康。特别是“瘦肉精”和“三聚氰胺”等事件加剧了人们对现代畜禽产品的担忧。那么向消费者提供无污染、无药物残留的畜产品已成为我们义不容辞的责任。

杂交构树是优质的功能型饲草料，根据不同的养殖对象、不同地区和全日粮饲料生产工艺，杂交构树采收后可以加工成不同类型的蛋白质饲草料原料，主要有青绿料、青贮料、干料、颗粒料（图2-3），按照全日粮饲料标准，添加一定比例的杂交构树生产商品饲料。科学实验证明，杂交构树饲料适合家畜类（猪、牛、羊、兔等），家禽类（鸡、鸭、鹅等），水产类（鱼、鳖等）的养殖，不仅可以使这些动物健康生长，而且在调节动物生理功能上有重要作用，是一种具有广阔市场前景的新型、优质、高效的饲料。可以用来部分或全部替代豆粕、鱼粉、菜籽、苜蓿等蛋白饲料原料，适宜与青贮玉米、麦麸、黑麦草等能量饲料原料参比饲喂禽畜。青绿多汁的杂交构树青贮饲料具有营养损失小、适口性好、消化率高、储存时间长等特点，是目前杂交构树饲料的主要类型，已经在多种禽畜养殖过程中广泛使用。

▲ 图 2-3　杂交构树青绿料、青贮料、干料、颗粒料

四、养殖产业

1. 杂交构树添加饲料养猪

猪的成长环境是养殖质量的首位影响因素，山林放养就是在没被污染过的环境中养殖，远离污染，遵循自然生长需求。普通猪可能一辈子只见过猪圈的围墙，和头顶的一方天空，而构香猪是践行动物福利养殖

理念，充分尊重动物的福利，拒绝人工催长，遵从猪的自然生长需求，300 天慢养，让肌间脂肪得到充分沉淀。300 天慢养的构香猪，脂肪沉积到肌肉纤维之间，形成明显的红、白相间花纹，这就是传说中的“雪花肉”。与普通猪肉相比，构香猪“四大美味”氨基酸含量更高，无腥味、色泽鲜、水分低。科学证明，如果动物健康，感觉舒适安全，营养充足，能够自由表达天性，不受痛苦、恐惧、压力的威胁，肉质则更有营养（图 2–4）。饲喂猪时，采用构树干粉与其他饲料原料混匀调制成粉料或颗粒料、发酵构树饲料均可。杂交构树饲料是用杂交构树叶通过深度发酵技术生产的符合国家标准的生物饲料，完全没有添加抗生素、激素等，采用的是纯生物技术，保证了饲料和饲养的生态和绿色标准。饲喂量建议不超过日粮的 15%（以干物质计）。其中，保育猪饲喂量不超过 3%，生长猪饲喂量不超过 8%，肥育猪饲喂量不超过 15%，妊娠母猪饲喂量不超过 10%，哺乳母猪饲喂量不超过 8%。经用杂交构树生态饲料喂养的生态猪，其胆固醇含量低于普通猪肉的三分之二，钙、硒含量高于普通猪肉的 40% 以上，谷氨酸含量达 3.88%，并含有丰富的铁、锌等微量元素，鲜度是普通猪肉的几倍，不含有害金属物质，各项指标都优于出口猪肉的标准，达到了有机食品的标准。杂交构树生态猪肉是真正的“绿色生态猪肉”。资料显示，利用杂交构树饲料喂养生猪，平均料肉比为 3∶1，与市场上名牌饲料相当，不但可节约粮食 30%—50%，养殖成本可降低，更兼肉猪生长快，屠宰出肉率高，瘦肉率高，肉质鲜嫩，故被消费者誉为“又尝到 30 年前农家猪的风味”。由于采用高标准的生产模式，构香猪富含更多的营养成分，比如能够延缓衰老的抗氧化剂含量远远高于普通猪肉，维生素含量高，而胆固醇含量低，这些都有利于食用者的身体健康；用杂交构树饲料饲养的构香猪含有多种维生素，抗氧化物、胶原蛋白含量高，具有极佳的美容养颜功效。用杂交构树饲料喂养的构香猪，自然生态无公害，肉质纯正，味道鲜美，受到消费者的热烈欢迎和喜爱。猪粪中不含重金属，可以充分发酵分解，制成有机肥料，返还构树种植，形成循环经济。

▲ 图 2-4　杂交构树鲜枝叶喂猪

2. 杂交构树添加饲料养肉牛

牛肉含有丰富的蛋白质，脂肪含量低，味道鲜美，享有“肉中骄子”的美称。在日常餐桌上，我们经常能够看见牛肉的身影。根据饲养方式的不同可以将牛分为草饲牛和谷饲牛。草饲牛主要在牧区生长，食用新鲜的牧草，饲养时间比较长。草饲牛肉里的脂肪量较少，肉质比较老，口感差，但是安全性高。谷饲牛主要在农区饲养，一般用人工配合饲料和草料集约化饲养，饲养时间相对较短，肉质嫩，口感好，但脂肪含量较高，用药的机会多，安全性相对较低。利用杂交构树全株作为主饲料来喂养，并且进行农区集中圈养，不但集合了草饲肉质安全和谷饲肉质鲜嫩的优点，还缩短了饲养周期、降低了成本、提高了牛肉的品质，我们将其称之为“构饲牛”。山东菏泽饲养一批肉牛，并且给牛制定了精准的食谱，主要是将青贮杂交构树添加在由青贮玉米、麦麸、玉米面、碳酸氢钠和盐等组合的日粮中，同时结合肉牛的各个生长阶段，饲料配方也随之进行相应的调整。一般肉牛饲喂量建议不超过日粮的 45%（以干物质计），其中犊牛阶段（4—6 月龄）饲喂量占日粮的比例一般为 5%—10%，架子牛阶段（7—12 月龄）推荐饲喂量为 15%—25%，育肥阶段（13—18 月龄）推荐饲喂量为 10%—15%，母牛推荐饲喂量为 25%—35%。除了精心搭配的饲料外，还需要有科学的管理方法。动物对外界是有感知的，就像人类具有丰富的情感一样，因此在动物养殖过程中要配合科学的方法，同时尊重动物作为一个生命的存在价值，在养殖过程中也要保障动物快乐生存的权利，直到它们的生命走向终结。所以我们的构饲牛是福利养殖的，因为它们有充足的活动空间，可以尽情释放自由的天性，有固定的交配房、产房等，夏天晒太阳，冬天进暖舍，渴了喝山泉水，适时播放柔美舒缓的音乐，让牛住得舒适，吃得健康。牛粪也是天然的宝贝，加工成有机肥，不仅有效解决了环境污染问题，还实现了循环利用。为了准确测定构树饲料喂养肉牛的效果，山东菏泽于 2016—2017 年对肉牛的喂养情况进行了详细的对比实验。2016 年 12 月，不添加杂交构树饲料进行常规喂养，肉牛平均增重 0.52 公斤 / 天；2017 年 1—4 月，按设计配方足量添加杂交构树饲料，平均日增重 1.31—1.44 公斤；5 月，天气转暖，本应增重速度更快，但因库存不足，半量添加杂交构树饲料，日增重速度降到 1.15 公斤；6 月，微量添加，日增重降至 0.88 公斤。实验表明，杂交构树饲料的添加对增重影响很大。杂交构树喂养的肉牛生长得特别好，牛肉的品质也大大提高，肉质松软，肉筋及肥肉非常少，较易消化；牛肉细嫩，肉块当中油花分布很平均，吃起来香嫩无草腥，还可感觉到一股牛油的香味；深红牛肉酥软，汁浓味厚，肉滑醇香，肥而不腻，食之软烂，味道很鲜，没有传统牛肉的腥膻味道。当你咀嚼一块，满嘴流油的时候，你会感觉它一点儿不肥腻。总而言之，饲喂杂交构树饲料能够显著促进肉牛增重，改善肉质风味（图 2-5）。

▲ 图 2-5 杂交构树发酵料养牛

3. 杂交构树添加饲料养肉羊

在贵州山区里，村民们养羊多是采取散养的方式，把羊放在山里去自由采食，羊自己会去找构树的叶子吃。有时村民为了给生产后的母羊补充营养，就会找一些构树的叶子给它喂食，特别是母羊生产过后两三天采食构树叶子可以补充蛋白质。由于野生构树长得高大，并且叶片多毛，产量低，当大规模养羊的时候，野生构树叶子的产量就不能满足需求了，而杂交构树的出现完美地解决了这一问题。企业人士从中国科学院引进了全新的杂交构树，一起合作建立了杂交构树组培中心，在山里大面积种植杂交构树，这一举措极大地推动了杂交构树养羊的规模化发展。目前给羊制定的精准食谱是根据不同龄的羊来配制的，成年羊每天喂青草 2 公斤、小羊 1 公斤，上午八点和下午五点左右各喂一次。喂过青草以后就直接喂打碎的杂交构树饲料，成年羊 2.5 公斤、小羊 1.5 公斤。为什么先喂青草呢？因为杂交构树饲料的适口性更好，先吃口感差的青草再吃口感好的杂交构树饲料，这样羊会吃得更多。如果先喂杂交构树饲料的话，那么羊就不吃青草了。喂过杂交构树饲料后再喂玉米和豆粕等精料，这些精料只需要中午喂一次即可，成年羊 300 多克，小羊只需 150 多克，大大减少了精料的使用，一年可以节省三分之一的精料，并且羊平均每个月能长 4 公斤左右。羊的食谱中加入杂交构树饲料这个主要“点心”，解决了规模化养殖中的蛋白饲料短缺的问题，并且还建立了以杂交构树为核心的循环生态链。这条链是经过精准计算的，就是把 5 000 只羊的粪便全部收集起来种杂交构树。采取专利自动刮粪的方法，羊粪通过暗沟输送到沼气池，用来种 600 亩左右的杂交构树，这样既节约了成本又减少了对环境的污染，实现了可持续发展。羊吃得好住得好，它们的品质自然也高于普通的羊。烤全羊是目前肉制品饮食中最别具一格的美食，其外表金黄油亮，外部肉焦黄发脆，内部肉绵软鲜嫩，羊肉味清香扑鼻，颇为适口。成品色泽黄红、油亮，皮脆肉嫩，肥而不腻，酥香可口，别具风味。迫不及待地夹起一块放进嘴里，顿时满口留香，有皮的酥脆、肉的香嫩。现在，种植杂交构树养羊已成为当地脱贫致富的新产业之一（图 2-6）。

▲ 图 2-6　杂交构树鲜枝叶喂羊

构树滩羊。杂交构树发酵全混合日粮（FTMR）饲喂方案，其核心是利用杂交构树的蛋白效价和丰富的微量元素含量作为主粮，搭配玉米，补充肉羊生长所需的维生素、氨基酸和钙磷等，重点解决好瘤胃消化的 pH 值内环境调控，发挥杂交构树作为优质饲草的价值。具体配比：青贮杂交构树 51.5% + 青贮玉米 35% + 核心营养 13.5% = 肉羊完整日粮 100%。杂交构树 FTMR 饲喂方案，不仅解决了杂交构树产业链的种养衔接问题，相比肉羊传统饲喂方案，具有更加均衡的营养配比，更加符合反刍动物的采食本能，更有利于提升羊肉品质，也便于实现机械化规模饲喂（表 2–3）。同时为盐池滩羊规模化养殖模式和饲草料困境提供了更多可能性方案。通过杂交构树 FTMR 饲喂盐池滩羊，不仅延续了杂交构树在畜禽上的功效，也为盐池滩羊的饲草料提供了新的方案，构树滩羊标准化的日粮组成，也更有利于盐池滩羊的肉品稳定。

构树滩羊上连种植和养殖，下连加工和消费，是盐池滩羊产业链的重要节点。通过打造京羔构树滩羊品牌，可以为杂交构树在盐池乃至宁夏的种植产能找到出路，为滩羊养殖场提供标准营养饲草料供应，实现种养结合，为乡村产业振兴开辟新的路径。杂交构树 FTMR 全混日粮，通过将杂交构树青贮加工，根据滩羊的生长特点和营养需求，配制成以杂交构树为主要饲草料的全混日粮，为养殖户提供专业技术支持、技术服务，真正做到放心养殖、种植。从选苗到养殖，再到商品羊出栏，保证了构树滩羊的稳定品质，始终如一。公司以高于市场价格（每斤多 2 到 4 元）回收构树滩羊，从根本上解决产、供、销问题，带动农户发展，提高农户收入，有效地降低农户养殖成本。

表 2–3　杂交构树滩羊和市场羊肉的指标对比

项目	对照组（每 100 克含量）	构树组（每 100 克含量）
脂肪	4 克	2.4 克
钾	108 毫克	134 毫克
镁	9 毫克	15 毫克

续表

项目	对照组（每 100 克含量）	构树组（每 100 克含量）
钛	2.3 毫克	4 毫克
锌	2.14 毫克	4.3 毫克
锰	0.08 毫克	0.12 毫克
能量	109 卡	145 卡
维生素 A	16 毫克	31 毫克
维生素 E	0.53 毫克	1.42 毫克
蛋白质	18 克	24 克
碳水化合物	2 克	4 克
灰分	0.7 毫克	0.12 毫克
钠	92 毫克	104 毫克
钙	12 毫克	16 毫克
磷	145 毫克	190 毫克
铜	0.12 毫克	0.56 毫克
硒	6.18 毫克	9.34 毫克

构树滩羊通过上游端的整合规划，将有利促进滩羊产业的良性发展，同时也为保证下游消费端的优质羊肉供应打下坚实基础。为盐池滩羊走出去积累良好的口碑反馈，实现可持续的产品溢价能力，最终形成全产业链的正循环。

4. 杂交构树添加饲料养肉鸡

随着经济水平的提高，人们也越发关注绿色食品，对禽畜产品质量的要求也越来越高。生态养鸡指的是鸡在自然生态环境中按照自身的生长发育规律自然地生长，属于全开放式养鸡。生态养鸡可以生产出安全、优质的绿色产品，符合消费者对食品质优、安全的需求。生态养鸡也正是迎合市场需求、提供高品质土鸡的新型养殖模式。兰考县晓鸣禽业有限公司结合兰考县政府实施的“构香鸡”产业项目，累计向全县 9900 多户贫困户提供了鸡苗 77 万余只，每户配套提供构树苗 50 棵。雏鸡以庭院散养方式饲养，饲喂时以杂交构树茎叶作为青饲料提升鸡肉品质，带动贫困户户均增收 1100 元。由于其有丰富的营养和适口性，鸡喜欢吃，并能在吃后提高抗病能力，构香鸡在养殖过程中因病而损失的不足 1%。日粮中添加杂交构树叶对鸡的生长和代谢会有一定程度的影响，但经发酵处理的构树饲料能够降低构树叶对鸡代谢和生产性能的不良影响，因此杂交构树叶经过加工发酵后饲养效果更佳。添加杂交构树发酵料可以显著提高雏鸡免疫后的 ND 和 AIH5-4、AIH5-5 抗体水平，增加了雏鸡的免疫器官指数；显著促进雏鸡空肠中 IL-2 mRNA 表达，提示构树叶能有效增强鸡体的免疫功能。同时，使用杂交构树叶饲喂鸡同样表现出减少肉鸡脂肪的作用，并且有效地提高鸡体内禽流感抗体的水平。杂交构树饲料饲喂蛋鸡后，产蛋率大约增加 6%，同时鸡蛋重量和颜色也得到了一定程度的改善。在日粮中添加发酵的杂交构树叶可以降低鸡的腹脂率、皮脂厚度、肌间脂肪宽度，减少肌肉滴水损失和烹饪损失，改善鸡肉风味。杂交构树叶片是一种优良的家禽补充饲料，可以提高鸡肉品质，增加禽类产蛋率以及产蛋质量。构树鸡蛋，敲开之后，蛋黄、蛋白稠得可以用手拎起来，堪称是无抗生素的安心蛋。构树初生蛋含有普通鸡蛋不能比拟的卵磷脂含量，以及更加丰富的营养物质。而煮熟之后，更是香味扑鼻（图 2-7）。

▲ 图 2-7　杂交构树鲜叶养鸡

第二节　科技体系

一、种源良种化

构树扶贫工程采用的品种不是野生构树，而是杂交构树“科构101”。野生构树有果实，易被鸟类采食，导致无序传播，耕地上生长难以除尽；根系发达，直根粗大，对耕地土层有破坏；茎叶有毛，表面粗糙，适口性差，产量低、木质化程度高，农艺性状不稳定，用做饲料难以产业化和规模化生产利用。杂交构树克服了野生构树 3 个方面的缺点，饲用品种“科构 101”为雌性母株，败育无种子，不会无序蔓延发生生物入侵；侧根发达，主要分布在地表浅层，且吸地表面的水，不破坏耕地土壤；树冠宽阔、分枝旺盛、叶大厚实、光滑无毛，可连干带叶采收，更适合规模化、产业化利用。

二、种苗工厂化

杂交构树“科构 101”为无性繁殖，在自然条件下萌生和根蘖繁殖扩大种群，但种群的繁衍和扩大规模种植受到限制。由于杂交构树新枝中空、木质疏松，与杨树、柳树等其他林木不同，用枝条扦插效果很差。中科院植物所科技人员通过技术攻关先后建立了“芽繁 1.0”和“叶培 2.0”组培快繁工厂化育苗技术，单芽增殖率为 200 万株 / 年以上，为高效快速大量繁殖优质苗木体系和生产技术流程。组培容器苗生产包括继代、生根、炼苗三个过程，前两步在无菌组培车间进行，大约需要 50 天时间；最后一步在温室炼苗驯化，以适应外界环境，大约需要 40 天。组培苗是细胞无性克隆培养的完整植株，根多苗壮无病害，种苗遗传性状稳定，可充分发挥杂交构树的优良特性。该技术打破了常规育苗受繁殖材料、季节、场地等的限制，可实现工厂化、规模化生产杂交构树苗木，已成为目前杂交构树种苗生产的最佳途径，并被种苗生产企业所应用。

实践表明杂交构树扦插苗存在①扦插苗成活率低，条件差的地方甚至全军覆没；②产量低，同等种植密度情况下，不及组培苗一半的产量或更低；③饲用品质差，蛋白质含量低于 15% 以下，比组培苗少

20% 以上；④萌生能力弱，收割后只长几株，组培苗能长几十株；⑤不耐刈割、寿命短，一般情况下 5 年左右，组培苗可连续收割 15—20 年；⑥扦插苗取大田苗圃的枝条扦插，容易传播病虫害，组培苗为洁净组培室脱毒无菌生产，不带病虫害；⑦种植密度大、种植成本高，每亩种植 2000 株左右，有的甚至达 3000 多株；⑧收入低甚至颗粒无收，多地出现坑农害农现象，使贫困户雪上加霜。如在山西省西南部黄土高原发展杂交构树产业的一家企业，种植杂交构树扦插苗万余亩，尽管大部分成活，但生长慢产量低，木质化程度高蛋白质含量低，抗寒性弱，每年都有死亡，到第 3 年已所剩无几，导致企业投资亏损数千万元。陕西省秦岭一个山区县误用杂交构树扦插苗种植 1000 多亩，成活率不到 2/3，当年没有产量，越冬性也差，第二年大部分死亡，耽误了两年脱贫攻关时间，造成严重经济损失和不良影响，跟后续推广杂交构树扶贫产业留下严重后遗症。基于上述原因，扦插苗被国务院扶贫办禁止使用。

三、种植标准化

在杂交构树适宜种植区，按照“施足底肥、深翻土地、起垄覆膜、水肥一体”技术规程，在平原、沟坝、滩地每亩种植 700 株左右；在立地条件较差的山区、丘陵、台地每亩种植 1000 株左右。

杂交构树组培容器苗在适生区可实现春、夏、秋三季种植，只要土壤不上冻，气温在 10℃以上即可种植，在华北地区一般在 4—9 月栽种为宜，在华南地区全年可以栽种。杂交构树饲料林造林地一般应选在阳光充足、光照时间长、无遮挡的平地或缓坡，土壤应当疏松、肥沃、湿润，土层深厚（深度在 60 厘米以上为宜），酸碱度呈微酸性、中性或微碱性均可。造林地还应水源充沛，排水良好，地下水位在 3 米以下，忌低洼地或容易长时间积水的地方。在平原、沟坝平缓地区可采用宽窄行、大株距种植，充分保证光合作用和通风，确保产量、品质以及采收使用寿命，确保单位面积里有效萌生植株的群体密度。生态绿化林种植密度根据需求而定。机械化种植杂交构树主要适用于地形平坦且造林地集中连片的平原、草原、沙地、滩地。种植前须将造林地进行全面或带状整地，使土壤疏松，然后利用容器苗移栽机完成开沟、植苗、覆土及镇压等工序，此法造林功效高、劳动强度小、成本低。

四、采收机械化

饲用的杂交构树生长到一定发育阶段，必须及时采收加工，以保证其较高的营养成分含量。一般当植株长到 1 米左右时，离地面 10—20 厘米以上，连干带叶全株采收。杂交构树的采收方式有人工刈割和机械收割两种。人工刈割是小规模杂交构树饲料林或大山、深山地带常采用的收割方式。采用传统镰刀进行刈割，一人一天能刈割 250—300 千克鲜嫩枝叶。若使用钐刀（一种大镰刀），刈割的速度可提高 4—5 倍，每人每天可刈割 1500 千克左右。机械收割适用于中上规模成片栽植的杂交构树饲料林。在山区可采用手持式、背负式小型农机具采收，然后粉碎打包青贮。在缓坡丘陵、山区台地可以选用中小型青储收割机，该类型收割机具有接挂简单、灵活、效益高的特点，每小时可刈割 10 亩左右。平原川坝大规模杂交构树饲料林可用大型青储收割机，如双圆盘切割压扁机。该类型收割机集刈割、压扁、成条 3 道工序为一体，具有速度快、操作灵活、茬桩低的特点，每小时可收割 15—20 亩。

五、养殖科学化

杂交构树作为蛋白、纤维和功能性饲料原料，配制畜禽无抗全价饲料，用于生态健康养殖，畜禽粪便生产有机肥，或沼气化后还田，作为杂交构树或农作物种植的肥料，能有效地缓解畜牧业“原料总量不足、抗生素残留、环境污染”三大瓶颈问题。实践表明，杂交构树饲料具有一定的抑菌能力，饲喂奶牛，乳腺炎明显下降，能提质增效、降低成本。因地制宜确定好养殖拳头品种，瞄准大宗畜类，特别是猪、牛、羊的养殖，协调好饲草体系、种畜体系、疫情体系和加工流通体系，生产优质的构树肉蛋奶，打造安全健康精品和特色商业品牌。

杂交构树养殖有两大明显优势：一是可补充或部分替代传统蛋白饲料，中国工程院院士印遇龙团队试验结果表明，杂交构树蛋白饲料添加比例：猪全混合日粮饲料中添加 10% 左右（干重），可替代 4% 的豆粕和 6% 的玉米；牛羊全混合日粮饲料中可替代 30% 苜蓿和 20% 青贮玉米。二是可作为新型减抗功能性饲料，杂交构树饲料富含类黄酮，具有消炎作用，可减少各类抗生素和饲料添加剂的使用，研究表明奶牛吃构树后乳腺炎明显好转，山西蒲县中科宏发农业开发股份有限公司使用构树饲料养猪，不用抗生素，每头猪能减少 40 元支出。符合农业农村部提出的 2020 年后饲料禁抗要求。

第三节 支持政策

一、国家层面支持政策

国务院扶贫办协调有关部委和单位，先后印发了 3 个文件。

2015 年 2 月 25 日，国务院扶贫办印发《关于开展构树扶贫工程试点工作的通知》（国开办司发〔2015〕20 号），确定在山西、吉林、安徽、河南、广西、重庆、四川、贵州、甘肃、宁夏 10 个省区市 35 个县开展探索性试点，解决了适宜种植区域的问题。全面拉开了杂交构树产业扶贫的序幕。

2018 年 7 月 11 日，出台《关于扩大构树扶贫试点工作的指导意见》（国开办发〔2018〕35 号），进一步扩大试点范围，解决规模化、产业化生产的问题，明确到县的整合资金或扶贫资金可支持杂交构树全产业链发展，还可参照享受粮改饲和相关林业补助政策。

2019 年 11 月，国务院扶贫办会同自然资源部、农业农村部印发《关于构树扶贫试点工作指导意见的补充通知》（国开办发〔2019〕18 号），对构树扶贫工程种植品种和范围、技术研发、跟踪监管等作出进一步规定，明确了杂交构树用地政策，并强调所用的品种是杂交构树组培苗，禁止使用扦插苗和野生构树苗。

二、行业层面支持政策

2018 年 4 月 27 日，农业农村部将构树茎叶列入《饲料原料目录》（第 22 号公告），进入国家饲料体系，取得了杂交构树饲料生产、销售的合法身份。2018 年 6 月 26 日，农业农村部畜牧业司印发《2018 年全株青贮玉米推广示范应用项目实施方案》（农牧行便函〔2018〕第 93 号），将构树列入新型饲草营养价值评定和青贮饲料饲喂试验研究。

2019 年 2 月 14 日，国家林业和草原局印发《关于促进林草产业高质量发展的指导意见》（林改发〔2019〕14 号），将包括杂交构树在内的木本饲料列入推动经济林提质增效的示范基地建设予以支持。

2019 年 10 月 30 日，国家发展改革委将“杂交构树联合收获机械”纳入《产业结构调整指导目录》（第 29 号令）鼓励类产品，给予相应政策补贴。

2019 年 1 月 29 日、2020 年 5 月 6 日，国家标准委分两批在全国团体标准信息平台公布了构树饲料加工及饲喂猪、奶牛、肉牛、羊、驴、兔、鸡、鸭、鹅、鱼等的团体标准，这为生产单位和使用客户提供了实际操作的蓝本。

2020 年 9 月 27 日，国务院办公厅印发《关于促进畜牧业高质量发展的意见》（国办发〔2020〕31 号），明确把开发利用杂交构树新饲草资源列入健全饲草料供应体系中，提升为蛋白饲料安全的国家战略，将为我国畜牧业高质量发展、扶贫工程和乡村振兴做出新的贡献。

2020 年 9 月 26 日，科技部发布国家重点研发计划指南征求意见稿，将“杂交构树扶贫产业关键技术集成研究与应用示范”列入“主要经济作物优质高产与产业提质增效科技创新”重点专项 2021 年度项目申报指南，强化杂交构树应用难题技术攻关，做好产业扶贫科技支撑。

三、地方层面支持政策

各地在推动构树扶贫工程的过程中，大部分省份下发了指导意见，并出台了一些落地的支持政策。如山东省、河南省等将杂交构树种植纳入了粮改饲试点，对于发展杂交构树产业扶贫起到了很好的推动作用。

河南省扶贫办联合省财政厅、省畜牧局先后出台 2 份构树扶贫工程实施意见文件。文中直接扶持政策方面包括每年从省级脱贫攻坚成效考核奖励资金中安排 3000 万—5000 万元，对杂交构树发展好的市县进行奖补，奖补资金可用于杂交构树种苗、收割、打包机购置等，每发展一亩杂交构树给予 300 元的种苗补助，每发展 5000 亩杂交构树可扶持购买一台收割机、一台打包机，未在农机购置补助目录范围内的按购机金额的 30% 进行补助。

重庆市丰都县出台了 7 条杂交构树产业奖励政策支持杂交构树全产业链发展：一是对集中连片整治 50 亩以上，给予 1000 元 / 亩补助；二是每亩给予 1600 元的种苗补助；三是从事杂交构树加工且达到扶贫车间建设标准，履行相关扶贫义务的对象，给予最高不超过 50 万元的一次性奖励；四是对购买本县杂交构树用于畜禽养殖的对象，按照 50 元 / 吨的标准进行奖励；对种植杂交构树用于养殖的，再给予 100 元 / 亩奖励；五是农业机械补助，对购买构树收割、加工机械等大型农机具的，由扶持对象先行购买，给予 40% 的补助；六是对发展杂交构树产业的新型经营主体，可申请金融扶贫贷款用于基地扩模、设备购置、加工场地建设、规模化养殖、市场营销等，享受金融扶贫贴息相关政策；七是示范奖励补助，鼓励构树规模化、标准化种植，对种植面积 500 亩—1000 亩的给予 10 万元奖励，1000 亩以上给予 20 万元奖励。丰都县制定的奖励扶持办法，扶持力度之大，扶持面之宽，为杂交构树产业在该县的发展，创造了有利条件。

第四节　市场表现

立足我国粗蛋白饲料原料进口的现状和畜牧业发展形势，针对饲料紧缺矛盾和食品安全的巨大需要，发展杂交构树产业具有巨大的市场前景。

一、饲料市场：发展杂交构树扶贫产业是提升我国饲料工业竞争力的重要途径

我国蛋白饲料原料 80% 依赖进口，我国饲料加工企业的发展一直受到国际大豆市场价格因素制约。尤其是 2021 年以来，中美贸易争端升级，对包括美国大豆在内的 340 亿美元商品加征 25% 关税，直接导致饲料加工企业成本增加，养殖业成本提升、畜牧业整体发展举步维艰。杂交构树饲料是进口饲用蛋白原料的理想替代品，适口性好、料肉比高，可生产优质、安全、放心的肉蛋奶。

杂交构树扶贫产业雏形已现，具备加快产业化发展基础，且市场

前景广阔。通过 5 年多的实践探索，不论是从市场需求、经济效益，还是从发展空间和潜力来看，杂交构树扶贫产业将进入快速发展阶段，需要从国家层面给予高度关注和大力支持。一是满足国内蛋白饲料原料部分需求。根据试点数据和专家测算，按照亩产 6 吨鲜料（1.5 吨干料，粗蛋白 21.15%）计算，种植 1000 万亩杂交构树，可产 6000 万吨鲜料（干重 1500 万吨），折算成净蛋白相当于 793 万吨大豆或 1762 万吨苜蓿，能有效解决全国 7.5% 的蛋白饲料用量。以养猪为例，1000 万亩杂交构树“构—饲—畜”农牧业产业链产值能达到 6000 亿元。二是可补充或部分替代传统蛋白饲料。中国工程院院士印遇龙团队试验结果表明，杂交构树蛋白饲料添加比例：猪全混合日粮饲料中添加 10% 左右（干重），可替代 4% 的豆粕和 6% 的玉米；牛羊全混合日粮饲料中可替代 30% 苜蓿和 20% 青贮玉米，可使饲料成本降低 20%。

二、畜产品市场：发展杂交构树扶贫产业可为我们提供优质安全的肉蛋奶产品，助力农业供给侧结构性改革

杂交构树饲料富含类黄酮，具有消炎作用，可减少各类抗生素和饲料添加剂的使用，研究表明奶牛吃构树后乳腺炎明显好转，山西蒲县中科宏发公司使用构树饲料养猪，不用抗生素，每头猪能减少 40 元支出。符合农业农村部提出的 2020 年后饲料禁抗要求。国内普通农产品过剩，优质农产品紧缺，老百姓吃肉怕激素、吃菜怕毒素、喝饮料怕色素。杂交构树因其蛋白含量高、不生虫不打农药且非转基因等特性，不仅可以为我们提供优质的蛋白饲料，还可以提供优质安全的肉蛋奶产品。构树猪肉涮火锅无泡沫，说明不含抗生素，奶牛吃了构树饲料乳腺

炎明显下降，构树的肉类产品已通过欧盟有机认证，种种实例说明使用构树饲料产出的肉蛋奶产品既优质又安全。同时，杂交构树也是“粮改饲”的好项目，推广 1000 万亩杂交构树种植也只能缓解 7.5% 的蛋白饲料进口量，产业空间巨大，发展前景广阔。根据中国农科院卢昌艾研究员测算，全国适宜种植构树且合乎永久性基本农田保护要求的面积约为 1.2 亿亩，分布在黄河滩区、长江中下游、西南喀斯特地区等六类地区。在这些地方发展，既保护生态，又有经济效益，还有带贫效果，一举多得。

三、产销对接平台

一是杂交构树蛋白饲料产销对接两旺。甘肃中盛公司采购河北魏县构树青贮饲料 3000 吨试喂牛羊，公司负责人反映，构树饲料很受牛羊喜欢，成本降低 20%—30%，公司将调整配方替代部分苜蓿。杂交构树南种北养、就地利用等模式，进一步激活国内市场需求。内蒙古、西藏、新疆的牛羊等，冬季需要大量的蛋白饲料，按照南种北养，低海拔种、高海拔用的原则，可有效解决北方冬季青贮饲料不足的难题。二是杂交构树产品赢得市场认可。广西河池市一家杂交构树企业与香港农业专区有限公司已达成每年供应构树活猪 2 万头，构树猪肉、构树牛肉已在京东网上销售近两年，销售额达 1100 万元，构树肉蛋奶产品在超市和专卖店销售情况也很好。杂交构树产品市场认可度越来越高，产销对接逐步形成。

第三章

效益分析

杂交构树扶贫工程自2015年在全国部分市县试点以来，虽然只有短短几年的时间，其间还受到新型冠状病毒肺炎疫情等不良因素的影响，仍然实现较好的经济效益、社会效益和生态效益，并展现出我国杂交构树产业更大发展的广阔前景。

第一节　经济效益

从全国试点情况看，杂交构树扶贫工程主要集中在杂交构树的种植业和饲料养殖业两个相互关联的产业，包括杂交构树的育苗、种植、饲料生产、养殖、产品加工等多个环节。本报告所说的经济效益，也主要体现在这两个产业。

一、育苗效益：杂交构树组培苗从源头上为工程试点提供了可靠支撑

根据国务院扶贫办要求，构树扶贫工程均使用中科院植物所沈世华研究团队研发的杂交构树“科构101”组培容器苗（简称“组培苗”）。在各地政府支持下，迅速新建10多家“科构101”组培育苗企业，年产能达8亿株以上，可以满足年种植近百万亩的需求。

然而，在试点初期，由于缺少经验和市场规范，加之相关知识普及

和科技支撑没有及时跟上，也曾出现扦插苗和假冒杂交构树组培苗充斥种苗市场以及不法商人哄抬价格的现象，个别地方还造成严重的伤企、伤农事件。其间，在贵州、云南、河南、安徽等省都曾因栽种扦插苗，出现苗木成活率不高、生长缓慢、年产量低，甚至大批冻死的现象。

针对杂交构树种苗市场这种鱼龙混杂、价格高以及科技支撑薄弱等问题，国务院扶贫办及时提出了工程试点“选用组培苗，不准用扦插苗”和种苗管控必须“优质、足量、低价”的要求。中科院植物所于2017年在原有成果的基础上进一步成功研发出杂交构树“叶培2.0”组培快繁新技术，并于2018年开始推广，使得育苗成本从源头上明显下降，成品苗市场价格从2017年2.5—3.0元/株降到1.5—1.8元/株，降幅达40%以上。按每亩平均种植700株计算，每亩减少700—840元种苗成本。按照50万亩使用新技术种苗计算，仅此一项即为试点市县种植企业节约成本3.5亿—4.2亿元。各地种苗培育也由此逐步走上正轨。其中，河南省太康县建成6000平方米的现代化杂交构树组培中心和3.6万平方米的规范化炼苗基地，年产成品苗6000万株以上，可满足6万亩杂交构树种植需求。2018年至2020年，实际育苗1062万株，盈利达179万元。重庆东水蓝农业开发有限公司2018年4月建设完成炼苗大棚9个共3000平方米，营养袋制作与炼苗操作间260平方米，年炼苗能力200万株，当年5月开始炼苗，连续炼苗2年，成品苗除自用外，还销往重庆万州、涪陵、巫溪和云南楚雄等地，收入达100万元（50万株）。

二、种植效益：杂交构树具有明显的比较优势

2017 年，在中科院科发局科技扶贫专项支持下，中科院植物所项目组选择广西环江喀斯特地区自然条件恶劣的深度贫困村——下南乡古周村、东谈屯，开展了杂交构树“林—料—畜”一体化产业扶贫示范工程。两年后，他们专门就在这里的撂荒地种植杂交构树的种植效益算了一笔账：70 亩杂交构树种植园两年共投入 25.4416 万元。其中，种苗、底肥、种植费 10.1416 万元，为一次性投入，按一次种植 15 年连年收获计算，每年每亩 96.58 元。截至 2019 年年底，两年时间已经生产杂交构树青贮饲料 775 吨，年亩产 5.535 吨，年亩产值为：5.535 吨 × 600 元 / 吨 =3321 元 /（亩 · 年）。扣除种植管护成本（每年平均每亩投入），包括租地 150 元 + 种苗 79.92 元 + 底肥 10.66 元 + 种植费 6 元 + 管护费 500 元，共 746.58 元 /（亩 · 年），每亩年净收入为：3321−746.58=2574.42 元。

之前，在这样的立地条件下每年种植玉米和红薯，每年亩产量玉米 250—300 千克，红薯约 800 千克，产值 900—1000 元，除去种子、化肥、人工等，几乎所剩无几。种植杂交构树每年每亩比种传统作物增收 2000 元以上。

在水、肥、光照等条件较好的同等地区耕地上种植，其效益更加可观。如：广西河池市宜州区、罗城县、巴马县等，每年能采收 5—7 次，产量在 10 吨 /（年 · 亩）以上。河南省太康县马头镇大吴行政村建档立卡贫困户吴卫华一家 3 口人，因病致贫，2018 年种杂交构树 6 亩，2019 年采收 31.5 吨，销售给康构公司每吨 400 元，收入 12600 元，亩

均收入 2100 元。该县晨辉种植合作社于 2017 年 5 月流转土地 450 亩，第一年收入 45 万元，次年收入 72 万元，带动贫困人口 36 人增收。

重庆东水蓝农业开发有限公司流转三坪村 500 亩山地，多为闲置荒废一二十年坡地，地势陡峻，杂草丛生。公司自购挖掘机等农机具经过开荒整地先后种植杂交构树 300 亩，全部采用人工采收，当年可采 4 茬，第二年可采 5 茬。企业采取“送苗包收”给种植户带来很大的收益，种苗不花钱，无投入，杂交构树鲜枝叶企业收购 600 元 / 吨，按 6 吨 /（亩 · 年）计算，种植农户收入 3600 元 / 亩（种植玉米或红薯收入为 900 元 / 亩左右）。经过企业加工成发酵饲料后，按市场价 1200 元 / 吨，6 吨 /（亩 · 年）计算，每亩实现产值更可高达 7200 元。

三、加工效益：杂交构树饲料不仅品质好，利润空间也大

杂交构树饲料生产是“构—饲—畜”种养一体化产业发展的关键环节，其良好的经济效益也在构树扶贫工程试点中得到充分体现。

杂交构树饲料研发专家、河南省太康县中科康构公司经理邢政介绍说，该公司的杂交构树普通青贮发酵料，自己机械收采杂交构树原料成本为 400 元 / 吨，青贮饲料出厂价 600 元 / 吨，发酵料再次粉碎后加工成干粉，加入其他营养成分，形成不同专用全价料，密封在 20 公斤装包装袋中出售，价格在每吨 3000 元左右，而市场同类全价料售价 5000 元左右，饲料市场方面拥有相当大的价格空间。目前公司的饲料市场销售额已达 100 万元左右。邢政经理特别强调，杂交构树种养一体化能够节约养殖企业饲喂成本，而颗粒料的发展方便远途运输，有助于饲料企业做大做强。

六安市安徽宝楮生态农业科技有限公司董事长王敬利介绍，该公司将杂交构树青贮料经过深度发酵后，育肥猪日粮可添加30%—60%，麻黄鸡日粮可添加20%—40%，而且畜禽采食量显著提高，日增重和干物质饲料报酬优于普通配合饲料日粮，可节省豆粕等蛋白质饲料原料30%以上，同时还可节省玉米20%左右。杂交构树饲料加工的最终产品为全价半干粉。各种营养配料的每吨成本约在1300元，加上杂交构树原料的综合成本在2300—2500元。市场全价料位于4000—5000元，对外销售有着相当大的利润空间。

位于安徽省六安市裕安区顺和镇的华好奶牛场，是国内最早使用杂交构树饲料规范化喂养奶牛的一家企业。该公司主要是用构树鲜枝及发酵饲料作为成年奶牛及小牛饲养蛋白饲料来源，替代原有饲料中的豆粕和紫花苜蓿。为了加强饲料研发，他们与安徽农业大学专家合作，成立了杂交构树研究院，设立课题，建立饲料营养数据库，选择精准配方，解决枝条木质化、粉碎水分过大等问题。公司通过杂交构树青贮料进行奶牛饲喂，最高可以配到25%的杂交构树饲料，一头奶牛每天可以增加15—20斤产奶量。其奶品中含菌量下降，牛体免疫力增强。2020年，国家农业农村部将华好的牛奶认证为优质奶，普通200克一袋牛奶市场售价4.9元，可比同规格普通牛奶（4.9元/袋），多卖1.8元。

据该公司陆总介绍，二年生杂交构树鲜枝每亩产量可达4.5吨，构树湿饲料转换干饲料比例为3∶1，每亩可产生干饲料1.5吨。根据2021年行情价，西班牙最好进口苜蓿进价每吨市场价已经上涨到了5800元，每亩杂交构树创造的市场价值即为8700元。第一年种植成本不算，此后每亩杂交构树创造的市场价值扣除2500元维护成本和地租成本820

元，其创造的市场价值净利润约为 5280 元。相比公司种植的青贮玉米，每亩产量 2 吨，一吨市场价格 650 元，总收益为 1300 元，其每亩的种养维护成本 400 元、地租 820 元，一亩的净收益仅为 80 元。杂交构树与青贮玉米相比，每亩净收益多了 5200 元。

多地试点的情况还表明，杂交构树饲料具有突出的抗菌消炎作用，在抗病毒、增加免疫方面有显著功效。如 2017 年山东省菏泽市牡丹区大雨造成试养肉牛基地泡水半月之久，牛全被困在泥水中，仍没有发现得皮肤病等疾病的情况。2019 年非洲猪瘟大规模暴发的时候，附近村庄不少养殖户出现猪群感染，但附近一个饲喂杂交构树饲料的养殖基地却没有出现这种情况。

四、养殖效益：构饲养殖产品质优价优、能卖好价钱

试点市县中，使用杂交构树饲料的养殖产业，包括畜禽（含猪、牛、羊、鸡等）养殖和水产（含淡水鱼、小龙虾等）养殖，都展现出良好的品质和可观的经济效益。

在安徽宝楮生态农业科技有限公司董事长王敬利看来，杂交构树养殖的经济效益主要体现在三个方面：一是养殖产品生态有机、营养价值高，能卖好价钱。2019 年 11 月，安徽宝楮生态农业科技有限公司委托第三方专业检测机构谱尼测试公司对其主营畜禽产品进行了抽样检测，结果表明，所有产品均未检出重金属、农药残留、抗生素等有害物质，营养保健价值则远远优于一般同类产品。二是养殖综合成本低，利润空间大。杂交构树饲料不仅比普通饲料价格低（可降低饲料成本 10%），而且具有普通饲料所没有的免疫蛋白，饲喂后其绝对优势微生物可代替

抗生素防止畜禽生疫病（该公司基地的猪场每年万头规模的出栏量，没有发生猪瘟现象，无一死亡），可减少治疗费用 70%。此外，其粪污资源可以就地还田、高效循环利用，还可以降低环保支出 80%；其产品品质优良，消费者实际体验效果好、市场口碑好，可增强品牌竞争力，减少广告宣传。三是非常适合打造生态农产品地标品牌。目前，安徽宝楮生态农业科技有限公司已经注册了“大别山构香”商标，正致力于打造大别山生态有机农产品品牌。

表 3-1 构树喂养黑猪肉与普通猪肉氨基酸含量对比　　单位：%

序号	氨基酸	黑猪肉	普通猪肉
1	天门冬氨酸	1.90	0.951
2	蛋氨酸	0.46	0.181
3	苏氨酸	0.97	0.467
4	丝氨酸	0.80	0.426
5	缬氨酸	0.99	0.589
6	苯丙氨酸	0.90	0.464
7	亮氨酸	1.60	0.913
8	酪氨酸	0.72	0.33
9	赖氨酸	1.81	0.904
10	脯氨酸	0.58	0.537
11	精氨酸	1.24	0.737
12	组氨酸	0.90	0.36
13	甘氨酸	0.88	0.709
14	丙氨酸	1.12	0.668
15	异亮氨酸	0.93	0.519

续表

序号	氨基酸	黑猪肉	普通猪肉
16	谷氨酸	2.92	1.527
17	色氨酸	0.15	0.152
18	胱氨酸	0.39	0.157
	合 计	19.26	10.591

太康县培育杂交构树养殖龙头企业 3 家，建设杂交构树养殖试验基地 1 家，年出栏杂交构树羊、杂交构树猪、杂交构树牛等 5 万头，杂交构树鸡 8 万只。其中，太康县三叶农牧公司养殖杂交构树猪 1.2 万头，公司生产的杂交构树猪、杂交构树鸡、杂交构树鱼等产品，品质好、价格好，在北京、郑州、周口等大型超市设立 48 个经营网点，销售火爆。在目前猪肉市场很不稳定、其他养殖场的白猪肉价格降到 8 元 / 斤以下的情况下，该公司用杂交构树饲料喂养的黑猪肉市场零售价格仍然保持在 30—40 元 / 斤；当地同类鱼市场价不到 10 元 / 斤，该公司用杂交构树饲料喂养的鱼却可达 12 元 / 斤以上。其拥有的银牧香杂交构树黑猪肉、楮木香冷鲜肉，还在北京、郑州大型超市设立专柜，在京东网注册楮木香官方旗舰店线上销售，并与中粮集团产销联合，产品销往全国各地。

广西然泉农业科技有限公司提供的 2017—2019 年度广西出入境检验检疫局检验检疫中心对构树饲料喂养的然泉黑猪肉检测报告显示，然泉黑猪肉各种氨基酸的含量比普通猪肉氨基酸含量普遍偏高，总氨基酸的含量高近 1 倍（表 3–1）。

正因为如此，加之该公司用构树饲料喂养的黑猪肉蛋白质含量高，脂肪含量低，而且口味独特，市场口碑极佳，市场零售价格曾经达到过100元/斤以上。

重庆东水蓝农业开发有限公司提供的资料也显示，多地多次权威部门品质检测表明，杂交构树猪肉18种氨基酸是市面上普通猪肉的两倍以上，特别有益于人体健康。目前，该公司生产的构树饲料猪肉售价比普通饲料同类猪肉高50%以上。从当地云阳县黑猪生猪销售行情也可以看出，该公司用杂交构树喂养的黑猪相比当地（云阳）普通饲料喂养的黑猪，至少每头多赚1200—3000元/头（表3-2），而且供不应求。

表3-2 杂交构树饲料养殖黑猪与普通饲料黑猪价格比较

年份	普通饲料养殖		杂交构树饲料养殖		
	单价	单头	单价	单头	增收
2019	24元/千克	3600元/头	32元/千克	4800元/头	1200元
2020	36元/千克	5400元/头	50元/千克	7500元/头	2100元
2021	16元/千克	2400元/头	36元/千克	5400元/头	3000元

该公司也算了一笔账：300亩杂交构树至少可养3000头黑猪，每头按6000元计算，可创造价值1800万元，除去所有成本（按3000元/头计），可实现养殖利润900万元。

安徽省霍邱县杂交构树发酵饲料稻田养虾试验还表明：用杂交构树饲料喂养小龙虾，在不使用抗生素和动物源性蛋白质的情况下，小龙虾免疫力、成活率、增重速度和虾肉品质均显著提高，试验虾稻田的小龙虾不仅从未发病，而且成虾个体饱满均匀，亩均产量提高50—60公斤。与此同时，饲料价格也低于市场普通全价饲料，可谓一举多得。

五、其他效益：其他产品加工效益虽处起步阶段，效益却已显现

除上述种养业外，部分试点县市还对杂交构树其他功能的开发利用进行了有益的探索，并取得可喜成果。

河北省魏县林盛农业科技发展有限公司已开发出杂交构树系列副产品，如：构树茶系列，包括红茶、绿茶、香茶、茶饼等；构树食品系列，包括构树鸡蛋、构芽菜、构树菇、构树面、构树月饼、构树蜜、构树酒、构树食用片剂等；构树药品系列，包括构树复合含片、构树中草药喷剂、构树精华液等。

该公司负责人特别提及，他们生产的构树鸡蛋还按照DHA含量，细分为构树孕妇鸡蛋、构树婴儿鸡蛋和构树普通鸡蛋等多个品种。其中，构树孕妇鸡蛋的检测报告中显示，DHA含量是223毫克。而目前市场销售的美赞臣品牌“铂睿”婴儿配方奶粉0—6月龄1段产品营养成表标识中显示，DHA含量是17毫克，只相当于公司孕妇鸡蛋的1/13。据称，该公司生产的构树孕妇鸡蛋的市场零售价曾高达10元/个。

此外，该公司用杂交构树基料生产的杏鲍菇同用其他基料生产的普通杏鲍菇相比，也具有含钙量高、色白、质感更厚实、味道更鲜美等特点，很受消费者欢迎。目前，食用菌产业已经被魏县政府列入重点发展的三大产业之一，构树菇一定可以在其中扮演更加重要的角色。

河南省太康县中科康构公司也曾研发过杂交构树面条、杂交构树茶等，吃过、喝过的都说好，只是由于没有食品类生产批号，目前并未形成市场效益。

第二节　社会效益

杂交构树工程的社会效益是多方面的。从目前试点县市的情况看，主要体现在以下几个方面。

一、富民利企

在构树扶贫工程试点实践中，各地都从实际出发，探索行之有效的扶贫模式，收到较好的效果。

山东省菏泽市中植构树公司在实践中摸索出“三金三零”的扶贫模式，其主要内容：一是贫困户流转出让土地，获得土地租金。公司按照每亩 1100 斤小麦的价格，折合租金 1350 元，先后流转牡丹区高庄镇贾楼村等 6 个村 5000 亩土地种植杂交构树，群众每年每亩收取 1350 元左右的租金，共计 42 户贫困户通过流转土地脱贫。二是贫困户进入公司做工，获得劳动酬金。公司在杂交构树苗种植期间，按照每天每人不少于 50 元的标准支付务工报酬，每天提供临时就业岗位 60 余个，其中用贫困户 20 余名。三是按照“政府担保、企业运营、贫困户入股分红”的扶贫模式，由贫困户申请银行贷款，得到无息资金。公司与高庄镇的 120 户贫困户签订了扶贫协议，按每年每户不少于 2000 元的收益分给签约的贫困户，共有 300 多户贫困户从中受益。四是政府利用扶贫资金建棚由公司租赁，贫困户获得分红，群众资金零投入。公司按照每个大棚每年 2 万元的价格先后租赁 41 个大棚，租金收益用于全镇 30 个贫困村的贫困户，每个村的村集体按照本村贫困户数进行再分配。五是贫困户利用无息贷款资金与公司签订托管合同，收入零风险。公司用杂交构树饲养 10—12 个月后，每头构饲牛可净增重 1000 斤左右，增值 11000—13000 元，公司与贫困户按 6∶4 的比例分红，贫困户每头牛可分红 3000 元左右，一年纯收入可过万元。六是贫困户在家门口即可做工挣钱，就业零距离。2017—2019 年，公司与 30 余名村民（其中贫困户 12 名）签订了劳动合同，每月每人工资收入达到 3000 元—4000 元，并缴纳保险，实现了一人在家门口就业全家脱贫。

河南省太康县通过“三借模式”，即“借羊还羊，借水养鱼，借鸡生蛋”，由杂交构树龙头种养殖企业，有针对性地带领贫困农户进行畜禽代养，带动农民致富，有效实现了贫困农户的零距离就业、零风险经营、零投入脱贫。

该县老冢镇的太康众兴养羊专业合作社，采取“借羊还羊”的带贫机制，把羊“借”给贫困户饲养，并向贫困户免费提供母羊、免费提供疫病防治，优惠价供应杂交构树饲料。贫困户向合作社“还”羊时称重，增重部分优于市场价向贫困户付费。由于杂交构树羊品质好、口感好，周口越秀集团、接二连三连锁超市等企业主动与其签订高于市场价的常年供货合同，经济效益相当可观，合作社和贫困户都相应增加了收入。

据太康众兴养殖专业合作社的创始人、老冢镇刘寨村回乡青年李丙强介绍，2017 年他大胆购买了 50 吨杂交构树青贮饲料对羊进行试喂。经过一段时间后，发现羊的长势增快，羊毛发亮，羊的采食量也大，羊舍内的氨气味道却变小，相比普通饲料成本显著降低，而且效益更高。为了打消村民向合作社“借羊还羊”的顾虑，他还对宰杀后的杂交构树羊和普通羊进行精细化的对比，并找来村民一起品尝，共同得出“杂交构树羊肉质嫩、汤鲜，膻味轻，而普通羊肉肉质粗糙，膻味重”的结论，从此坚定了村民用杂交构树饲料养羊的决心和信心。在 2021 年 10 月 14 日重阳节当天召开的“老冢镇第五届民间艺术汇演暨 2021 年度‘十美人物’‘十星级文明户’表彰大会”上，他又挑选了六只膘肥体壮的杂交构树羊，用大锅把羊肉炖好，让参会的老人和当地村民共 200 多人，每人吃上一碗热气腾腾的羊肉和烧饼，还专门为牙口不好的老人包了杂交构树羊肉馅饺子。其中有三位百岁以上老人品尝了杂交构树羊肉后都说：活了 100 多岁，还是第一次吃到这么鲜美的羊肉。

李丙强还算了杂交构树养羊的经济成本账，波尔杂交山羊从羊羔到出栏一般 6 个月，长到 90—100 斤。小尾寒羊 9 个月出栏，骨架大，可以长到 160 斤。山羊一年可长到 90 斤，其市场售价相对更高。目前山羊全重一斤 21 元，山羊肉一斤 55 元左右。养羊耐粗饲，喂养杂交构树之后羊不爱生病，饲喂相对简单。喂养的饲料主要采用自产自用，不需要太多资金成本。这种借羊还羊的模式，公司每只羊可得 300 元的收益，老百姓一只羊可得 2000 多元的收益。目前，众兴养殖专业合作社已发展到了 3800 只湖羊，还有 1600 只绵羊等。

李天林是太康众兴养羊专业合作社中一名“穷怕了”的新里村村民，面对女儿要上大学、儿子还要喂奶粉，50 多岁的老伴儿身体不好的困境，家里只有二亩玉米地，怎样折腾也维持不了这个家，于是通过“借羊还羊”的方式，向太康众兴养殖专业合作社借了 45 只羊，每年下来至少也能挣到七八万元。2021 年，他自己独立拥有的羊数已经超过 200 只，少说也能挣十几万元。他高兴地说，这几年真是发了羊财，不仅儿子顺利上了小学，女儿大学毕业后还留在了郑州工作，他已给女儿准备了首付购房款。

安徽省霍邱县宝楮生态农业科技有限公司 2017 年至今多渠道开展杂交构树产业扶贫，也收到良好的效果：一是扶持 6 个村集体建立构树扶贫种植基地，共种植饲用杂交构树 800 亩。公司以成本价提供种苗，提供技术和机械化收割服务，定价回收，一年后亩产值达 2000 元以上。二是扶持贫困户发展杂交构树生态养殖产业。公司以成本价提供种苗，提供技术支持，高于市场价回收养殖产品，促使贫困户持续获得稳定收益。已支持 7 个贫困户养殖肉蛋兼用型麻黄鸡 650 只，每只鸡每年最低可产蛋 150 枚，每枚收购价 1.0 元，年销售收入 150 元 /（只・年），可获得稳定净收入 75 元 /（只・年）以上。三是支持农户、贫困户以土地入股公司。公司每年按时支付保底分红不低于 600 元 / 亩，共有参股土地 3000 亩，公司因此每年支付红利不低于 180 万元。四是用工帮扶。2017—2019 年，共提供长期工作岗位 76 个，临时用工合计 630 人，支付工资总计 406 万元。公司还通过现场会、短训班等形式组织农民 300 余人次学习构树育苗、构树种植、畜禽生态养殖等知识，帮助农户快速掌握科学种植、科学养殖的新技术，增强脱贫致富本领。

重庆东水蓝农业开发有限公司采取“公司 + 基地 + 合作社 + 农户”的方式，对贫困户实行“两送”（送优质杂交构树苗和优良猪种）“两收”（按协议议价回收构树枝叶和肥猪）“一免”（免费培训种养人员和技术指导）的帮扶政策，既消除贫困户种植构树的后顾之忧，也给他们带来了实实在在的利益：一是土地流转费用，给农户带来 250 元 /（亩 · 年）直接收益；二是提供就业岗位 30—50 个不等，其中，常年务工的贫困户 10 人，低保户 2 人，贫困户每年增收务工收入 1 万元以上；三是掌握了杂交构树种植和生猪养殖技术并提高了订单农业的水平；四是带动其他农副产品销售，每年腊月，购买年猪的人每天都会达到 30 人以上，也带动了当地土鸡、山羊、肉牛等农副产品的销售。

2018—2019 年，广西然泉农业科技有限公司采用与贫困户、合作社开展土地合作和代种代养等模式，将贫困户、合作社纳入宜州区杂交构树生态循环养殖产业核心示范区生产经营，通过构树种植收购、黑猪饲养和园区务工等方式，为 50 多家贫困户带来 200 多万元的收入，带动 50 多家贫困户实现脱贫。2016—2019 年，又有 800 多家贫困户通过政府贴息贷款（每家贷款 5 万元）投资构树产业园建设，园区每年为每家贫困户分红 4000 元，三年每家贫困户分红 12000 元，扶持 800 多户贫困户增收。

二、领导肯定

构树扶贫工程实施过程中得到党和国家领导人极大关注和高度重视：2017 年 2 月，在习近平总书记主持的第三十九次中央政治局集体学习会上，构树扶贫工程案例被选为参阅材料，得到中央的肯定，且在《中办通报》2017 年第 9 期上刊登并印发各地学习供工作中参阅掌握。2019 年 6 月，胡春华副总理考察河南兰考杂交构树“构—饲—畜”产业化基地，对构树扶贫工程予以高度评价，对在黄河滩区种植杂交构树发展生态农牧业予以充分肯定。陪同的农业农村部领导也认为，杂交构树是个很好的蛋白质原料，是农业供给侧结构改革和粮改饲的好项目。2019 年 11 月，胡春华副总理在全国畜牧业工作会议上强调，发展构树是建立现代饲料供应体系的有益探索，要继续推动畜牧业在产业扶贫中发挥作用，为脱贫攻坚和保供应做出应有贡献。

国务院扶贫办领导多次专题调研或召开现场会，大力推动和宣传构树扶贫工程。2015 年 6 月，刘永富主任到杂交构树研发和示范北京顺义基地调研考察，提出把科研和龙头企业引领工作做好。2015 年 7 月，洪天云副主任在北京调研杂交构树种养示范基地，指出加强杂交构树产业链建设。2015 年 9 月，在贵州省务川县召开“全国构树扶贫工作推进会”，欧青平副主任在会上指出，杂交构树产业扶贫对推进畜牧业发展和脱贫攻坚具有重要战略意义。2016 年 10 月，在贵州省贞丰县召开 8 省区市“石漠化地区脱贫攻坚座谈会”，刘永富主任肯定了杂交构树是石漠化生态治理和发展畜牧业脱贫致富的好产业。2017 年 2 月，国务院扶贫办成立“全国构树扶贫工程领导小组”，刘永富任组长，加强领导和组织推动。2017 年 3 月，刘永富主任在两会“脱贫攻坚工作”新闻发表会上，特地介绍了杂交构树产业扶贫在生态农牧业方面的重要作用和价值。2018 年 6 月，在河南省兰考县“全国构树扶贫工程现场观摩交流暨培训班”上，洪天云副主任主持会议，刘永富主任对三年探索性试点做了总结，并对下一步加快发展做出部署。2019 年 9 月，在河北省魏县召开“全国 19 省（区、市）构树扶贫经验交流暨产销对接研讨会”，吴华副司长在会上对杂交构树产业扶贫的有利条件和市场需求做了报告。2020 年 9 月，在北京召开“构树扶贫工作推进会”，刘永富主任认为杂交构树产业不单是精准扶贫工程，还是粮食安全和食品安全的国家战略，是解决我国蛋白质饲料“卡脖子”难题的重要途径之一，是乡村振兴的重要抓手。

中国科学院领导十分支持杂交构树科技研发、成果转化、产业扶贫和科技发展。2016 年，白春礼院长做出 3 次批示，认为“这是我院的亮点工作，应加大工作力度”。2018 年 3 月，白春礼院长在央视新闻频道两会新闻《面对面》栏目中，对构树扶贫科技成果转化与推行精准扶贫工程给予充分肯定。2020 年 11 月，白春礼院长在国务院新闻办公室发布会上，介绍了构树扶贫是中科院的特色创新产业和经济“造血”产业。

三、专家认可

中科院院士、中科院植物所匡廷云研究员说：针对我国人多地少、“人畜争粮”和饲料紧缺矛盾及巨大需求，沈世华团队培育出国内外唯一一个木本功能性、高蛋白杂交构树新品种，这是构树木本植物育种的重大突破，是本土原创、具有自主知识产权的非转基因品种。杂交构树产业扶贫工程是一项利国利民的大好事，称得上“利在当下、功在千秋”。工程院院士、中国林科院林化所研究员蒋剑春指出：推广种植杂交构树不仅可以解决我国蛋白质饲料原料短缺问题，更是中国产业扶贫一条新的途径，他说“推动构树扶贫工程的实践也是践行‘两山’理论的具体行为，可以充分利用杂交构树产业模式短平快、产业链长、市场有需求、贫困户介入门槛低等突出优势，通过产业发展带动建档立卡户脱贫致富”。国家林草局退耕还林办副主任李青松指出：种植杂交构树根本不需要占用耕地，从退耕还林的角度应大力提倡种植杂交构树，一棵杂交构树就是一台天然的空气净化器，他说“构树是治理矿山、治理雾霾、治理有害环境的好树种”。中国生态文明研究与促进会创会常务理事、原国家林业局经济发展研究中心主任黎祖交教授认为：杂交构树是个好树种，可以催生一个大产业，在饲料养殖、食品饮料、保健化妆品、生物制药、制浆造纸、人造板材、生态绿化、苗木繁育等方面有广阔应用前景。

四、宣教科普

国家“构树扶贫工程”的成功实施，使得杂交构树产业将科技成果转化为现实生产力的特有优势及其在全面脱贫和乡村振兴中的重要作用凸显出来，也使得原本对杂交构树的生物特性和功能优势缺乏科学认知的全国各试点地区的广大干部群众接受了一次广泛深入的科普教育，同时还通过试点县市杂交构树产业发展的成功实践和经验推广，在一定程度上为科技成果转化为生产力发挥了一定的示范作用。

在2019年和2020年的全国两会上都有人大代表和政协委员向大会提交了大力发展杂交构树产业的相关提案；2020年11月，在国务院新闻办公室的新闻发布会上中国科学院的白春礼院长，还就构树扶贫做了专门介绍，并称构树扶贫是中科院的特色创新产业和经济“造血”产业。这也从不同的侧面印证了杂交构树扶贫工程试点的社会效益不容忽视。2019年，江苏省高考地理试卷有一道双选题：“杂交构树具有适应性强、生态效益显著的特点。贵州省某县将杂交构树生态农业列为精准扶贫的重点项目。”请问“杂交构树生态农业有助于当地脱贫的原因有：A. 杂交构树具有很高的经济价值；B. 杂交构树可有效提高荒地利用率；C. 沼气制取能解决农村能源问题；D. 促进养殖业发展，增加农民收入”。表明该省将杂交构树精准扶贫工程相关内容纳入了中学生的教程，并作为升学考题出现，对杂交构树精准扶贫工程进行了很好的学习、科普和宣传。2020 年 11 月，国家乡村振兴局在杂交构树产业扶贫推进工作中成绩突出，中国扶贫发展中心副主任获得科技部、中央宣传部、中国科协颁发的全国科普工作先进工作者的表彰，得到国家主管部门的认可。

自工程试点以来，从中央到地方的主流媒体都对杂交构树扶贫试点工程做了不同程度的报道。2017 年 12 月 13 日，央视七套《科技苑》栏目，以“奇怪，有人居然砍树喂羊”为题介绍了中科院植物所杂交构树新兴科技产业对传统养殖企业的带动和转型升级，大大降低了养殖成本，改善肉类品质。2020 年 12 月 1 日，央视十七套《三农群英汇》栏目，在《“构”画幸福路》节目中，讲述了中科院植物所沈世华研究员帮助河南省太康县企业解决杂交构树饲料化难题，打开产业化推广之路的故事。2021 年 2 月 20 日，BTV 科教频道《创新北京》栏目以“长在餐桌上的大树”对中科院植物所沈世华研究员进行了专访，详细介绍了杂交构树产业科技助力乡村振兴，对食品安全的保障和餐桌健康饮食的影响。此外，央视网、人民网、央视十七套、今日头条、今日财经、搜狐网等多家媒体报道了杂交构树科技产业及精准扶贫工程方面的成果。据不完全统计，2020 年有关媒体的报道就达 33 条。

第三节　生态效益

各试点县市的实践表明，杂交构树具有很强的生命力和环境适应性，因而从杂交构树的种植到加工成饲料，到用其饲料养殖畜禽产品，乃至畜禽粪便还田再利用，全过程都显示出良好的生态效益。

一、生态适应：杂交构树的强大生命力为我国生态治理和增加耕地显示了新的选项

重庆市云阳县属于我国石漠化比较严重的地区，耕地资源稀缺。原本的耕地大多处于荒山荒坡，由于多年无人种植，处于荒废闲置状态，失去耕作价值。该县东水蓝农业开发有限公司创始人陈艳从中科院专家处了解到，作为畜禽优质饲料重要来源的杂交构树为多年生作物，一次种植连续收割 15—20 年，不像一年生作物那样年年翻耕，从而大大减少了对土壤的扰动，减少水土流失。同时杂交构树根系发达，在表土层网络状分布，可以防沙固土，防止坍塌滑坡，正适于在该地区种植。于是，便将其中坡大陡峭的地方做成梯田，将坡度小的地方找平做成顺坡。通过 3 年的努力，终于实现了荒山面貌的大变迁：种植前的荒山荒坡，土层薄，土壤结块、贫瘠，杂草丛生，一片荒芜景象；种植后的梯田绿地，已经成为良田沃土，土壤团粒结构好，壤性增加，肥力明显提高，构树生长旺盛，呈现出防止水土流失良好效果。据此，陈艳特别指

出，现在国家再三强调保护生态环境、保护 18 亿亩耕地，如果能将适于种植杂交构树的荒山荒地和石漠化土地都尽可能利用起来，将不仅利于生态治理，其扩大的耕地面积也将十分可观。

二、土壤改良：杂交构树的种植对地力的影响为提高耕地质量提供了新的思路

河南省太康县林业局局长许兵强说，杂交构树的生态效益明显优于一般农作物，全县种植杂交构树 3500 多亩，都呈现出良好的生长态势，从来不打农药，也从来没有使用任何杀虫剂和除草剂，却从来没有出现过病虫害，更没有造成对土地的污染和肥力的降低。相反，杂交构树的种植对土壤还存在很好的改良作用，特别是其固氮、增肥的作用明显。现场观察可见，杂交构树根部土壤湿润、松软，土层厚实，三年生杂交构树主根入土深度在 20cm 左右，根系呈团状横向生长，全株生长旺盛。

多地因土地政策等导致杂交构树种植土地复耕的情况也表明，复耕后的土地均比种植前得到不同程度的改良。譬如：广西河池市宜州区在 2020—2021 年复耕杂交构树种植土地近 1800 亩，复耕后主要种植桑树、甘蔗和果树，均长势良好。山东省菏泽市牡丹区杂交构树长了四年的土地，退耕后不仅对土层无破坏，对地力无影响，而且对后续作物肥力有增加功效。

三、畜禽免疫：杂交构树饲料的研发运用为实现畜禽食品安全开辟了新的路径

山东省菏泽市中植构树公司总经理张彦坤强调说：“我最看好杂交构树的地方，就是它具有的抗菌消炎作用和免疫功能。”杂交构树不仅种植过程中不用打任何农药，而且在养殖过程中也不用打抗生素。尤其是对于奶牛行业，乳腺发炎等现象很常见，需要用很大剂量的抗生素，但是杂交构树饲料却解决了这个问题，这是其他饲料所不具备的。正因为如此，由杂交构树饲料喂养的畜禽产品作为生态有机食品的各项指标都经得起检验，并得到体验、消费者的一致好评。加之杂交构树枝叶对空气质量有净化作用，尽管其种植面积整体有限，也发挥了较好的生态作用。

四、粪污利用：“构—饲—畜”一体化养殖为有效解决养殖行业污染难题展示了新的希望

安徽省霍邱县宝楮生态农业科技有限公司董事长王敬利介绍：禽畜吃了杂交构树生物发酵饲料之后，产生的养殖粪污仅有极轻微的异味，经过简单厌氧发酵处理即可成为生物有机肥用于杂交构树种植，而杂交构树强大的固氮、固磷、增肥能力又能够使其以较少的耕地面积获得更多的粪污消纳能力，再通过消纳粪污生长的构树原料加工的饲料返用于畜禽养殖，实现种养结合、周而复始的全闭合生态循环链，粪污不外排即可就地资源化高效循环利用，不会对土壤和地下水产生污染，从而在源头上彻底解决养殖业环境污染难题。该公司的实验研究还表明，每亩

杂交构树年产量可满足 30 头育肥猪饲料需要量，30 头育肥猪约产生污水 35 吨，日均为每亩杂交构树提供污水生物有机肥 99 公斤，实现了“变废为宝”的有机循环。现场观察进一步显示，该公司基地运用巨大的密封存储包收集养猪场粪污，添加一定生物菌剂，经过一定时间后，粪水作为有机水质排入旁边的水塘进行沉淀净化，猪粪干物质进行发酵堆放后即作为有机肥还田。

河北省魏县铭锐农业开发有限公司董事长庞爱民介绍，该公司项目建设产生的粪便采用无害化有机处理，利用猪粪与秸秆生产有机肥料，特别是使用沼渣生产无公害肥料，能够有效改良土壤，促进庄稼生长，促进农业丰收。经过使用对比，发现使用过沼液的小麦每亩比没使用沼液的小麦产量最少增收 200 余斤。

第四章

带贫成效

第一节　带贫模式

各地因地制宜，涌现出多种构树带贫模式，通过种养一体、务工就业、入股分红等多种方式从发展杂交构树产业中获利增收，产生了明显的带贫效果。

一、自主种植

广西河池市宜州区针对有一定土地面积的贫困户，由当地构树公司垫付苗款提供种苗、技术指导并预付 500 元 / 亩收购定金给贫困户，定价 500 元 / 吨回收杂交构树饲料，分三年收回苗款的方式鼓励贫困户持续种植，自主脱贫。

二、入股分红

河南省兰考县引导、鼓励贫困农户通过土地流转、土地入股、土地托管等方式入股杂交构树种植企业。第一年租金 900 元，从第二年开始，除 900 元租金外，另外每亩地增加分红 15%，既缓解了企业经济压力，又促进了贫困农户收入。同时，政府搭建“育—种—饲—养”产业化平台，种植杂交构树 2 万亩。其中实施的“构香鸡”产业扶贫项目，带动 2800 多建档立卡贫困户，户均增收 1100 元以上。

三、务工就业

山东省菏泽市牡丹区优先安排贫困户从事土地整理、温室驯化、构树种植、田间管理、饲料加工、肉牛养殖，获取工资收入。在杂交构树苗种植期间，按照每天每人不少于50—100元的标准支付务工报酬，每天可提供临时就业岗位60余个，务工贫困户20余名。在企业的带动下，高庄镇贫困户以资金零投入、收入零风险和就业零距离的“三零”参与“构—饲—畜”一体化养牛产业，获得租金、薪金和股金的“三金”收入，种植杂交构树3000多亩，带动当地200户贫困农户脱贫、1200户农户致富。

四、种养联动

河南省太康县鼓励贫困户种植加养殖模式联动发展，扶持贫困户杂交构树种养一体化。种养一体化的贫困户每生产1吨杂交构树饲料既可享受到国家“粮改饲”青贮饲料60元的奖补，还可享受县里青贮1吨杂交构树饲料200元的奖补。种植养殖联动模式带动更多贫困户走上构树脱贫致富的路子。县政府设立杂交构树产业扶贫基金，支持企业打通全产业链和市场渠道，通过“贷羊还羊”模式，鼓励合作社、贫困户种植和养殖联动发展，利用河滩地种植5800亩杂交构树，580户2300人实现稳定脱贫。

五、企业带动

山西省蒲县引入有实力的企业，以其为龙头发展杂交构树产业，把贫困户纳入“龙头企业 + 合作社 + 贫困户”带贫脱贫链接机制中来，种植 1.8 万亩杂交构树，发展养殖业，解决 4530 个劳动岗位，带动 200 多户贫困户增收脱贫。

第二节　典型案例

一、省级扶贫案例：河南省——高位推进、系统支持

近年来，在国务院扶贫办的正确指导下，河南省按照刘永富主任关于构树扶贫的指示要求，把构树扶贫作为产业扶贫的重要抓手，坚持“企业带动、产销对接、扩大示范、稳步推进”的工作思路，出台支持政策，加大资金投入，延长产业链条，探索带贫模式，初步形成了组培、炼苗、种植、饲贮、加工、养殖的特色构树产业链，以“小构树”带动“大扶贫”。截至 2020 年，河南省建成杂交构树组培中心 3 个、标准化收储加工饲草站 4 个、杂交构树干粉加工厂 1 个、年产 5 万吨生物饲料加工生产线 1 条，杂交构树累计种植面积近 6 万亩，带动建档立卡贫困户 7600 户 1.64 万人，为河南省打赢脱贫攻坚战提供了有力支撑。

（一）主要做法

1. 坚持高位推动。对推广构树扶贫工程高度重视，省政府分管领导亲自组织研究推动构树扶贫工作，并把构树扶贫工程纳入黄河滩区饲草产业带建设规划。

2. 坚持试点先行。为了探索杂交构树扶贫的带贫路径，积累经验，河南省采取典型引路、示范带动、扶持引导的办法，因地制宜，科学规划，合理布局，在黄河滩区，西部、南部浅山丘陵区和有一定种植基础的地方选择23个县，建立不同规模、不同模式的构树种养示范基地，进行多点示范，并逐步向全省进行推广。

3. 坚持链式发展。在杂交构树扶贫推进过程中，该省在拉长杂交构树产业链条上做文章，在拓展杂交构树使用范围上下功夫，不断提高杂交构树种植的经济效益、社会效益、生态效益，初步形成了杂交构树全产业链发展模式。组培育苗方面，年产成品苗近2亿株；饲料加工方面，建成杂交构树干粉加工厂1个、年产5万吨生物饲料加工生产线1条，开发出了杂交构树青贮料、发酵料、粉末料、颗粒料四大类产品；其他应用方面，开发出了构香面条、构香馒头、构香蒸菜、构香酱、构芽菜、构香茶、食用构精粉等产品，并正在淮滨县防胡镇打造“杂交构树特色小镇”。

4. 探索带贫模式。在延长产业链条的同时，河南省注重探索完善贫困群众与杂交构树种植、加工企业之间的利益联结机制，指导各地从种植、养护、收割、仓储等多个环节入手，通过技术指导、土地流转、务工就业等方式，把贫困群众嵌入杂交构树产业发展的各个环节，降低贫困群众单打独斗的经营风险，促进其持续稳定增收。探索出了兰考县“政府 + 企业 + 村集体 + 贫困户”带贫模式、社旗县“公司 + 基地 + 合作社 + 贫困户”合作共赢模式等一批能提高贫困群众参与度、获得感的好模式。

5. 坚持合力推动。为扎实推进构树扶贫工程，河南省相关部门协同联动，共同发力。省扶贫办牵头协调省直相关单位及科研机构共同参与构树扶贫；省农业农村厅负责把杂交构树产业扶贫纳入农业结构调整的重要内容，给予项目、资金支持，并做好饲草的标准化问题研究和龙头企业的引进，引导草畜发展项目向杂交构树产业扶贫示范县倾斜，推动规模化畜牧养殖企业试用、使用杂交构树饲料；省扶贫办、农业农村厅负责指导兰考县政府协调构树种植、加工、养殖企业成立构树企业联盟；省财政厅负责及时出台、调整构树扶贫财政支持政策；省科学院、农科院负责加大杂交构树研发力度，着力破解技术难题，联合省市场监管局、省农业农村厅共同推进杂交构树饲料团体标准的制定；林业部门、农机部门负责联合科研部门，加强对杂交构树栽培技术、杂交构树机械的研究攻关。

6. 强化支撑保障。一是强化政策支撑，河南省相继出台了《关于加快推进构树扶贫工作试点的实施意见》《关于做好构树扶贫示范推广工作的通知》等文件，各示范县（区）也出台了具体的支持办法，构建起了相对健全的政策支撑体系。为解决构树扶贫工程推进过程中出现的问题，河南省及时调整政策出台文件，将每发展一亩杂交构树的种苗补贴标准从 300 元提高至 600 元；同时，将机械补贴从收割、打包环节延伸到饲草加工环节。二是加大资金投入，省级每年从脱贫攻坚成效考核奖励资金中安排 3000 万—5000 万元，对于杂交构树发展好的市县进行奖补。各示范县（区）也都加大了对杂交构树产业的投入。三是强化科技支撑，省科学院、农科院、农大等相关科研单位不断加大杂交构树研发力度，定期组织人员进行技术指导，有力支撑了杂交构树产业发展。

7. 完善推进机制。一是建立了联席会议制度，扶贫、农业、财政等部门参加，加强沟通，密切配合，及时解决工作推进过程中出现的问题；二是建立了月报制度，对各地杂交构树发展情况进行跟踪管理，督促各地做好构树扶贫工作；三是建立了督查巡查制度，适时开展专项督查巡查，对工作不力的通报批评并限期整改，对构树扶贫工作中的先进经验进行全省推广。

（二）下一步打算

一是河南省将在巩固拓展脱贫攻坚战与乡村振兴中，以更大的力度持续推动杂交构树乡村振兴产业。

二是引导杂交构树种植、加工、养殖企业成立杂交构树企业联盟，进一步打通“产、加、销”环节。尽快推动杂交构树饲料团体标准制定。

三是强化构树扶贫工作督导考核，加压推进。

（三）存在的困难及建议

当前，养殖企业、养殖户对杂交构树饲料认可度低。杂交构树虽然进入了饲料目录，但杂交构树干粉饲料、青贮饲料、饲喂环节等缺少国家认可的技术标准、技术规程，不利于杂交构树规范化生产和全国范围内的流通、销售，制约了杂交构树饲料产业化的发展。为此，建议：

一是推动杂交构树（饲用）国家标准、行业标准的制定，引导大型养殖企业开展试用、使用。

二是加强产销对接，适时召开产销对接会，搭建产销对接平台，推动杂交构树“南种北用”，畅通杂交构树饲料销售渠道，促进杂交构树产业快速发展。

三是立足以销促产，在不盲目扩大杂交构树种植规模的基础上，积极开拓终端市场，在畜禽养殖环节消化构树饲料存量，同时稳步扩大杂交构树种植规模，促进杂交构树产业健康可持续发展。

二、县级扶贫案例：巫溪县——科学发展杂交构树产业、助力山区脱贫攻坚

巫溪县位于重庆东北部，地处渝陕鄂三省市交界处，是国家扶贫开发重点县、武陵山片区贫困县，是重庆市最贫困的山区县之一。2014年识别出贫困村150个、贫困人口8.6万人，贫困发生率达18%，为重庆市最高。巫溪县针对贫困人口多、贫困程度深、脱贫难度大等特点，将构树扶贫产业作为脱贫攻坚的主要抓手，把构树扶贫与山区畜牧发展相结合，按照“种养结合、因地制宜”思路，探索和发展“山地型”构树产业扶贫模式。

1. 政策引路，发挥构树产业政策的扶持作用

巫溪县充分发挥政府引导和培育作用，强化构树产业政策扶持，积极推进构树扶贫试点工作。一是成立构树产业工作领导小组。成立以县政府分管领导为组长，县发展改革委、县农业农村委、县科技局、县经济信息委、县人力社保局、县林业局、县扶贫办等单位主要负责人为成员的构树扶贫试点工作领导小组，统筹推进试点工作。二是整合部门资源形成工作合力。通过整合各部门力量，运用各职能部门的产业发展政策，整合基础设施、产业发展、退耕还林、石漠化治理、生态修复、商贸扶持、就业扶持、集体经济扶持、资产收益扶贫等政策，共同推进杂交构树扶贫产业发展。三是出台扶持政策形成杂交构树产业发展的良好机制。根据巫溪县产业发展实际情况，巫溪县2016年印发《关于大力

推进构树扶贫工程的实施意见》，分年度出台《构树扶贫工程试点工作方案》，利用对口帮扶资金、整合财政涉农资金等，在产业发展初期，对构树扶贫试点项目在种苗栽植、基地管护、杂交构树饲用、加工建设、技术培训等方面给予全面扶持。

2. 科学引路，确定不同区域的科学合理种植

巫溪县因地制宜，分海拔进行不同区域试点杂交构树产业种植。巫溪县是典型山地地貌，立体气候，在杂交构树种植过程中分区探索杂交构树产业最佳发展方案。为此，巫溪县根据区域实际和气候特点探索不同区域的密植标准，一是低海拔区，在峰灵镇龙寨村（约 400 米）华旺农业山羊养殖基地栽种 150 亩，通过重庆市畜牧科学研究院实用价值测定，其中粗蛋白含量约 23%。二是中海拔地区，在塘坊镇双柏村（约 800 米）山羊养殖小区栽种 520 亩，菱角镇九盘山羊养殖小区（约 600 米）栽种 200 亩、大河乡民主村（约 600 米）栽种 300 亩（饲养）进行试点，粗蛋白含量约 24%。三是高海拔区，在胜利乡洪仙村（约 1400 米）人川农业山羊养殖基地栽种 50 亩，粗蛋白含量约 18%。对县域不同海拔、不同土壤、不同气候进行差异性测试，最终选择出理想的种植区域进行推广种植。

3. 典型引路，形成与贫困群体的利益联结机制

巫溪县通过杂交构树产业的扶贫带动机制，以带动贫困户增收为核心，建立企业与贫困户利益联结机制，通过贫困户流转土地获得租金、投资入股获得股金、参与种养获得薪金，最大限度增加贫困群众收入。一是“基地带动”模式。选取种草养羊基础较好的塘坊镇建设构树扶贫示范基地，采用“企业 + 专业合作社 + 村集体 + 农户”的模式，由村

集体与本村普通农户、贫困户、养殖大户共同组建构树专业合作社，构树专业合作社将种植的构树交与企业经营管理，企业每年缴纳固定收益给构树专业合作社和村集体，达到增加村集体经济和带动贫困户增收目的。塘坊镇双柏村专业合作社种植构树520亩，引进广东启穗农业发展有限公司首批接管250亩，入股到构树专业合作的103户农户户均分红达2500元，村集体经济创收约3万元。二是“大户引领”模式。支持养殖企业、大户探索“种养结合、自产自销”的杂交构树发展引领带动模式，通过畜禽养殖、粪便还田、杂交构树种植、饲料加工实现绿色循环发展。菱角镇九盘村养羊大户汤穆成试种200亩，饲养构树山羊240只，通过土地流转、吸纳务工带动周边15个贫困户户均增收3000元。三是“散户自给”模式。对居住分散，土地不集中的贫困户每户选择种植1—2亩杂交构树，在满足自家饲用的同时，采取与企业签订杂交构树产品回收协议。目前200户农户（其中贫困户146户）种植杂交构树300亩，与广东启穗农业发展有限公司签订《构树种植回收协议》，公司免费指导种植技术，对鲜杂交构树叶、干杂交构树叶、杂交构树皮保价回收，并在每年年终时按全年交售的杂交构树总量，对贫困户的杂交构树产品按每吨100元分红。

4. 产业融合引路，增加杂交构树产业的综合效益

杂交构树产业必须与上下游产业结合，才能发挥其市场效益和长远效益。巫溪县引进广东启穗农业发展有限公司等龙头企业，以延伸产业链形式推进杂交构树产业发展。一是组建组培和种植基地。以武汉大学为技术支撑，启穗农业发展有限公司组建杂交构树组培和种植基地，高校与公司合作加强杂交构树优质品种组培苗繁育的研发力度和技术管

理。二是建设饲料加工厂。启穗公司建设杂交构树饲料加工厂，将全县范围内基地、大户、普通农户种植的无法自销的杂交构树统一回购，统一加工。三是培育杂交构树畜禽品牌。启穗公司建设生态食品加工厂，发展构树羊、构树猪、构树鸡等系列畜禽养殖业。

5. 县域政策支持、财政补贴有效助力杂交构树区域生态全产业链发展

巫溪县在构树扶贫产业发展过程中，通过政策支持增加杂交构树产业的带贫效益，也引导企业尊重市场规律，打造区域循环产业模式促进杂交构树产业链完善和发展，实现经济效益、社会效益和生态效益的有机统一。

①巫溪县政策支持和财政补助贯穿于杂交构树产业链整个过程，增加杂交构树产业的带贫效益和社会效益的做法值得借鉴。

巫溪县为做大做强杂交构树扶贫产业，出台一系列奖励和激励措施机制，补助范围从种植到养殖再到加工和销售整个产业链条，对杂交构树扶贫产业的发展起到正向激励作用。一是在种植环节，利用政府采购方式对组培苗进行全额补助。二是在管护环节，对杂交构树种植基地进行三年期补贴。三是在养殖环节，对使用杂交构树饲料的发展主体进行补助。四是在收购环节，规定企业按照高于市场价 5%—10% 的标准收购农户的构树猪。

②巫溪县以价值为导向，打造构树扶贫“育苗—种植—加工—养殖—品牌—市场”区域生态全产业链的做法值得借鉴。

巫溪县以增加杂交构树产业价值为导向，通过延伸和拓展杂交构树产业链，形成“育苗—种植—加工—养殖—品牌—市场”等一体化产业

发展路径，打造杂交构树全产业链生态种养一体化发展模式，形成集杂交构树育种、种植、推广和生态饲料开发、畜牧养殖、农副产品加工以及构建大型养殖基地为一体的杂交构树全产业链生态科技研发园区。

三、村级扶贫案例：松台村——发展杂交构树产业、壮大集体经济、实现增收脱贫

安徽省霍邱县彭塔乡松台村，是非贫困村，松台村共有29个村民小组，现有人口6900人，全村共有贫困户275户，贫困人口667人，贫困发生率10%。从地理条件看，松台村地处平原地域，全村共有7000亩耕地资源，土地较为平整，适宜规模化发展杂交构树产业；但土地地处湖湾地区，易旱易涝，普通农作物生长产量低，杂交构树作为耐旱作物，具有良好的发展前景。从区位优势看，松台村临近省道，交通区位优势明显，适宜打造节约化产业园区，为杂交构树产业化发展奠定了基础优势。从气候条件看，松台村地处淮河流域，气温全年在0℃以上，具备杂交构树产业发展所需的适宜气候条件。

松台村以国务院扶贫办关于扩大构树扶贫试点工作指导意见为契机，通过成立村级经济合作组织，积极探索杂交构树产业发展新模式，把劣势资源转化为优势资源、把自然条件劣势转化为产业发展优势，利用政策、企业、市场等优势提升村集体经济，带动贫困户发展。

1. 松台村探索发展杂交构树产业的特色优势

松台村作为非贫困村，面临发展和扶贫的双重困境，即自身收入有限，上级部门对非贫困村的资源投入较少，这些因素进一步加剧了自身发展和扶贫的困难。同时还面临农村发展的共性问题，即劳动力外出务

工多、土地耕种面积减少、农业产业发展停滞等困境，留守村内的均为老幼病妇等弱劳动力。

为解决发展困境，增加村集体收入、解决贫困人口的发展增收问题，2016 年，松台村在彭塔乡党委政府的支持下，成立了霍邱县松台农村经济发展有限公司，企业性质为村集体合作社。成立之初，村集体探索尝试多种农业产业提升集体经济，但受制于土地、资金、技术等因素，产业收益成效甚微。2017 年，随着彭塔乡成为霍邱杂交构树产业试点区域，村集体结合松台村现有土地资源、区域优势和气候条件等因素，通过实地调研和考察，发现杂交构树生长对土地质量要求较低，产业具有一次投入长效收益等优势特征，适合松台村的现有发展基础。最终决定利用龙头企业的示范带动，将杂交构树产业作为壮大村集体经济、带动贫困户发展脱贫的有力抓手。

同时，松台村还具有发展杂交构树产业的基础条件。一是松台村具有发展杂交构树产业的基础政策环境，2017 年，霍邱县出台了《关于在彭塔乡实施构树产业扶贫试点工作的意见》，并通过提升村庄基础设施和公共服务配套，大力支持彭塔乡各村发展构树产业，松台村抓住政策机遇，积极争取杂交构树产业项目落地。二是松台村具有发展杂交构树产业的企业带动优势，2016 年 12 月，彭塔乡引进安徽宝楮生态农业科技有限公司，重点在松台村建设杂交构树产业种植示范基地，并与附近村庄形成发展杂交构树“种养加”循环产业链。松台村利用龙头企业订单式收购优势，借助杂交构树种养循环生态有机一体化生态产业链，通过流转土地，杂交构树产业种植示范基地等方式积极参与杂交构树产业。

2. 松台村集体通过“龙头企业 + 村集体经济组织 + 基地 + 贫困户”合作模式壮大村集体经济

松台村积极探索“龙头企业 + 村集体经济组织 + 基地 + 贫困户”杂交构树产业扶贫模式，通过增加集体经济收益方式，将产业效益延伸至贫困户，建立合作互助、风险共担、利益共享的共赢模式，达到杂交构树产业带动村集体和农户共同发展的目标。

一是在发展合作方面，村集体负责政策宣传和做农户的思想工作，将农户土地成规模流转，同时负责将农村劳动力介绍到公司农业园区工作；合作社负责将村集体土地以公司形式流转给宝楮生态农业科技有限公司；宝楮生态农业科技有限公司负责提供种苗、收割、回购等工作。

二是在利益分享方面，宝楮生态农业科技公司在松台村流转土地 660 亩，以 600 元 /（亩 · 年）流转费的标准，按照“谁流转、谁收益”的原则，建立村集体、合作社和农户的利益分享模式。村集体除利用合作社流转集体土地 130 亩外，还通过流转村内农户土地获得收益，即每流转农户一亩土地，公司给予村集体 50 元的补助。

截至 2019 年 8 月，全村流转土地 660 亩用于种植杂交构树，其中村集体流转土地 130 亩，非贫困户流转土地 410 亩，贫困户流转土地 120 亩，松台村村集体经济每年获益 10 万元以上。

3. 带贫机制

松台村 2017 年开始小范围种植杂交构树，2018 年扩大种植面积，2019 年产生收益。在产业发展过程中，松台村通过扩大集体经济方式，将产业收益延伸至贫困户，带动贫困户增收脱贫。

一是村集体经济收益部分以购买公共服务方式，通过设置公益岗位带动弱劳动力或无劳动能力的贫困户增收。松台村由村集体经济出资在每个村组设立一名村级卫生保洁员，全部由劳动能力弱的贫困户担任，共设置 29 名，每户年均增收 2000 元。

二是村集体协调流转贫困户土地和贫困劳动力务工，带动贫困户参与杂交构树产业的利益分享。松台村村集体积极协调贫困户通过土地置换、流转、务工等形式进入杂交构树种植基地，共有 82 户贫困户参与到杂交构树产业收益分享机制中，其中土地流转 16 户，流转面积 120 亩，每年获益 7.2 万，劳动务工 227 人，人均收益 6000 元以上。

通过村集体倡导土地流转和大力发展杂交构树种植基地，松台村实现了村集体增收，同时协调贫困农户到基地从事生产劳动，实现就地、就近就业致富。松台村的杂交构树产业基地已经获得群众的认可，正在不断扩大种植规模，以期发挥更大经济和社会效益。

四、企业带贫案例：华好生态养殖有限公司——杂交构树饲料是个宝、奶牛吃了效果好

构树扶贫产业作为一个新兴产业，如何实现杂交构树饲料与传统养殖的融合，如何抓住杂交构树产业发展的新机遇，成为推广杂交构树扶贫产业过程中的难题。安徽省华好生态养殖有限公司首次探索杂交构树饲料养殖奶牛并获得重大突破，为推动构树扶贫产业发展提供了有力支撑和经验借鉴。本案例结合安徽省华好生态养殖有限公司的调研情况，从奶牛养殖企业层面，对参与构树扶贫产业的企业发展提供了极为宝贵的借鉴思路。

1. 基本情况

安徽华好生态养殖有限公司坐落于大别山集中连片特困区扶贫点——安徽省六安市裕安区顺河镇，该公司是皖西地区目前唯一的三产融合的农业产业化龙头企业。2011 年开始，围绕牧草种植、奶牛养殖、粪污处理、能源利用组成的循环农业生产链，先后建成牧草种植基地 6800 亩、标准化牛舍 40000 平方米，挤奶大厅 1400 平方米，精料仓库 5000 平方米，办公生活服务区 1384 平方米，存栏奶牛 3000 头的现代化奶牛养殖基地，2016 年以前，鲜奶直供伊利乳业，2018 年与江西阳光乳业合作共同投入资金 5 亿元成立华好阳光乳业有限公司，新建日处理 200 吨鲜奶的乳品加工厂，打造一家集牧草（构树）种植、奶牛养殖、乳品加工、新品研发、市场营销、物流配送为一体的全产业链公司。近年来也是六安市中小学营养奶专供单位。截至 2019 年 10 月 15 日，公司奶牛场存栏奶牛达 2000 头，单项资产达 1.6 亿元，年销售收入 7000 万元。

2. 扶贫举措

自 2016 年以来，华好生态养殖有限公司积极参与六安市和裕安区脱贫攻坚帮扶工作，主要从三个方面带动贫困户增收：一是租地收租金。高价租赁当地群众土地 6800 亩，每年每亩租金 800 元，每年有 220 户贫困户获得租金收入，每户收入 1000 元以上。二是打工挣薪金。优先招收贫困户到企业打工，目前常年在公司打工的技术工人贫困户 8 人，人均年收入约 3 万元。就近雇用 12 名贫困户管护牧草基地，人均年收入约 2400 元。三是养牛获酬金。免费提供小公牛给贫困户饲养，年底集中收回，贫困户饲养小公牛每头年均增收 3000 元（表 4-1）。

2018年荣获国务院扶贫办、全国工商联授予“全国‘万企帮万村’精准扶贫行动先进民营企业”荣誉称号。

表 4-1 华好生态养殖有限公司带动贫困户模式总结

	模式	带动贫困户数量（户）	平均每户增收（元）
华好生态养殖有限公司的扶贫效益	土地租金	220	1000
	务工薪金	38	5000
	养牛酬金	15	3000

3. 实践探索

构树扶贫工程被列入国家“十项精准扶贫工程”以来，华好生态养殖有限公司一直特别关注杂交构树饲料喂养奶牛的信息。2018年9月，在六安市政府的支持下，华好生态养殖有限公司到各地学习参观，多方论证杂交构树饲料的有效性。2018年10月，华好生态养殖有限公司与河南中科康构科技有限公司签订协议，定向购买杂交构树饲料，喂养成年奶牛，并订购杂交构树树苗170万株，栽植杂交构树1900亩，打造奶牛产业园和杂交构树产业园两大板块的扶贫产业园，全年采收加工杂交构树饲料7600吨，基本满足了奶牛饲料蛋白的供给需求。

在探索杂交构树饲料喂养奶牛的过程中，该公司经历了三个阶段的实践尝试。

第一阶段：饲喂杂交构树叶茎探索，成效初显

2019年5月13号，华好生态养殖有限公司开始探索杂交构树茎叶饲喂奶牛，第一天尝试直接喂养，将杂交构树茎叶直接撒在TMR散状料码的食槽上，奶牛首先将杂交构树茎叶吃完，剩下的全是之前配的

TMR 料。第二天在没有降低其他饲料的情况下将杂交构树饲料混入其中，其适口性比之前没杂交构树饲料要好得多，而且采食量增加 4.5%。连续饲喂 1 个月，在奶量同比 2018 年每头牛单产提高 1.2 公斤。奶量提升指标根据乳品厂检测数据蛋白指标提升 1.3 个点。

第二阶段：制作杂交构树饲料探索，喜获成功

鉴于杂交构树茎叶喂养的良好效果，公司着手做杂交构树发酵饲料。由于杂交构树蛋白含量比较高，干物质只有 22%，所以杂交构树发酵饲料比传统玉米、小麦青贮发酵饲料制作工艺要难得多。开始制作尝试了几次压实和裹包效果都不太好，后来通过农业部门专家现场指导，在杂交构树发酵裹包饲料上通过添加玉米粉、麸皮、糖蜜、发酵菌等制作成功。40 天开包送检，粗蛋白、粗脂肪、粗灰分都比未发酵的提高 14% 到 42%，更利于奶牛营养吸收。

第三阶段：饲喂杂交构树饲料探索，效果非常好

华好生态养殖有限公司奶牛场对现有 1800 头奶牛添加杂交构树发酵粗蛋白饲料以来，生产成本、经济效益、奶的产量、质量都有明显的变化：一是饲料成本降低 10%，喂养杂交构树饲料以后，由于杂交构树植物蛋白高达 25%，喂养时可以替代进口苜蓿草等蛋白饲料，每天每头乳牛饲料成本由 70.74 元降到 63.2 元；二是每头奶牛每天奶产量增长 1%—3%，鲜奶品质大大提升，主要体现在蛋白上涨 0.2—0.3；三是杂交构树饲料喂养的奶牛免疫力明显提高，降低了奶牛的发病率。（表 4–2）

表 4-2　华好生态养殖有限公司杂交构树鲜叶喂养奶牛鲜奶指标对比统计

项目	投料比	采食量	单产	乳脂	蛋白
饲喂前	78.60%	39.3	21.25	3.97	3.15
饲喂后	83.53%	41.76	22.42	3.94	3.19
差异	5.23%	2.46	1.17	−0.03	0.04

注：饲喂新鲜杂交构树 2.5 公斤 /（天·头）。

4. 意义重大

华好生态养殖有限公司探索的杂交构树饲料规模化喂养奶牛模式在国内尚属首次，以往杂交构树饲料基本都是用于猪、鸡等，华好生态养殖有限公司和专家共同探索和试验，将杂交构树产业的发展推向一个新高度，在杂交构树产业的经济效益和社会效益等方面产生了积极重大的影响，意义深远。一是杂交构树饲料的应用范围进一步扩大，尤其在中美贸易摩擦的背景下，华好生态养殖有限公司的杂交构树饲料喂养奶牛的成功探索试验，使杂交构树饲料替代苜蓿饲料成为可能，对于我国传统牛羊畜牧区的饲料替代和应用产生积极的推广价值。二是杂交构树饲料的低成本提高养殖产业的经济效益，杂交构树生长快、产量高等优势特征使养殖企业的养殖成本大幅度下降，在不改变或提高单位产量蛋白含量基础上，提高了企业的经济效益。三是企业通过土地租赁、劳动务工等直接形式带动贫困户增收致富，通过“企业 + 贫困户”等间接形式，扩大杂交构树产业的规模效益和社会效益。

5. 思考与启示

华好生态养殖有限公司通过三个阶段杂交构树饲料喂养奶牛的实践

探索，为我国大力发展和推广杂交构树饲料喂养奶牛，提供了可推广复制的经验借鉴。

思考：

乳业企业探索使用杂交构树饲料须强化权威机构部门的技术支持和标准认证

华好生态养殖有限公司探索杂交构树饲料养殖奶牛目前处于探索期，相关技术标准和试验检测结果均由公司委托第三方市场机构进行，缺乏权威机构和相关职能部门指导和认证。为此在下一阶段推广过程中，须强化技术支撑和标准认定。一是强化技术支撑，畜牧、乳业行业以及科研机构等部门积极提供杂交构树饲料喂养奶牛的技术支持，安排专业技术人员、科研人员进行现场喂养技术指导。二是强化标准认定，权威技术标准认定机构和职能部门积极提供标准检测和认定，为乳业企业使用杂交构树饲料提供科学参考。

启示：

乳业企业探索杂交构树饲料喂养模式为杂交构树产业发展提供了新的历史机遇，扩大了产业带贫效益

我国不仅是乳业生产和消费大国，也是畜牧业大国，同时也是苜蓿饲料的原料进口大国。华好生态养殖有限公司探索杂交构树饲料喂养奶牛，为构树杂交产业发展提供了新的发展机遇，也提升了产业的扶贫效益。

①华好生态养殖有限公司积极探索杂交构树饲料喂养奶牛、创造企业和产业发展机遇的做法值得借鉴。

我国的畜牧饲料一直受制于国际市场的农产品销售，造成养殖企

业成本高的发展困境。作为市场发展主体，华好公司以杂交构树饲料奶牛养殖为基础，发展构树种植，通过对比杂交构树饲料和苜蓿饲料的优势，积极探索杂交构树饲料喂养奶牛，使奶牛饲料转为本地化生产，有效破除了苜蓿饲料的国际环境制约，为养殖企业探索杂交构树饲料喂养提供了示范借鉴，也为杂交构树产业发展创造了良好机遇。

②华好通过“企业＋贫困户”的合作模式扩大产业带贫效益的做法值得借鉴。

华好公司在杂交构树产业发展过程中，形成“种、养、加、销”奶产业链，通过用工本地化既能带动地方经济发展又能降本增效，助力长效脱贫。在杂交构树种植、加工、奶牛养殖、乳业销售等环节，积极将贫困户纳入产业链发展全过程，提高了企业的带贫效益。未来时期，在相关权威机构部门检测认证之后，杂交构树饲料在养殖和乳业行业的实用效益将进一步扩大，企业将成为当地推动杂交构树产业快速发展和实现带贫机制长期性的重要力量，真正成为利国利民利贫利企的好产业。

五、合作社带贫案例：河南省太康县合作社组织贫困户种杂交构树脱贫又致富

刘寨行政村是河南省太康县老冢镇的一个贫困村，总人口 2903 人，耕地 3400 亩，全村有建档立卡贫困户 25 户 120 人。截至 2018 年 5 月，全村仅剩有 3 户 14 人未脱贫。该村在产业上以传统农业为主，土地肥沃，气候适宜，加上当地党委政府高度重视产业发展，群众脱贫致富意愿强烈，具备发展杂交构树产业化扶贫的良好条件。村“两委”审时度势，成立构树合作社，致力于杂交构树产业精准扶贫，主要做法是：

1. 建档立卡贫困户分户种植带贫模式，走出精准扶贫营销致富新路子

合作社成立初期，村中贫困户对种植构树致富有误区，担心市场问题，认为杂交构树饲料产量虽高但不好卖，再就是收割、打包、青贮都是一笔不小的开销，害怕万一种赔了没人管。合作社为打消这些顾虑，与贫困户签订杂交构树产销合同。对有劳力、有土地、无门路的“两有一无”贫困户，由县构树产业化发展办公室无偿提供杂交构树种苗，由合作社按合同统管统购，实现贫困人口“1112”目标，即1个贫困人口、种植1亩构树、建立1个脱贫致富长效机制，可持续收益20年。合作社的承诺重新点燃了贫困户脱贫致富的梦想。贫困户刘国昌是个有“故事”的人，想起2011年栽种“大蒜”遭遇“蒜你狠”的经历颇为揪心，因不懂市场行情，加上没有专业合作社撑腰，7亩地的大蒜狠虐了刘国昌一把，让老刘当年负债2万多元。了解他的经历后，构树合作社积极做其思想工作，并对其书面承诺，动员他在贫困户中第一个报了名。去年，他当年种植的7亩杂交构树亩产值均在1500元以上，实现了脱贫目标。

2. 合作社流转土地带贫模式，创新集约化经营种植致富新方法

合作社与所链接贫困户签订协议，吸纳他们到杂交构树种植基地务工劳动，通过土地流转、入股分红、务工等形式，使其每年每户收入不少于3000元，协议连签8年以上。在实践中，我们发现每10亩杂交构树的务工和分红收入可保障1户贫困户脱贫，具有较强的带贫效应。因此，太康县委、县政府高度重视流转土地带贫模式，出台政策对带贫合作社和贫困户每种植1亩杂交构树奖补2000元，贫困户还可享有扶贫

小额贷款 5 万元，让贫困户实现“三金三零”目标，即贫困户自贷自还 5 万元扶贫小额贷款入股合作社变股金、土地流转有租金、参与务工有酬金，让贫困户零投入、零风险、零距离就业。比如，合作社以每年每亩 1200 元的价格，租赁栗国文等贫困户的土地，帮助其进行集约化经营种植杂交构树，吸纳他们到合作社务工，当年，每户贫困家庭土地租赁费和务工收入达 6000 元。

3. 杂交构树种植养殖联动带贫模式，实现杂交构树种养一体化致富新形式

村里以前喂牲畜都是拿粮食当饲料，从肉料比来算经济账，投入成本高，且肉质口感、蛋白含量等指标，都没法和用杂交构树饲料喂养的牲畜比。合作社鼓励贫困户种植加养殖模式联动发展，扶持贫困户杂交构树种养一体化。种养一体化的贫困户每产 1 吨杂交构树饲料可享受到国家“粮改饲”青贮饲料 60 元的奖补，还有县里青贮 1 吨杂交构树饲料 200 元的奖补。种植养殖联动模式带动全村更多贫困户走上构树脱贫致富的路子。目前，该村杂交构树种植养殖一体化已经发展到 10 余户，构树近 200 亩，家畜存栏 5000 余只。种养一体化大户李丙强的槐山羊生态养殖基地每年喂育肥羊出栏 1100 余只，年收入百余万元。明年，合作社准备开办构树饲料加工厂，大力发展构树种植养殖产业化，打造“构树牛”“构树猪”“构树羊”等构树品牌，在不断提高贫困户经济收入的同时，提高家畜、家禽质量，为老百姓餐桌奉上安全无公害的构树放心肉，同时也拉动了杂交构树产业发展。

4. 构树龙头企业带贫模式，摸索入股分红致富新途径

合作社积极与河南中科康构科技有限公司合作，以其为龙头，充分

发挥合作社牵引作用，把全村贫困户纳入“龙头企业 + 合作社 + 贫困户”带贫脱贫链接机制中来，河南中科康构科技有限公司提供组培苗和产品回收渠道，合作社提供技术支持和组织管理，与所覆盖的贫困户签订最低利益保障协议，全村贫困户可以土地入股分红，实现贫困人口固定长期收益。河南中科康构科技有限公司先后为合作社提供优质组培苗10万株，回收全部构树产品，刘宗兴等7户贫困户在其带动下，每户每年入股分红收入都在1万元以上，且务工时间较为自由，做到务工、家务两不误。

5. 构树扶贫车间带贫模式，推出贫困户务工就业致富新举措

合作社苦练“内功”，不断研发新产品，拓展产业链，致力于杂交构树产品深加工，并积极争取和有效利用上级扶贫政策、资金支持，培育构树产品利润增长点，创办构树扶贫车间，重点开发构树“三品”，即保健品、食用品、特色小产品，特别是成功研发构树面条、构树茶叶、构树蔬菜等系列产品。合作社组织那些有劳动能力、有致富意愿，但是没有门路、没有技术的贫困人员参加培训，吸纳25个贫困人员到构树扶贫车间务工，提高贫困户就业收入，助力脱贫致富。

村构树合作社正是通过杂交构树产业种植基地带动、致富能人引领、吸纳贫困户务工、合作社保价回收、贫困户土地入股分红、农户种养一体化等方式探索杂交构树产业化带贫新路径，助力脱贫攻坚，为乡村振兴、全面建成小康社会积极贡献力量。

贫困户受益情况

案例一：

吴增梅，太康县老冢镇刘寨村建档立卡贫困户。因丈夫患哮喘病，

常年看病吃药，于2014年评为建档立卡贫困户。

脱贫攻坚以来，刘寨村杂交构树养羊大户李丙强于2016年成立了太康县众兴养殖合作社，种植构树120亩。合作社与周口市越秀餐饮集团合作，采用“借羊还羊”带贫模式，把母羊称重后，“借”给贫困户，利用杂交构树青贮饲料喂养，无偿提供养殖技术。一年后贫困户向合作社“还”羊时称重，增重部分，合作社优于市场价向贫困户付费。吴增梅在2017年加入众兴养殖合作社，并向合作社“借”羊6只，2018年，吴增梅向合作社还羊15只，增重540斤，合作社以20元/斤结算，吴增梅当年增收1.08万元，依靠杂交构树扶贫产业“借羊还羊”的模式，让贫困户不投入一分钱，低门槛进行养殖，实现脱贫致富。

2020年，吴增梅建了新房，沉浸在脱贫后的幸福生活里。

案例二：

王五英，太康县大许寨镇陈楼行政村建档立卡贫困户。全家5口人，于2014年评为建档立卡贫困户。

脱贫攻坚以来，如何依靠自己的双手摆脱贫困，走上致富路，王五英一直在寻求机会。婆婆长期患病，2个小孩正读小学，婆婆、孩子都需要照顾，无法外出打工。

2017年，河南中科康构科技有限公司入驻太康，组培育苗中心针对全招聘组培操作技术工人，建档立卡贫困户优先录用，王五英看到了机会，被中科康构录用，王五英能吃苦，又勤于学习，很快熟练掌握了组培操作技术，一月工资3000元，一年能挣3万多元。由于工作地点离家近，既能照顾老人和小孩，又能实现家门口致富。

2018年年底，王五英高兴地告诉大家“我光荣脱贫啦”。

六、贫困户脱贫案例：安徽省霍邱县农户宋方军，一个贫困户的构树脱贫纪实

宋方军，是霍邱县彭塔乡顺河村人，现年72岁，一家3口人：老伴儿72岁，孙子8岁，一家人以务农为生。孙子为宋方军大儿子的儿子，大儿子腿部残疾，偶尔出去打零工，现离异独自居住。从整个家庭发展来看，属于弱劳动力家庭，收入单一且微薄。2014年被列入建档立卡贫困户。多年来，宋方军一家一直在彭塔乡顺河村居住。由于家里人多地少，收入来源少。随着人口的增加和岁月的流逝，开支也如同水涨船高一样。孩子一天天长大，家里的老人年岁渐长，孩子要上学，妻子和自己的身体也大不如从前，家里总是进账少开销大，作为家里顶梁柱的宋方军，长年累月劳作，也累得腰椎间盘突出，原本不宽裕的家境，日子越来越捉襟见肘。再加上缺少能干的劳动力，家里的生活日渐走上了下坡道，生活异常贫困。但生活的转折从构树扶贫产业来到顺河村开始，2017年，安徽省宝楮公司将构树扶贫产业引入顺河村，该公司在顺河村流转农户荒地、构建产业园区，打造现代扶贫产业。在初期发展过程中，宋方军受制于自身弱劳动力特征无法参与到杂交构树发展过程中。针对此种情况，公司开始探索利用“构香鸡”品牌从构树扶贫产业的下游产业链环节带动宋方军等弱劳动力家庭增收脱贫，并将这种带贫模式形象地称之为“借鸡生蛋”。

2019年4月，宋方军利用宝楮公司打造构香鸡品牌，拓宽与贫困户产业联结机制的发展机遇，从宝楮公司认养200只构香鸡鸡苗，鸡种为安徽淮南麻黄鸡。按照每只鸡28元的标准，宋方军在领取鸡苗时

交纳一半的保证金，在销售之后，交付另外一半保证金。而宝楮公司负责提供淮南麻黄鸡育成鸡苗，每只 1.5 斤，并做好全部防疫工作，同时宝楮公司负责向宋方军提供饲养阶段所需要的杂交构树饲料，饲料价格根据领取时的价格确定，后期不再因市场价格提价而变动，保证其饲料用料低成本化，同时饲料费用在销售构香鸡之后给付。宋方军感激之余也暗下决心，一定要干出个名堂来。他利用自家房屋前的竹林当作养殖圈舍，对构香鸡实行就地散养，每天起早贪黑进行照料，遇上不懂的问题就向企业的技术人员请教。在构香鸡饲养过程中，构香鸡饲料配比严格按公司技术要求执行，产蛋收益归贫困户支配。宋方军根据公司技术要求，按照 100 斤饲料中添加 20 斤构树饲料的配比方式，将家庭种植的谷子、玉米等农作物粮食添加其中，减少饲料购买成本。鸡苗在育成后，生产构香鸡鸡蛋，宝楮公司按照每个 1.5 元进行收购（宝楮公司已将构香鸡鸡蛋品牌打造成高端品牌并彰显效益），经过公司包装之后直销上海地区，每个可卖到 3 元以上。在他的精心呵护下，鸡苗很快成长并产蛋，并且宋方军采取的是林下养殖模式，产蛋更快效益更高。在构香鸡成长和销售过程中，按照协议，宝楮公司承担市场波动带来的经营风险，并对因自然灾害和意外事故导致宋方军的损失给予补偿。同时，宝楮公司按照每斤 12 元的标准进行预约回收宋方军的构香鸡，当市场价格高于每斤 12 元时，按照市场价格交易或由宋方军自行销售；当市场价格低于每斤 12 元时，按照每斤 12 元保底价格进行交易。又解决了宋方军的构香鸡销售问题。因此，从贫困户宋方军目前收入结构对比来看，其收入来源主要有四种方式，一是务农收入，目前该户种植 5 亩地，主要种植水稻，除去种植和人工成本，每亩地净收入 300 元左右，一年收益 1500 元左右。二是杂交构树产业收入，通过“企业 + 贫困户”的产业合作模式，获得产业补贴 3000 元；通过喂养 200 只构香鸡，除去饲养成本，获得养殖净收益 2000 元以上，通过构香鸡所产生的鸡蛋收益 5000 元以上。三是政府转移支付收入，两位老人每年获得城乡养老保险大约 1500 元。四是其他收入，通过自己养殖母猪每年收益 3500 元左右。由此看出，围绕构香鸡的养殖所产生收入占据该户家庭年总收入 50% 以上，达到宝楮公司通过杂交构树种植和养殖完成带贫减贫的目标，实现“企业 + 养殖户 + 贫困户”的互利共赢。在构树扶贫产业的扶持下，宋方军辛勤劳作，利用“借鸡生蛋”模式获得可观的经济效益，他干劲越来越足。下一阶段，宋方军准备继续扩大养殖规模，将房前屋后的所有竹林都养殖构香鸡，绿油油的竹林也成为宋方军家的一个绿色银行。

贫困户宋方军借助公司的构香鸡品牌，通过“借鸡生蛋”的带贫模式成功融入构树扶贫产业链中，实现增收脱贫。同时也将贫困户增收脱贫与企业发展捆绑在一起，形成利益共同体，实现互利共赢。

值得思考的是：贫困户参与杂交构树产业发展，须激发其内生动力。宋方军的增收脱贫过程是建立在自己主动参与杂交构树产业链的基础之上，构树扶贫产业作为产业扶贫的一种形式，在实践过程中，依然面临贫困户产业发展积极性和参与度低、把产业扶贫资金当救助资金等问题，降低了构树产业扶贫效果。为此，应该从以下方面提升其参与杂交构树产业发展的内生动力：一是构建贫困户与企业的合作共赢机制，通过产业分工、示范带动、利益分享等机制，将贫困户利益与产业发展融为一体，让贫困户参与杂交构树扶贫产业链，激发其积极性，提升其参与度。二是完善奖励激励机制，通过“以奖代补、先干后补”等形式，引导贫困户端正产业扶贫带动增收脱贫的正确心态，承担起按标准生产、产品足额卖给企业等责任。让杂交构树产业扶贫发挥更大效益。

更有启发的是：贫困户借助企业订单式收购、品牌化运营方式，参与杂交构树产业，实现脱贫增收。一是弱劳动力贫困户可以通过企业的“借鸡生蛋”、订单式收购参与杂交构树产业链下游环节。按照合作协议，贫困户从宝楮公司借来的构香鸡，产生的鸡蛋收益完全归贫困户所有，利用宝楮公司提供的杂交构树饲料喂养，构香鸡成长之后再通过售卖方式返还到宝楮公司，获得养殖销售收入。这种“借鸡生蛋”的构树扶贫新模式成为一种助力弱劳动力贫困户增收的产业扶贫新模式。这种模式结合贫困户的弱劳动力特征和传统养殖习惯，公司从产业培育到杂交构树饲料再到订单式回购，为贫困户养殖提供全方位保障服务，有效降低借养风险，使弱劳动力贫困户从构树扶贫产业发展中获得实惠。二是贫困户借助企业“先品牌、后带动”的发展模式，有效避免个体发展杂交构树产业的市场风险。贫困户与公司所探索的“借鸡生蛋”模式，是杂交构树产业扶贫项目中较为成功一条“先品牌、后带动”的带贫思路，即利用品牌效益，通过杂交构树产业下游环节带动贫困户养殖增收。这种模式是农户参与杂交构树产业扶贫，获得产业收益的重要方式。贫困户自己发展杂交构树产业面临市场价格波动等风险，通过企业打造杂交构树产业生态产品品牌，形成品牌和规模效益，使贫困户具有参与杂交构树产业和发展杂交构树产业的稳定市场机制，获得杂交构树产业的实际增收效益。

第五章

专项评估

根据2019年11月国务院扶贫办、自然资源部、农业农村部联合下发的《关于构树扶贫试点工作指导意见的补充通知》(国开办〔2019〕18号),为落实好“开展跟踪评估”相关工作精神,2021年9月,中国扶贫发展中心启动“构树扶贫工程专项评价”项目,并委托国投集团中投咨询有限公司开展此项课题工作。

第一节 基本情况

本次开展评估的县(区)是中国扶贫发展中心指定的地方,包括6个省(区、市)的6个县(区),分别是广西壮族自治区河池市宜州区、重庆市云阳县、河南省周口市太康县、河北省邯郸市魏县、安徽省六安市霍邱县、山东省菏泽市牡丹区。中投咨询公司组建项目调研组,选派专家团队对全国6省市的试点区县进行一线调研,深入调查了全国杂交构树试点的产业现状、扶贫效益、生态效益、经济效益、占用耕地和永久基本农田等情况。调研组专家主要由三部分组成,一是熟悉杂交构树产业的科研专家、土壤学家及长期从事基层三农工作的扶贫专家;二是国家智库、企业协会等机构从事农林领域研究的行业专家;三是中投咨询有限公司的专职研究人员。在全国六省市的每个区县调研点,做到了每个调研小组均由三位及以上专家组成,尽量保障调研信息的丰富化、全面性和多元化，以及调研结论的权威性和客观性。

由于六个区县部分试点企业受到耕地红线政策、非洲猪瘟等内外因素影响，本项调研主要采取了定性分析方法，具体包括了访谈法、会议座谈法、现场调研法等方式。调研信息主要来自杂交构树试点企业、当地种养业农户、区县基层干部、当地常规种养殖大户。调研组尽量做到对各种调研信息的鉴别和交叉印证，最大程度还原其产业发展历程。在一线调研基础上，课题组专家总结了杂交构树产业试点工作的经验与亮点，探讨其产业发展中存在的问题和瓶颈，并对下一步如何做好杂交构树产业，助力乡村振兴战略提出对策建议，形成了近 10 万字的一线调研报告。

从杂交构树产业试点情况来看，六区县政府出台了不同形式的扶持办法，在龙头企业的引领下，通过种植杂交构树、生产饲料、养殖禽畜等产业带动农户脱贫增收。试点面积最大的是魏县，有 1 万余亩，除了发展养猪、养鸡外，还用于菌菇养殖，开发构树茶、构树菜、构树面等产品；面积最小的是云阳县，面积 300 亩，用于养猪。其他试点区县种植面积在二三千亩，其中，宜州区种植 2800 亩，主要用于养猪；太康县种植 3530 亩，养殖畜禽、鱼等，还生产构树茶、构树面等，有组培育苗；霍邱县种植 2660 亩，主要养猪、养鸡，还开展了小龙虾养殖等；牡丹区种植面积 2640 亩，主要养殖肉牛和鸡，还有组培苗生产（表 5-1）。由于受到近年用地政策收紧的冲击等，除重庆市云阳县的种植面积和产业发展相对稳定外，其余区县的种植面积有较大减少，也波及下游产业。

表 5-1　六区县杂交构树产业发展情况概览

地点	引入年度	种植面积	代表性企业	产业特征
广西壮族自治区宜州区	2016 年	2800 亩	广西然泉农业公司	园区型、龙头型
重庆市云阳县	2017 年	300 亩	重庆东水蓝农业公司	创业型、市场驱动型、企业 + 农户
河南省太康县	2017 年	3530 亩	周口三叶农牧公司、中科康构公司、太康众兴养殖场	双企合作型，企业 + 合作社 + 农户
河北省魏县	2015 年	10300 亩	魏县林盛农业公司	园区型、龙头型
安徽省霍邱县	2016 年	2660 亩	安徽宝楮生态农业公司	园区型、龙头型、技术型
山东省牡丹区	2016 年年底	2640 亩	中植构树（菏泽）生态农牧公司	龙头型、技术型

资料来源：中投咨询课题组。

第二节　整体评价

一、构树扶贫工程成效显著，利于农民就业增收

土地流转及务工需求双重带动增收。杂交构树产业种养兼顾、产销皆备，生产环节多，务工需求大。六区县试点项目多为园区型、龙头型企业投资发起，能显著带动种、饲、养等领域当地农民广泛就业和创收。贫困农户通过土地流转出租、种养一体务工就业、扶贫资金入股量化分红等多种方式，能够从构树扶贫工程中获利增收。云阳杂交构树产

业扶贫形成了“2 金 1 培 1 带”模式。“2 金”一是租金，二是薪金。

产业发展为农民致富打开新道路。项目试点地区精准扶贫，带领贫困农户进行杂交构树代种代养，带动农民致富，有效实现了贫困农户的零距离就业、零风险经营、零投入脱贫。太康县实践出“三借模式”，即“借羊还羊，借水养鱼，借鸡生蛋”。当前，构树扶贫工程已顺利完成探索性试点和扩大试点两个阶段工作任务。

二、杂交构树对耕地地力未表现出负面影响

两次专项研究结果乐观，数据显示不影响地力。2018 年 2 月，中国农业科学院农业资源与农业区划研究所卢昌艾研究员在《北京市顺义区木林镇魏家店构树种植对耕地地力影响》报告中提到，“种植使用构树且适当施肥的情况下对后续改种农作物没有显著影响，可以随时复耕”。2021 年 10 月，卢昌艾研究员对全国杂交构树土壤地力情况深入研究，提交了《杂交构树种植对耕地地力影响及其复耕技术途径的研究报告》。其主要结论是：一是杂交构树为中浅根系，容易腐烂分解，对旱地的耕作层无明显的破坏作用；二是杂交构树具有非共生固氮特性，其对耕地地力消耗不大，其种植不会导致土壤贫瘠化；三是通过田间移除杂交构树根茬（挖掘机或铧式犁挖出根茬），复耕种植作物后，无杂交构树再度长出，也不影响复耕作物的产量；四是荒山荒坡地通过适当的土壤整理、施用有机肥等措施种上杂交构树，并循环施用杂交构树—猪等种养模式产生的有机肥，可有效提升土壤肥力，且具有防治荒山荒坡水土流失的效果。

复垦作物长势良好，为杂交构树影响评价提供依据。经实地观看考

察及农户问询，杂交构树复垦后种植的玉米成长茁壮，当年产量甚至优于周边未种植过杂交构树的地块，耕地肥力有所增强。复垦后玉米长势良好，也证明了杂交构树对耕地地力并未表现出负面影响。

三、遵循新的耕地保护政策，杂交构树产业寻求新空间

各地遵循耕地保护政策，基本农田杂交构树复垦还田。自 2015 年开展杂交构树试点及 2018 年全国扩大试点以来，杂交构树种植规模发展快速，在六个试点区县项目中，有五个试点区县杂交构树种植地绝大多数位于国家基本农田范围之内。目前，各个试点区县正在有序进行基本农田复耕还田，其中河北魏县 2019 年高峰时期，杂交构树种植规模达到 10300 亩，2021 年全部复垦还田，仅剩基地 40 亩试验种植田；山东菏泽牡丹区 2017 年高峰时期，中植构树公司拥有 2640 亩种植地，其中基本农田 2000 亩，一般耕地 600 多亩，2021 年已全部退耕还田；广西河池宜州区，种植高峰期 2800 亩，95% 以上是基本农田，2021 年已复耕 1800 亩，明年计划继续复耕 800 亩。

杂交构树产业寻求新发展空间。各地杂交构树的耕地红线和复垦还田制约了构树产业发展，种植空间压缩，杂交构树面临无地可种的局面，产业规模日渐萎缩。重庆云阳县 300 亩种植地为一般耕地和林荒地，受耕地保护政策影响较小，部分试点地区正在考虑将现有构树产业转移至林荒地和一般耕地等边际土地，寻找杂交构树产业发展新空间。

第三节 评价结论

一、种苗培育技术成熟，组培苗优势明显

种苗培育技术成熟。政府推广使用了中科院“科构 101”组培苗，淘汰扦插苗，全国形成了 15 个组培育苗基地布局，形成了年产组培苗 5 亿株，可供种植 70 万亩的生产能力。2017 年，中科院植物所在原有成果基础上，成功研发出了杂交构树“叶培 2.0”组培快繁新技术，并于 2018 年开始推广，使得育苗成本从源头上明显下降。目前，种苗培育技术比较成熟，调研显示，各地在种苗培育和获取方面充足顺畅，成本可控。

组培苗易于成活，优势明显。河北省魏县、安徽省霍邱县等地试点企业，都曾因栽种扦插苗出现过苗木成活率不高、生长缓慢、年产量低，抗寒能力差，甚至出现大批冻死的现象。相比之下，组培苗表现良好，河南省太康县、山东省菏泽市牡丹区种植的杂交构树组培苗，零下十几摄氏度气温依然能够顺利过冬。多年试点表明，组培苗耐冻抗寒，性状表现好，种植环境要求较低，优势突出。

二、技术体系不断完善，农机设备迭代更新

目前行业标准逐步齐备。杂交构树产业的技术体系和行业标准体系

正在不断完备。2019 年 2 月至 2020 年 5 月以来，国务院扶贫办委托中国农业大学研究并发布了《构树青贮技术规程》《构树干草调制技术规程》《构树青贮质量分级》《构树干草质量分级》《构树饲用技术规程 肉牛》及奶牛、肉羊、猪、草鱼、鸡、鸭、鹅、驴、兔等共计 14 个技术团体标准。2020 年 12 月，北京生物饲料产业技术创新战略联盟研究发布了《饲料原料 发酵构树》团体标准。这些标准的出台有助于行业规范和健康发展，有助于地方政府更好地指导企业和农户发展，打通产业发展中技术环节的最后一公里。

龙头企业快速更新设备装置。各地杂交构树龙头企业在产业发展过程中，不断更新和升级生产装备，努力打入饲料产业和养殖产业的主流竞争领域。如河南太康中科康构公司 2021 年年底进行饲料加工车间扩产改造，更新饲料加工设备，以获取颗粒饲料行业资质。河北魏县林盛公司完成了大型饲料造粒设备安装，计划后续进行规模化颗粒饲料加工。

三、产品品质受到认可，市场开拓仍需投入

杂交构树饲料品质出色。杂交构树饲料具备抗菌消炎作用和免疫功能，杂交构树种植过程不需要打农药，其饲料饲喂牲畜也不需要打抗生素。在山东菏泽牡丹区杂交构树饲料养殖肉牛过程中，表现出了很好的免疫力提升作用。杂交构树饲料饲喂奶牛也可减少奶牛乳腺发炎。安徽霍邱、广西宜州等地均找专业机构进行杂交构树饲料养殖产品品质检测。检测结果表明杂交构树饲料饲喂的畜禽肉品多种氨基酸营养指标均优于普通肉品。

销售渠道有待拓展，市场开拓仍需投入。杂交构树饲料养殖产品品质好，质量上乘，但市场空间和产品销路还有待扩展。当前虽然安徽霍邱、河北魏县、重庆云阳等地在尝试多种渠道销售，如与一线城市商超合作、电商平台售卖构树产品等，但由于杂交构树产品社会知名度低、广告投放少、产量未成规模等因素，市场销量较小。后续该行业需要投入更多精力在市场开发上，以销带养，以养带种，打通产业链，实现种养循环。

四、产业发展潜力较大，市场终端成为关键

发展初期经验不足，潜力较大。在推进杂交构树产业发展过程中，地方政府加大了在种苗和土地流转等前端方面的补助，有些企业为了获取地方政府更多产业扶持政策，侧重于种植端规模，疏于市场销售终端拓展，布局过于理想，急于大干快上，在缺少实践经验和产业配套情况下，以大规划、大产业、大面积、大厂房方式起步，但囿于种养经验不足、全产业链配套不成体系等原因，导致市场空间开拓不够，未形成产业闭环发展模式，好产品未卖到好价钱。但产品本身的品质得到了验证，市场发展潜力较大。

总结前期经验，市场终端成为发展关键。总结试点地区发展经验，补贴养殖端和市场终端，让更多养殖户采购杂交构树饲料，比补贴种植端更加有效。同时，注重养殖产品推广，打开市场销路，也是杂交构树饲料广泛应用和产业发展的重中之重。

五、构树饲料替代效果良好，有望缓解进口依赖

杂交构树饲料具备良好的替代效果。杂交构树是本土培育的有自主知识产权的新品种，生长快、产量高、种植区域广，在总量上有优势。抗性强，耐病虫害，生长过程不打农药，能有效控制农药残留，从源头上有安全保障。杂交构树是药食同源植物，叶片富含类黄酮等生理活性保健物质，能有效提高禽畜免疫力，少用或不用抗生素等，解决养殖过程中的防疫抗生素等药物超标问题，生产安全放心畜禽产品。

杂交构树饲料有望缓解进口依赖。试点地区反映，杂交构树在种植方面速生、丰产、耐砍伐，在品质方面木质素低、纤维优良，在养殖方面蛋白高、营养丰富、适口性好，在营养成分方面含有比紫花苜蓿高的钙、磷等矿质营养，是优质的豆粕和紫花苜蓿替代原料。我国养殖业当前面临"三大瓶颈"制约，杂交构树饲料作为优质畜禽饲料原料，有利于缓解我国饲料原料依赖于进口的现状。

六、杂交构树产业减少种养殖生产成本，经济效益明显

杂交构树饲料存在较大利润空间。以安徽省霍邱县宝楮公司为例，杂交构树发酵饲料最终产品为全价半干粉，包括各种营养配料的每吨成本约在 1300 元，加上杂交构树原料的综合成本在 2300—2500 元，而当前市场主流全价料位于 4000—5000 元，两者相较，杂交构树饲料有相当大利润空间。

杂交构树饲料养殖创造更大商业价值。以重庆东水蓝农业开发有限公司为例，300 亩杂交构树加工成饲料，可饲喂 3000 头黑猪，出售活

猪按 6000 元 / 头计算，可创造价值 1800 万元，除去养殖成本 2209 元 / 头，可实现养殖利润 1137 万元。杂交构树养猪有节约饲料成本、不用抗生素、猪肉品质好、卖价高等效果，尽管在“猪周期”低谷，也有很高收益。相比而言，传统饲料养猪，饲料成本高，生猪价格高的年份可赚 550—2350 元 / 头，低谷的年份反而要亏 650 元 / 头。

七、有效防止水土流失、构建生态循环农业

保持水土效果良好。杂交构树为多年生作物，一次种植连续收割 15—20 年，不像一年生作物那样年年翻耕，大大减少了对土壤扰动，可减少水土流失。同时杂交构树根系发达，在表土层网络状分布，可以防沙固土，防止坍塌滑坡，适于山区坡地种植。荒山荒坡种植 3 年后，已经成为良田沃土，土壤团粒结构好，肥力明显提高，杂交构树生长旺盛，呈现出防止水土流失的良好效果。

引领生态循环农业。杂交构树作为生态有机饲料，为有效解决养殖行业面源污染及有机还田提供了新路径和新方向。安徽省霍邱县积极探索并初步建成了以杂交构树为核心的“生物饲料→畜牧养殖→生态有机肥→循环种植”生态循环产业链。粪污不外排即可就地资源化高效循环利用，不会对土壤和地下水产生污染，从源头上彻底解决养殖业环境污染难题，起到了杂交构树产业引领生态循环农业的示范作用。

第六章 发展前景

第一节　发展机遇

我国是畜牧业大国，60% 以上的粮食用于养殖，饲料粮存在巨大匮缺，特别是蛋白质饲料原料，80% 以上长期依赖进口，仅大豆每年进口高达 9000 万吨左右，如本土种植，需要 6 亿多亩耕地。国民生活水平不断提高，对肉蛋奶的需求更大，蛋白质饲料缺口更加突出，“农牧争地、人畜争粮”局面日益严峻，已成为我国养殖业“卡脖子”难题。近年来，中美贸易摩擦，导致大豆、苜蓿等价格持续上升，给养殖企业带来巨大的冲击，肉蛋奶随着涨价，危及我国食品安全。开发新型饲草料品种，提高蛋白质原料的自给率，已成为亟待研究的重大课题。

针对“人畜争粮”、饲料紧缺矛盾和食品安全的巨大需求，沈世华研究员首次提出“以树代粮”设想，培育出木本高蛋白饲用品种，年产茎叶 8 吨鲜重 / 亩左右，粗蛋白 20% 以上（苜蓿为 18%），可在大量边际土地种植，一次种植连续采收 15 年以上，为猪、牛、羊、鸡、鸭等畜禽提供优良饲料，并建立杂交构树种植、机械化采收、加工绿色复合饲料、生态养殖的“构—饲—畜”一体化产业模式，可替代 30% 猪饲料、50% 牛羊饲草，降低 20% 左右的饲料成本，生产优质、无抗、安全、放心的肉蛋奶，已在全国 20 多个省市区示范推广，具有广阔的新型、先导、战略产业前景。

由于杂交构树易种、易管，产量高，种植效益好，可以部分替代粮食，能大幅降低饲料成本，改善饲料营养结构，发展高效畜牧业，具有很高的生态效益，对我国加快农用生物产品产业发展、促进循环经济发展、推动农业结构调整和优化升级、实现低碳生活等方面具有很大的潜力和作用，对于大力发展杂交构树规模化、专业化、产业化、集约化畜牧养殖具有显著的示范、引导作用，对提高农业综合生产能力，改善饲料原料的结构性短缺现状，加快扶贫开发步伐，促进农业增效、农民增收，具有重要意义和必要性。另外，从精准扶贫和乡村振兴角度来看，产业振兴是重中之重，发展杂交构树产业是践行习近平总书记提出“接续推进全面脱贫与乡村振兴有效衔接”的重要抓手。

一、我国蛋白质饲草料紧缺，市场前景广阔

随着我国社会经济的发展，居民的膳食结构发生了巨大的改变，对肉蛋奶的消费量成倍增长，呈现从“吃饱”到“吃好”转变。虽然我国是世界畜牧品生产大国，但饲料原料奇缺，大量依赖进口，特别是大豆，已经成为中美贸易摩擦的筹码。饲料成本的增加，给我国养殖行业带来巨大冲击。近十年来，我国饲料原料和牛羊肉、液态奶和奶粉进口数量在逐年攀升。习近平总书记高度重视粮食安全问题，他强调：“中国人的饭碗任何时候都要牢牢端在自己手上，我们的饭碗应该主要装中国粮。”保障国家粮食安全，一定意义上就是保障我国足量、优质饲料的供给需求。近年来，国际市场和政治环境的变化，严重冲击我国畜牧业，引起市场连锁反应，这是当前危及我国粮食安全的主要问题。如何破解蛋白来源紧缺瓶颈难题，是我国畜牧业健康稳健发展和确保粮食安全的当务之急。针对我国 80% 蛋白饲料原料进口的现状和畜牧业发展

形势，“人畜争粮”、饲料紧缺矛盾和食品安全的巨大需求，解决我国饲草资源短缺的问题，缓解我国蛋白饲料大量进口具有重要意义。

把杂交构树作为增加动物蛋白饲料自主供给的战略资源进一步推广种植，“以树代粮、藏料于技”，通过工厂化育苗、规模化种植、工业化饲料生产、生态化养殖和市场化运营，大力发展杂交构树产业链，向饲养业提供低价高效优质蛋白饲料，有效改变我国动物蛋白饲料严重依赖进口局面，为国家粮食安全和百姓“吃好”的问题提供支撑。根据专家推算，推广种植杂交构树 1000 万亩，按照平均亩产 6 吨计算，由此可年产构树蛋白青贮饲料近 1.2 亿吨，或构树干粉 4000 万吨，也只相当于我国每年进口饲料蛋白的五分之一，可见我国蛋白质饲草料的巨大市场。

二、国民大健康意识与日俱增，催生优质食品新兴市场

杂交构树饲料不仅蛋白含量高，适口性好，而且氨基酸种类丰富、蛋白以及除色氨酸外的必需氨基酸含量高于其他优质牧草，并且富含矿物质、类黄酮和生理活性物质。因此，该饲料既可以提高饲喂禽畜及水产品的免疫力，又具有抗菌消炎的作用，可减少各类抗生素和饲料添加剂的使用，例如，奶牛吃了乳腺炎明显好转，所以说杂交构树饲料是一种新型减抗、高蛋白、高免疫力的功能性饲料。举两个构树产品检测报告的例子，国务院扶贫办委托业界权威机构生物饲料开发国家工程研究中心就国家权威机构对杂交构树蛋白饲料和一些养殖企业通过饲喂杂交构树蛋白饲料生产出的鸡蛋等终端产品的检测报告进行了分析评价。其结论第一，“全株杂交构树比全株苜蓿草粉的蛋白质含量高出 33.73%，

同时，中性洗涤纤维含量与全株苜蓿草粉相差并不大，这表明杂交构树在饲喂草食动物时，将会是一种提供更高蛋白质的饲料资源。并且从常规营养成分来看，青贮杂交构树的粗蛋白、钙、磷和粗脂肪含量相比青贮苜蓿分别高出 17.33%、24.28%、24.13% 和 38.77%，同时其卫生指标砷、铅、铬、镉、黄曲霉毒素 B1、玉米赤霉烯酮和呕吐毒素含量均符合我国《饲料卫生标准》（GB 13078-2017）的规定，因此可以替代青贮苜蓿使用。第二，杂交构树添加饲料养殖的构树鸡蛋的营养价值高于普通鸡蛋，构树鸡蛋中钙含量、DHA 含量、多不饱和脂肪酸含量和单不饱和脂肪酸含量均高于普通鸡蛋，分别是普通鸡蛋的 7.36 倍、2.39 倍、2.72 倍和 1.98 倍，而胆固醇含量仅为普通鸡蛋的一半，是安全、优质、健康的高端食材。

三、巩固拓展脱贫攻坚成果，造血产业大有作为

当前，我国脱贫攻坚已取得全面胜利，由于已脱贫的地区存在产业基础薄弱、同质化产业项目严重等问题，巩固脱贫成果难度很大。而构树扶贫工程培育的杂交构树产业，依托其强大的适应性和多元化的禽畜产品可以为巩固拓展脱贫攻坚成果同乡村振兴有效衔接提供解决方案，因为构树扶贫产业符合国家提倡的“坚持开发式扶贫方针，引导和支持所有有劳动能力的贫困人口依靠自己的双手创造美好明天”的要求。并且可以根据地方的养殖传统和特色，打造具有地方标签的特色产业，通过发展“一乡一品”“一县一特”，提升贫困地区的经济活力、自我造血能力，增强这些地区的发展后劲和内生动力，从而避免产业同质化带来的冲击，利于巩固脱贫成果。

发展杂交构树新型蛋白饲料产业是精准扶贫工程的有力抓手。杂交构树易种植、门槛低、效益来得快，贫困农户种植杂交构树当年就可以获得收益，平均每亩收入3000多元，比每亩全株青贮玉米1400元、紫花苜蓿1800元的收入都高。贫困农户还可以通过种养一体、务工就业、入股分红等多种方式从构树扶贫工程中获利增收。在贫困地区发展杂交构树，既能充分利用欠发达地区大面积难以利用的盐碱化、石漠化的土地资源，改善生态条件，又能实现构树的经济利用，促进草食畜牧业发展，提高当地农民的收入，成为脱贫产业，是兼具经济效益、社会效益及生态效益的产业。

总之，构树扶贫工程是运用杂交构树探索并建立的产业扶贫新途径，通过以树代粮，种养循环，解决贫困地区养殖业的粗蛋白饲料原料短缺的问题，并通过“种—养”产业带动建档立卡贫困户脱贫致富。能有效解决贫困地区农户对饲料的需求，可以大力发展促进贫困农户脱贫的养殖产业，从而提高农民的收入，实现经济效益、社会效益及生态效益三结合，有效巩固脱贫攻坚成果。

四、乡村振兴战略任重道远，生态农牧业持续发力

习近平总书记指出，脱贫摘帽不是终点，而是新生活、新奋斗的起点。要针对主要矛盾的变化，厘清工作思路，推动减贫战略和工作体系平稳转型，统筹纳入乡村振兴战略，建立长短结合、标本兼治的体制机制。总的要有利于激发欠发达地区和农村低收入人口发展的内生动力，有利于实施精准帮扶，促进逐步实现共同富裕。实施乡村振兴战略，是党的十九大作出的重大决策部署，是决胜全面建成小康社会、全面建设

社会主义现代化国家的重大历史任务，是新时代“三农”工作的总抓手。乡村振兴，产业兴旺是重点，而在构树扶贫工程中培育壮大的杂交构树产业，是新兴的绿色生态产业，可以在我国广阔的农村实现一二三产业融合发展，成为实现“农业强、农村美、农民富”的乡村振兴战略的重要抓手，主要依据如下：

一是在一产种植业方面，杂交构树对土地不“挑肥拣瘦”，对环境不“挑三拣四”，种植杂交构树可以充分发挥传统农业中难以利用的土地资源优势，改善生态条件，实现生态宜居。发展杂交构树生态农牧业是生态文明和美丽中国建设的有效载体。杂交构树在跑水、跑土、跑肥严重的石漠化区域种植，绿化效果明显。“十三五”期间，国家确定的200个石漠化治理重点县中有140个县是贫困县，构树扶贫工程是脱贫攻坚与石漠化治理相结合的有效举措。杂交构树根系发达，固土保水，对治理水土流失及阻止土地沙化有显著作用；速生丰产，同化二氧化碳和吸纳粪污能力强，利于快速植被构建和生态造林，可建设美丽乡村，实现环保效益与经济效益相结合。

二是在二产加工业方面，通过杂交构树全株综合经济利用，促进草食畜牧业发展，提高农民收入，可以发展乡村经济。发展杂交构树新型蛋白饲料产业是提升我国饲料工业竞争力的重要途径。我国蛋白饲料原料长期依赖进口，我国饲料加工企业的发展一直受到国际大豆市场价格因素所制约。尤其是今年以来，中美贸易争端升级，包括美国大豆在内的340亿美元商品关税加增25%，直接导致饲料加工企业成本增加，养殖业成本提升、畜牧业整体发展举步维艰。杂交构树饲料是进口饲用蛋白原料的理想替代品，适口性好、料肉比高，可生产优质、安全、放心的肉蛋奶。每亩构树饲料（一亩按照 6 吨计算）至少可饲养 1 头奶牛或 2 头肉牛或 6 头猪或 10 只羊左右，可使饲料成本降低 20%。因此，大力推广我国原创的杂交构树新型木本粗蛋白饲料原料种植，将可以增加、改善蛋白饲料原料供给渠道，增强我国饲料企业的抵御市场风险能力，提升我国饲料工业的国际竞争力。从而减轻畜牧养殖企业、养殖户的负担，保障我国畜牧业健康、稳定发展。

第二节 面临挑战

无须讳言，杂交构树扶贫工程全国试点的实践在有效实现一定的经济、社会、生态效益并初步展现出诸多前景可期的潜在效益的同时，也存在不少困难和问题，制约着杂交构树产业的发展和潜在效益的实现，亟待国家和地方政府及相关各方站在全局和战略的高度，认真加以解决。

一、土地问题：杂交构树种植缺乏稳定可靠的用地保障

调查发现，河北省魏县、山东省菏泽市和安徽省霍邱县等地，都曾因土地问题，导致企业和农户种植数年后的杂交构树被强令大面积复耕。河北省魏县构树扶贫龙头企业林盛农业科技有限公司、河北省魏县构树养殖大户河北铭锐农业开发有限公司也因土地问题迫使在建工程中止，导致已购设备闲置、生产经营停滞，造成巨大经济损失。

究其原因，一是企业在基本农田种植杂交构树等违规用地；二是

国家相关部委文件前后不一致、口径不统一；三是当地政府和相关企业在制定和审批企业规划用地指标时考虑不周；四是政府对于边际土地的合理利用和盐碱地改良等有利于拓展耕地面积的举措缺乏必要的政策引导。

二、技术问题：缺乏全面适应构树产业发展的研究成果和技术标准

一是现有技术研发不能适应杂交构树产业链各环节有序衔接的需求。

其中，除构树基因资源挖掘与利用的研究以外，当前亟待解决的主要技术难题包括：

1. 适合不同地区和不同用途的专用新品种的研发和升级换代储备；

2. 杂交构树采收加工专用农机具，特别是适合于山区、丘陵地区的小型农机具的研发；

3. 大规模生物菌酶发酵技术、干燥脱水加工等饲料加工和贮存工艺的开发；

4. 杂交构树饲料养殖生产优质肉、蛋、奶的形成机理等的解析；

5. 布局杂交构树在食用、药用、造纸、工业原料、生态绿化等方面应用的研发。

二是现有技术标准不能满足杂交构树产业各类产品全面发展的需要。

其中，除杂交构树饲料已经列入农业农村部的饲料目录外，现有杂交构树企业生产的各类产品，如构树肉（含猪肉、牛肉、羊肉、鸡肉等）、构树奶（含牛奶、羊奶等）、构树蛋（含鸡蛋、鸭蛋、鹅蛋等）、

构树茶（含绿茶、红茶等）、水产品（含鱼、虾等），等等，都没有权威部门认定的行业标准，也没有行业主管部门颁发的经营许可、食品生产批号等。其给生产经营企业带来的诸多不便，完全可以想见。

譬如，太康县中科康构公司曾研发过杂交构树面条、杂交构树茶等，虽然消费者都说好，但由于没有食品类生产批号，无法进入市场销售，至今仍未形成市场效益。

三、资金问题：缺乏构建完整的杂交构树产业链和实施大规模生产经营的资金投入

推动杂交构树产业的大发展，关键是要构建完整的杂交构树产业链和实施大规模生产经营。鉴此，巨额的资金投入是无法回避的前提条件。而这也正是杂交构树扶贫工程全国试点中没有出现大规模杂交构树企业，更没有形成杂交构树产业集群，甚至出现一些企业因为资金断档导致生产中断、经营亏损的重要原因。

四、区域选择问题：缺乏对杂交构树产业发展必备条件的科学认知

近年来，在部分杂交构树扶贫工程试点县市中陆续出现一些生产不畅、经营亏损，甚至破产的企业，一个重要原因是其产业发展的区域选址出了问题。譬如，中植科构公司的产业园区选择在缺乏用地保障且下游产业需求不足的山东省菏泽市牡丹区发展杂交构树饲料产业，然泉生态农业发展有限公司选择在以桑蚕和甘蔗产业为主导产业的广西河池市宜州区建设饲料黑猪产业示范园区，即因同当地政府确定的经济发展规

划和产业发展布局不相吻合而遭受不应有的损失。

五、市场问题：缺乏管理规范的市场环境

全国杂交构树产业市场现在有所好转。但在产业发展初期及其后的一段时间总的说来，就是一个乱字。其主要表现：

一是苗木销售乱。良莠不分，假冒伪劣苗木坑农骗农现象时有发生。更有甚者，在国务院扶贫办三番五次重申不准买卖、使用扦插苗的情况下，仍有不法商人明里暗里大肆兜售扦插苗，导致入冬后一些地方的苗木被冻死。

二是产品价格乱。同品类同等级产品，在不同的销售者手里，其价格可能相差一倍甚至几倍之多。

三是经营主体乱。全国杂交构树产业没有国家规定的准入门槛，产业经营者没有行业组织，没有交流交易平台，也没有经营行为规范。作为经营者个人，没有进行必要的培训，思想和业务素质参差不齐，更缺乏自律约束。事实上，这正是造成杂交构树市场混乱的根本原因。

六、组织领导问题：缺乏政府部门的协同推动

其中，最突出的问题是：

1. 国家相关部门政令不一或前后不一。这在前述国家相关部门出台的规范杂交构树种植用地的相关文件上已有突出表现。

2. 缺乏国家层面对杂交构树产业发展的顶层设计和规划布局，结果造成在全国范围内杂交构树产业上下游之间的严重脱节，至今仍未形成一个完整、有序、安全、高效的杂交构树产业链。

3. 适于发展杂交构树产业的地方政府缺乏发展该产业的中长远规划和合理、必要、可持续的政策扶持。

七、社会认知问题：缺乏权威有效的舆论宣传

调研过程中，不少地方政府和企业负责人都向调研组提出，直至今日，仍有不少国家机关、企事业单位负责人和普通群众不了解、不认可、不支持杂交构树产业发展，甚至不知道杂交构树为何物。因此，当前杂交构树产业发展最需要的不是技术研发，也不是政府资金支持，而是希望政府和主流媒体能够加强对杂交构树的功能和杂交构树产业生产产品的正面宣传和推动，从而给杂交构树和杂交构树产业正名，让这一产业及其产品能够真正被地方政府认可，为广大群众所接受。

第三节　发展举措

为贯彻落实2020年3月6日习近平总书记《在决战决胜脱贫攻坚座谈会上的讲话》指示、《国务院办公厅关于促进畜牧业高质量发展的意见》和国务院扶贫办等部委关于构树扶贫工程3个文件精神，促进我国农业供给侧改革和畜牧业高质量发展，培育脱贫攻坚与乡村振兴特色产业，在保障国家食物安全、繁荣农村经济、促进农牧民增收等方面发挥重要作用，建议有关部门做好以下工作：

一、从国家层面提高杂交构树产业的战略定位

建议党和国家站在生态文明建设和国家粮食和食品安全、国土生态安全、健康中国、乡村振兴、双碳经济等重大战略需求的高度，把杂交构树产业确定为国家战略新兴产业和利国富民工程；站在共建人类命运共同体和全球一体化的国际视角，把发展杂交构树产业和推介相关科技成果作为“一带一路”建设的重要抓手和重要内容。

二、国家相关部门协同推动杂交构树产业发展

建议国家发展和改革委从国家战略层面制定《全国杂交构树产业发展规划》，并在相关重大项目立项等方面给予支持；财政部协同国家税务、金融管理部门制定出台扶持和鼓励杂交构树产业发展的财政、税收和金融政策，设立杂交构树产业发展基金等扶持措施，从银行、信贷、证券、保险等方面推出系列金融产品；科技部将发展杂交构树产业相关科技问题研究列入“促进科技成果转化为现实生产力”的重大课题，并对相关重要成果给予奖励；农业农村部和自然资源部明确杂交构树种植土地纳入饲料用地范围，同时倡导、推动边际土地和盐碱地改造利用，出台相应鼓励政策；国家林业和草原局明确将杂交构树列入生态治理和国土绿化行动优选树种，并对杂交构树在生态治理和国土绿化中的应用推广，从政策、资金等方面给予倾斜；国家标准委会同农业农村部、国家工商行政管理总局、国家食品药品监督管理总局、国家乡村振兴局等部门及时制定、发布我国当前和今后一个时期发展杂交构树产业的相关国家标准。

三、加强协同攻关，强化杂交构树产业发展的科技支撑

建议成立国家杂交构树科技创新战略联盟，组建杂交构树科学与技术创新国家级研究机构，协同国内外相关科研力量，加强联合攻关，系统开展重大难题突破和产业化集成技术开发，重点研究解决当前急需解决的关键技术和杂交构树全产业链各环节间协调配套相关技术。

四、做好杂交构树产业发展的顶层设计、区域布局和规划制定

建议从国家层面推动杂交构树“南种北用”“农区种—牧区用”战略，建设新疆南疆、滨海盐碱地杂交构树蛋白质饲草国家储备库，打造黄河中下游滩区杂交构树种养结合基地，推进南方桉树林等杂交构树替代种植综合开发。各地在充分调研、多方论证的基础上，根据当地资源禀赋和市场需求，明确适宜种植区域和规模，因地制宜制定杂交构树产业发展规划，制定年度实施方案，并将杂交构树扶贫产业项目纳入乡村振兴规划项目库管理。同时，努力搭建产销对接平台，积极开拓产地和销售市场，鼓励支持有实力的龙头企业打造融杂交构树培育、种植、加工、终端产品销售为一体的杂交构树全产业链特色产业集群，成为推进乡村振兴、美丽中国、健康中国等国家战略实施的重要引擎。

五、及时组织开展杂交构树系列产品的科学认定评定

建议国家相关部门及时组织指导中立、公正、权威的认定机构，对杂交构树的生物特性和功能优势进行严格、客观、可检测的科学认定，

并在此基础上对杂交构树的苗木、饲料、产品等进行及时客观公正的评定，公布认定、评定结果，增强杂交构树产业及其产品的公信力。当前，特别要对符合条件的杂交构树系列产品（包括新资源食品、药食同源食品等）及时组织技术认证和专家评审，公布产品目录，发放生产经营许可证。

六、加大舆论宣传力度，提升杂交构树产业及其产品的社会认知度

建议通过国家报刊、电台、电视台、网站等主流媒体以及融媒体、自媒体等，加大杂交构树产业、产品、科技、人物、趣事等方面宣传报道。开设杂交构树专网、专刊、专栏等或定期、不定期发布、发表杂交构树相关信息。通过举办杂交构树职业院校、培训班、现场观摩、讲座、会议等普及科学知识，传输技能技术。通过对项目、团队、单位、集体、人物、成果等的选比评优、表彰奖励等活动，增强社会影响力。

七、搭建产业发展交流平台，强化行业服务指导

成立中国杂交构树产业协会、产业联盟等组织，建立杂交构树科技、产业、政策信息发布和服务平台，及时公布相关信息，为各级政府、企业、从业人员及大众提供权威、全面、系统的产业资讯，指导杂交构树产业扶贫健康快速发展。由政府主管部门主导，科研机构或产业联盟具体负责，建立杂交构树产业全链条大数据信息平台，做好产前、产中、产后数据信息收集和追踪、回馈；制定全产业链技术标准和操作规程，编制杂交构树产业化系列技术指南和操作手册，加强技术人员和

产业工人的队伍建设和技术培训，充分调动地方科研教育机构和县级农林牧管理站的技术力量，做好最后一公里的指导和服务。按照国家标准网平台上已发布的杂交构树饲料饲喂畜禽、水产等标准，为当地的畜牧养殖企业提供杂交构树饲料配比菜单，指导企业科学养殖。配合相关部门，加强市场建设，规范市场秩序，净化市场环境，促进杂交构树产业健康发展。

第七章

乡村振兴

乡村兴则国家兴，乡村衰则国家衰。乡村振兴战略是习近平总书记2017 年 10 月在党的十九大报告中提出的战略，不仅为新时代构建新型城乡关系指明了方向，更为抓好“三农”工作提供了重要路径，为此党和国家紧锣密鼓颁布一系列文件或法令。2018 年 3 月，国务院总理李克强在《政府工作报告》中讲到，大力实施乡村振兴战略。2018 年 9 月，中共中央、国务院印发了《乡村振兴战略规划（2018—2022 年）》，并发出通知，要求各地区各部门结合实际认真贯彻落实。2021 年 2 月，中共中央、国务院《关于全面推进乡村振兴加快农业农村现代化的意见》，连续 18 年中央一号文件指导“三农”工作。2021 年 2 月 25 日，国务院直属机构国家乡村振兴局正式挂牌，强化乡村振兴战略。2021 年 3 月，中共中央、国务院发布了《关于实现巩固拓展脱贫攻坚成果同乡村振兴有效衔接的意见》，提出重点工作。2021 年 4 月，十三届全国人大常委会第二十八次会议表决通过《中华人民共和国乡村振兴促进法》。2021 年 5 月，司法部印发了《“乡村振兴 法治同行”活动方案》。

产业兴，则乡村兴。为实现巩固拓展脱贫攻坚成果和全面推进乡村振兴战略，我国自主创新、拥有完全知识产权的重要科技成果——高蛋白多用途杂交构树新品种在构树扶贫工程的成功运用，不仅在我国生态农牧业发展的新突破上为决战决胜脱贫攻坚发挥了重要作用，还将随着我国杂交构树生态农牧业的进一步发展为助力乡村振兴做出新的更大的贡献。

第一节 重要意义

根据国家实施乡村振兴战略的总体要求，结合构树扶贫工程的成功实践，杂交构树生态农牧业的进一步发展对于助力乡村振兴的重要意义至少有以下几个方面：

一、助力产业兴旺：有利于从源头破解畜禽养殖业“三大制约瓶颈”

从保障饲料供应总量的角度说。长期以来，饲料总量不足一直是制约我国畜禽养殖业发展的主要瓶颈，其中优质粗蛋白饲料缺口问题显得尤其严重。多年来我国蛋白质饲料原料 80% 依赖进口，每年仅进口大豆就高达 9000 万吨左右。尤其是近年来中美贸易争端升级，直接导致饲料加工企业乃至整个养殖业整体成本不断提升，发展举步维艰。如果大规模种植杂交构树饲料林，就可以有效缓解这一困境。对此，中国工程院院士，中国科学院亚热带农业生态研究所印遇龙研究员就表示：如果我国能够种植 1000 万亩杂交构树做饲料，就可减少 8%—10% 的蛋白饲料进口；如果种植 1 亿亩杂交构树做饲料，就可以从根本上有效解决饲料原料紧缺问题。

从维护畜禽食品安全的角度说。传统饲料因其在原料作物（包括大豆、玉米、紫花苜蓿等）种植过程中通常都需要施用农药、化肥、除草剂等有毒化学产品，在饲料加工过程中又常常使用抗生素、增长剂、防腐剂等化学添加剂，必然对畜禽动物的健康生长造成不利影响，导致畜禽产品（包括各类肉、蛋、奶和水产品等）诸多安全隐患，进而严重影响人们的身体健康，甚至引发不少食品安全事件。如果加快杂交构树生态农牧业发展，则恰好可以从畜禽饲料的源头上切实解决好这个问题。这是因为：杂交构树作为畜禽饲料的原料作物，因其自身固有的抗逆性，在种植过程中无须使用农药、化肥、除草剂等有毒化学产品，在饲料加工过程中也无须使用抗生素、增长剂、防腐剂等化学添加剂，从而在源头上为畜禽动物的健康生长提供了可靠保障，进而也为人们的身体健康提供了可靠的保障。

从防治畜禽粪便污染的角度说。第一，由于作为畜禽饲料原料来源的杂交构树的抗逆性和免疫力强，其种植过程无须施用农药和除草剂，从源头上杜绝了农药污染和原料农残问题。第二，杂交构树的叶片还富含类黄酮、生物碱、果胶、生理活性物质，不仅是较为理想的饲料来源，还能提高家畜的免疫能力，因而可在畜禽养殖中减少甚至不用抗生素等对人体有害的添加剂，从根本上为肉蛋奶食品安全提供了可靠保障。第三，杂交构树饲料的消化降解率特别高，又使得经由畜禽消化吸收后的排泄剩余物相对减少且可降解，且抗生素、农残、重金属等不会超标，可加工有机肥。第四，杂交构树对粪污的消纳能力强，是普通作物的两三倍，养殖过程中产生的粪污废水经过沼气池发酵后，作为有机肥回到杂交构树种植园，既满足了杂交构树生长所需养分，又解决了养殖面源污染的问题。这四个因素的综合作用，使得用杂交构树饲料喂养的畜禽的粪便不仅不会造成环境污染，还可以将其变废为宝，直接加工成有机肥料还田再利用，或通过沼气发电、供热再利用，形成杂交构树“种—养”结合生态农牧业的有机循环。

可以想见，随着长期制约我国畜禽养殖业发展的“三大瓶颈”真正从源头得到破解，我国生态养殖业发展的新的春天也就为期不远了。

二、助力乡村宜居：有利于加快农村生态环境治理、改善人民生产生活环境

我国是全球荒漠化、石漠化、盐渍化和水土流失最为严重的国家之一，同时也是缺林少绿、环境污染严重的国家。在接续推进乡村振兴中大力发展杂交构树生态农牧业，对于有效缓解这一严峻形势也有着重要作用。

一是可以加快生态治理步伐，为改善中西部地区农村的生存环境提供有效解决方案。我国中西部地区，尤其是西南、西北一些深度贫困地区，大都土地贫瘠、干旱缺水，自然基础薄弱，有的还属于严重荒漠化、石漠化和盐渍化区域，部分农村的生存环境十分恶劣。在中西部适于杂交构树种植的地区发展杂交构树生态农牧业，既可增加肉蛋奶供应、提高人民生活水平，又可因杂交构树一次种植后能延续15—20年每年多次采割却不翻动土层而有利于保持水土的特性，助推这一问题的解决。对此，中科院方精云院士就在实地调研后表明，杂交构树对抵制地表径流、治理水土流失及阻止土地沙化有显著作用，因而有助于水土保持和石漠化治理，促进生态修复，保障生态安全。近年来国家“构树扶贫工程”在西南等地的实施也表明，通过发展杂交构树生态农牧业，不仅为当地群众的脱贫摘帽做出了独特贡献，还

为持续改善当地群众的生存环境，促进当地经济社会的可持续发展提供了有效的解决方案。

二是可以优化国土绿化的树种配置，为提高乡村绿化美化的质量和效益做出贡献。众所周知，我国的国土绿化，包括乡村绿化，都取得了举世瞩目的成就。但是，由于历史和现实的原因，也不同程度地存在着质量、效益不够理想等问题。其中一个突出问题是树种比较单一。杂交构树因其易于种植、速生丰产、释氧固氮、树形美观、保持水土、防风固沙、净化环境等优良的生物特性，已被实践证明为国土绿化，包括乡村绿化的理想树种，正好可以通过发展杂交构树生态农牧业，大力种植杂交构树，使其在充分发挥经济效益的同时，为优化国土绿化的树种配置、提高乡村绿化美化的质量和效益做出贡献。

三是可以拓宽环境污染防治的途径，为打赢污染防治攻坚战发挥重要作用。由于种种原因，我国农村在不同程度上面临的空气污染、地表水及地下水污染、土壤污染等污染现象，至今仍未得到根本好转。为了彻底打赢污染防治攻坚战，亟须拓宽环境污染防治的途径。而杂交构树恰好具有极强的释氧固氮、吸附二氧化硫、滞留烟尘、富集转移多种重金属、减少雾霾和酸雨生成等污染防治功能。如果在乡村振兴中能够大力发展杂交构树生态农牧业，使得当地大片土地常年被杂交构树这种“防污卫士”和“治污杀手”所覆盖，也不失为通过生物措施有效拓宽环境污染防治渠道的一条新的路径。此外，发展杂交构树生态农牧业还可以将人类不能直接利用的、约占作物总生物产量的秸秆、饼粕、麸皮、糟渣等农业副产品，以最简单的方式实现最大限度的转化增值，生产有机肥料反哺种植业，这也是化解长期以来由秸秆燃烧引发空气污染难题、提高资源利用率，促进农业良性循环的重要途径。

三、助力生活富裕：有利于农民增产增收和就近就业创业

一是可以有效增加农民的实际收益。经农业农村部权威机构检测评价，青贮杂交构树的饲用价值即使与“饲料之王”青贮苜蓿相比，也具有明显优势，其粗蛋白（占干物质的比例，下同）为 21.14%，粗脂肪为 4.9%，钙为 1.74%，磷为 0.36%，相比青贮苜蓿分别高出 17.33%、38.77%、24.28%、24.13%。多地种植对比试验还表明，在同样地块种植，杂交构树一年可采收 3—5 茬，年亩产鲜茎叶可达 6—8 吨（热带地区可高达 10 多吨），年亩产净蛋白可达 400 多公斤，是大豆的 7 倍、苜蓿的 4 倍左右。据此，经测算，一亩杂交构树的饲料［按照平均 6 吨 /（年·亩）计算］至少可饲养奶牛 1 头或肉牛 2 头或猪 6 头或羊 10 只以上，这是种植其他任何饲料作物都无法企及的。此外，由于杂交构树的营养成分高，由其饲料喂养的畜禽品质也特别好。以鸡蛋为例：根据第三方权威机构检测，杂交构树鸡蛋的营养价值明显高于普通鸡蛋，其中钙含量、DHA 含量、多不饱和脂肪酸含量和单不饱和脂肪酸含量分别是普通鸡蛋的 7.36 倍、2.39 倍、2.72 倍和 1.98 倍，而胆固醇含量仅为普通鸡蛋的一半。由于品质好，其价格也比普通鸡蛋高出 1—2 倍，甚至更多。肉类、水产也是类似情况，如广西河池市环江县用杂交构树饲料喂养的“环江菜牛”的价格与传统饲料养殖的菜牛相比，每头就增收 50%—200%。

二是可以有效降低农民的生产成本。据测算，用杂交构树做畜禽的饲料，至少可使生产成本降低 20% 以上。这是因为：杂交构树一次栽

种可连续收获 15—20 年，无须年年换苗、整地，还能保持水土，可节约种苗投入和管理成本；杂交构树在其生长过程中不必打农药，在其饲料制作过程中不必添加抗生素，既可为实现“减抗”或“无抗”养殖提供可靠保障，也可节约不小的经费开支；杂交构树饲料的农残、重金属等有害物均远远低于传统饲料，又能够大大提高畜禽免疫力和健康度，减少畜禽防疫、治病的支出。一些奶牛场的试验结果表明，用杂交构树饲料喂养奶牛后，乳腺炎明显减少，健康水平相应提高。去年在我国南方猪瘟流行的一些地方还发现，一些用杂交构树饲料喂养的养猪场，均没有发生猪瘟。

三是可以为农民提供就地就业创业的机会。杂交构树生态农牧业是承工启农的中轴产业，它上带种植业、饲料工业，下连畜产品加工业，可以使农副产品层层转化增值，是促进农业结构优化、产业升级、梯次递进、层层增效的关键环节。杂交构树生态农牧业产业链长，对劳动力有很强的吸纳能力，发展杂交构树产业，可以使广大农村富余劳动力就地转移，充分就业，进一步拓宽农民增收渠道。相关资料显示：贫困农户单是种植杂交构树饲料原料林，每亩年平均收入 3000 元左右，远远高于全株青贮玉米［1450 元 /（年 · 亩）］、紫花苜蓿［1800 元 /（年 · 亩）］的收入。在一些有政府引导和龙头企业带动，大力发展“一乡一品”“一县一特”等杂交构树生态农牧业特色支柱产业的地区，当地农民通过土地出租或入股分红、参与经营、务工等途径获得的收益，更是其他传统产业无法比拟的。如河北铭锐农业开发有限公司项目建成满负荷运转后，可安排贫困村劳动力直接就业 1000 人，年形成贫困村民工资收入 5000 万元，实现家门口就业脱贫。同时可辐射和带动 60000 个贫困农户从事生猪养殖，饲养一头优质瘦肉型猪比普通猪全年平均可多增加收入 2000 元，由此可带动贫困户增加收入 10 亿元，带动人口超过 15 万人。

四、助力沃土增地：有利于土壤改良和边际土地的合理利用

我国是一个人均耕地只有世界平均水平 1/3 的国家。长期以来，我国农村一直存在“人畜争地”现象。与此同时，却有大量荒地、瘠地、旱地、沙地、河滩地等边际土地因没有适宜的农作物而闲置，还有大批盐碱地等待人们进行改造利用。杂交构树特有的生物特性，恰好可以为这些边际土地的合理利用和盐碱地的改造利用发挥重要作用。对此，中国科学院院士、中国科学院植物研究所所长方精云还算过一笔账：目前全国共有各类适宜杂交构树种植的边际土地 3000 多万公顷，按 60% 的平均垦殖指数计算，可垦得净耕地 1800 多万公顷，如果全部用于种植杂交构树，每年至少可生产 10 亿吨以上杂交构树饲料，节约 1.5 亿亩以上耕地资源。有关资料还显示，杂交构树在土壤盐分 8‰以下、pH 值 8 以下的不同环境中均可原土种植。2012 年，中国科学院植物研究所科技人员在天津大港油田盐碱地设置多个试验点，通过对杂交构树和白蜡的对比种植试验发现，杂交构树株高的同期生长量是白蜡的 3.5 倍，茎粗生长量是白蜡的 1.7 倍。研究结果还表明，杂交构树作为速生树种，在水肥供给充足的情况下，相比其他盐碱地绿化树种具有更高的时效性，从而可以加速盐碱地的绿化和土壤改良进程。据此，我们完全有理由相信，如果能够基于杂交构树上述生物特性，在国家层面实施以盐碱地等土壤改良和边际土地利用为主要内容的沃土增地战略，我国耕

地问题的解决必将出现一个十分可喜的局面。

五、助力科技推广：有利于彰显科学技术在乡村振兴中的重要作用

科学技术是第一生产力，产业兴旺是乡村振兴的根本举措。充分运用科技成果推动农村产业发展，是乡村振兴的题中应有之义。

杂交构树是由中国科学院植物研究所沈世华研究团队经过近 20 年艰苦努力，在广泛搜集我国野生构树种质资源的基础上，采用杂交选育和现代生物技术等手段培育成功的国内外唯一木本功能性、高蛋白构树新品种。资料显示，杂交构树不仅有着适生范围广、生命力强和抗逆性强等优良的生物特性，还具有可供多领域综合开发的多功能优势：杂交构树全株嫩枝叶是理想的饲料来源；其花、叶、果实可食用，还可制成天然有机多功能保健饮料；其果实、种子和树根可入药；其木质部分可制作木材、活性炭、刨花板、密度板，也可以打浆造纸；其韧皮是制作宣纸、造币纸、面膜、纺织纤维等的好原料……

杂交构树生态农牧业就是通过对杂交构树上述生物特性及其优良饲用功能的开发利用而发展起来的一个大产业。大力发展杂交构树生态农牧业，既是坚持农业农村优先发展、实施乡村振兴战略的需要，也是推动科技成果转化为现实生产力的需要。人们有理由相信，随着杂交构树生态农牧业在我国适宜地区农村的逐步兴起，该产业将科技成果转化为现实生产力的特有优势及其在全国乡村振兴中的重要作用将日益凸显出来。

第二节 有利条件

构树扶贫工程在全国试点地区的实践告诉我们，该工程的成功实施，不仅为试点地区农民群众的脱贫致富奔小康做出了有益的贡献，也为在接续推进的乡村振兴中大力发展杂交构树生态农牧业提供了不少有利条件。

一、政府支持：为在乡村振兴中大力发展杂交构树生态农牧业提供了可靠的组织保障

以河南省太康县为例。该县是连续 12 年保持“全国生猪调出大县”称号的养猪大县，年产生猪 140 万头，同时还年产牛 10 万头、羊 90 万头，长期受到传统畜禽养殖业“三大制约瓶颈”困扰，亟须通过发展生态农牧业寻求出路。基于对杂交构树生物特性及其饲用功能优势的科学认知，该县县委、县政府对于实施构树扶贫工程给予了高度重视。为了加强杂交构树产业扶贫项目的领导，该县成立了以县政协主席为组长的杂交构树产业领导小组，并下设杂交构树产业发展办公室，具体负责该项目的推动和监督指导；县委、县政府主要领导亲自带领相关部门负责人到北京、河北、贵州等地考察、学习，并多次邀请杂交构树发明人中科院沈世华研究员进行现场指导。实践中，他们始终坚持以养定种、种养结合，致力打造集杂交构树种植、养殖、加工、餐饮于一体的循环产

业链。从2017年至2019年相继制定了系列太康县杂交构树产业发展的办法，有力推动了杂交构树产业发展。截至目前，太康县引进杂交构树种植龙头企业1家，培育杂交构树养殖龙头企业3家，成立杂交构树种养专业合作社19家，示范种植杂交构树3530亩，带动建档立卡贫困户稳定脱贫233户，还在北京设立了太康杂交构树产品体验馆1家。2018年12月27日，国务院扶贫办《扶贫信息》第543期刊发了太康县杂交构树扶贫的经验做法。2019年9月6日，在河北省魏县召开的全国杂交构树扶贫经验交流暨产销对接研讨会上，太康县杂交构树产业扶贫案例被当作典型介绍，并入选“全球减贫案例有奖征集活动”最佳减贫案例。

特别值得一提的是，太康县编制了《杂交构树产业发展规划》，该县提出的杂交构树产业“1+N”（即，一个杂交构树带出多个产业链条，实现“小构树，大产业”；一个杂交构树产业引领多领域生态优化，实现“小构树，大生态”；一条杂交构树产业链催生多种带贫机制，实现“小构树，大扶贫”）的发展思路和“好事要坚持好人做，政府搭台不包办，市场运作不放任，链条受益是根本”的明确要求，不仅为脱贫攻坚做出了重要贡献，也为巩固脱贫成果，接续推进乡村振兴创造了有利条件。

再如安徽省霍邱县。该县是全国生猪调出大县和全省第一大县，是目前世界最大的鹅肝生产区和世界排名第二的优质鹅绒品种出产地，年出栏生猪120万头，喂有本土品种皖西白鹅500万只，喂有300万只朗德鹅、年产鹅肝2000多吨，占全球总产量的40%，并在全国率先开展稻虾共作生态农业模式，成为稻田小龙虾第一县。同时，霍邱县奶牛和肉牛养殖业有一定规模。为了充分发挥当地资源优势，加快杂交构树生态农牧业向纵深方向发展，助力乡村振兴，2020 年，该县曾采取单一来源方式采购北京绿禾华源公司的规划服务，由中国工程院李德发院士和中国农业大学科研院作为规划编制总指导，全程参与了全县《杂交构树产业发展规划》编制。根据当时的杂交构树产业发展思路，到 2021 年年底，计划推广种植杂交构树 10000 亩，年产构树鲜枝 8 万吨，构树生物发酵饲料 25 万吨；年出栏无抗生态构香猪 10 万头；年出栏无抗生态麻黄鸡 1000 万只；年出栏无抗生态鹅 300 万只。同时，依托院士工作站，将种植、养殖以及构树生物发酵饲料等多项核心新技术付诸实施，已构建成了构树为核心的“生物饲料→畜牧养殖→生态有机肥→循环种植”生态循环产业链，实现了种养循环、资源化综合利用的可持续发展创新模式。2021 年该县还将一些公司分散养殖的小龙虾基地统一纳入霍邱县小龙虾产业集群，为整体推进稻田虾养殖提供构树生物发酵材料，还与当地霍寿黑猪养殖企业共同成立了构树产业黑猪协会，为接续推进乡村振兴，发展具有当地特色养殖业做好了铺垫。

二、企业参与：为在乡村振兴中大力发展杂交构树生态农牧业奠定了较好的发展基础

以河北铭锐农业开发有限公司为例。该公司成立于 2017 年 5 月，注册资本 1 亿元，现有员工 35 人，其中中级以上农业科技与管理人员 8 人。年产 10 万头优质瘦肉型猪繁育农业科技生态园区项目总占地面积 845 亩，总建筑面积约 20 万平方米，总投资约 2.8 亿元，地址位于邯郸市魏县沙口集乡东张庄村村南，即县委、县政府规划建设的总占地

13 万亩、核心区域 3 万亩的魏县现代农业园区内。公司是首批获准列入农业园的几家企业之一，也是园区内首家开工建设的大型农业项目。

该公司种猪生产区内，以 1200 头母猪为一条生产线进行设计，共 4 条。目前，已建成 2 条即 2400 头母猪猪舍，并建成公猪站一栋、隔离后备舍一栋等相应的配套猪舍。育成区内已建成了育成舍 10 栋。猪舍设备均已安装完毕。于 2019 年 11 月 29 日引进种猪 1200 头正式开始投产。生产正在运行当中。二期 8 栋育肥猪舍正在开工建设。

值得提及的是，该企业拥有自己的优良品种和先进核心技术。其中包括：

（1）所有种猪采用加系优良品种。项目设计引进种母猪 4800 头、种公猪 200 头，每头种母猪年产 2.5 窝可生产提供 PSY 达 32 头猪，MSY 达 30 头，其中种猪 12 头，商品猪 18 头，保证了养殖产能高效。全年可提供 6 万头种猪和 9 万头商品猪。

（2）养殖环境方面，采用立体微循环通风系统。一年四季达到恒温状态，配合全漏粪地板设计，可有效减少疫病感染的发生。

（3）环境清洗消毒方面，采用中央集中清洗消毒系统。

（4）饲养给料方面，采用“分别对待政策”。其中，种猪群公猪及后备猪采用全自动料线，妊娠母猪采用电子饲喂站，妊娠后期及哺乳母猪采用智能饲喂器，保育及育成猪采用液态饲喂料线。全群为智能饲喂系统。可以较大幅度地节省养殖成本，提高养殖效率和效益。

（5）猪群生产运转方面，分设专用通道。根据多年的工作经验，企业为方便操作，种猪区设有转猪专用通道，育成猪区设计移动式转猪通道，一次能够转运 30 余头育成猪，只需两人就能操作，简单实用，减少人力。

经初步测算，该项目建成满负荷运转后，公司每年可实现营业收入5.2亿元，实现利润1.5亿元，投资回收期3.5年，财务内部收益率28.2%。除此以外，该项目还可以通过“合同猪”“人工授精”“技术推广”“固定资产入股”等形式，以及“成本价供应饲料，育成后高于市场价回收，对部分特困户开展赊销服务”等方式，与贫困户合作，充分发挥龙头企业和专业合作社的作用，依托技术服务、质量跟踪和规模优势开拓市场，增加贫困户收入，切实让贫困农户得到实惠。同时，还要在贫困村中扩设小型养殖基地，辐射带动基地养殖规模，通过示范推广形成区域化、专业化、标准化的产业格局，立足魏县、辐射中原。

三、技术储备：为在乡村振兴中大力发展杂交构树生态农牧业提供了必要的科技支撑

首先，从杂交构树功能开发利用的角度讲，推动我国杂交构树生态农牧业发展的技术条件已经基本成熟。

一是我国科学家对于构树基因组的破译。权威资料显示，构树基因组的破译打开了构树性状形成的“密码天书”，为高蛋白质功能性木本饲用植物资源的研究和开发，药物分子合成、纤维木质结构和抗逆性状形成的分子遗传机制研究，以及分子设计育种和高产、优质、多抗新品种培育，提供了重要的理论依据和有力支撑。

二是运用新技术集成选育优良品种。该新技术集成既根据远源杂交优势理论采用了木本植物种间杂交的传统育种技术，也运用了航天搭载和分子标记等现代育种技术，进行加快优良性状的集成选育，最终获

得了国内外首个木本功能性高蛋白杂交构树新品种——非转基因“科构101”。在科技部国家重点研发计划支持下，中科院植物所将加大品种培育力度，为杂交构树多功能开发利用提供了源头保障。

三是种苗繁育工厂化技术的应用推广。杂交构树的种苗繁育采用植物细胞脱毒、组织培养大量快速繁殖技术，工厂化、标准化、规模化生产无纺布容器组培苗。这种细胞无性系克隆培养的完整植株，根多苗壮、无病虫害，种苗遗传性状和农艺性状稳定，可以充分发挥杂交构树的优良特性。

四是种植技术的标准化规范化。迄今为止，杂交构树种植涉及的诸多问题，包括适生范围、种植季节、管理技术、工艺流程等，均已初步形成技术规范。对于不同产业杂交构树的种植密度、采收期限，也提出了不同的要求。

五是相关机械设备的成功研发和应用。以采收机械为例，在平原川坝已有大型青储收割机，在缓坡丘陵、山区台地已有中小型青储收割机，在山区已有手持式、背负式小型农机具等。

六是饲料加工和养殖的科学化。目前相关技术规范已初步形成，杂交构树加工、畜禽水产养殖等相关技术规范已公布 14 个国家团体标准。

其次，从杂交构树功能开发成果推广应用的角度看，不少成果已经在相关产业发挥重要作用。随着杂交构树生态农牧业的逐步发展，许多杂交构树饲料养殖企业还在业内专家学者的指导下，结合企业实际，初步形成了自主专有技术，有的企业已在某些领域处于全国领先水平。安徽省霍邱县宝楮公司致力于无抗、安全、生态农产品的有机特色经营，着力发展杂交构树“种、养、加”循环项目，努力打造“种苗繁育、规模育苗、饲料加工、特色养殖、粪污利用、科技研发”为一体的全产业链生态循环构树扶贫科技示范园。2018 年，该公司成立安徽省院士工作站，与中国工程院印遇龙院士团队紧密合作，重点研究杂交构树的营养成分、生物安全、优质无抗猪肉生产、养殖环境控制等节点关键核心技术，攻克了一系列关键节点生产技术难题，目前拥有生物科技领域 11 项自主知识产权专利，并参与了印遇龙院士团队开展的《构树生物饲料行业标准》和《构树生物饲料加工制造规范》起草。

安徽省裕安区华好公司是国内唯一使用杂交构树饲料规范化喂养奶牛的企业。为了加强饲料研发，该公司与安徽农业大学专家合作，成立了杂交构树研究院，设立课题，建立饲料营养数据库，选择精准配方，较好地解决了枝条木质化、粉碎水分过大等问题。针对杂交构树大田种植初期的除草难题，该公司还研发出专用除草机并获得专利。相关技术的优势进一步增强了该公司加快杂交构树生态农牧业发展的信心。根据该公司奶牛喂养经验——一头牛需要有两亩地提供青贮饲料保障，公司计划明年在今年 2000 头奶牛规模上扩展为 4000 头，同时将 7000 亩自有饲料种植地扩展到 8000 亩，牛场的粪污发酵处理后可以覆盖到 6000 亩自有种植地。

四、经营模式：为在乡村振兴中大力发展杂交构树生态农牧业探索了可行的发展路径

自 2015 年构树扶贫工程开始在部分地区试点以来，各试点地区政府和相关企业通过共同努力，已经相继探索出推进杂交构树生态农牧业发展的可资借鉴的发展路径。其中主要包括：

（1）杂交构树“组培—炼苗—育苗—苗木销售”单一苗木生产经营模式；

（2）杂交构树“采收—饲料加工—饲料销售”单一饲料加工经营模式；

（3）杂交构树“畜禽养殖—畜禽产品加工—畜禽产品销售”单一畜禽养殖经营模式；

（4）杂交构树“组培—炼苗—育苗—采收—饲料加工—畜禽养殖—畜禽产品加工—产品销售—有机肥还田再利用”一条龙全产业链模式。

尽管这些发展模式均属初创阶段，且各有利弊，但对于在接续推进的乡村振兴中大力发展杂交构树生态农牧业来说，仍具有一定的参考和借鉴价值。

五、社会反响：为在乡村振兴中大力发展杂交构树生态农牧业展现了广阔的市场前景

杂交构树生态农牧业作为破解我国畜禽养殖业“三大制约瓶颈”的有效途径和农民增收致富的重要源泉，一经在我国部分农村出现，就受到当地农民和消费者的好评。用“构树扶贫工程专项评估”专家组在各地调研时听得最多的一句话来说，就是：“凡是亲身参与过和体验过的人，没有一个不说好。”

尤其值得大书特书的是，杂交构树生态农牧业的畜禽产品，包括各类肉、蛋、奶、水产等自进入市场以来，特别是经过权威检测机构的科学检测和越来越多的消费者体验后，已经成为广受欢迎的稀缺产品，常常处于供不应求的状况。

譬如河南省太康县拥有的银牧香杂交构树黑猪肉、楮木香冷鲜肉，在北京、郑州大型超市均设有专柜，进行杂交构树猪、牛等线上销售，并与中粮集团产销联合，产品销往全国各地。该县中科康构公司运营的“楮木香”杂交构树产品品牌，还在京东网开设了“楮木香”官方旗舰店，其黑猪前后腿肉售价为每 400 克 38 元。广西然泉农业科技有限公司用杂交构树饲料喂养的黑猪肉更是因其蛋白质含量高，脂肪含量低，而且口味独特，市场口碑极佳，市场零售价格曾经达到过 100 元 / 斤以上。

可以毫不夸张地说，在我国消费者日益增长的对肉蛋奶产品的食用需求和对食品安全的高度关注的当下，在接续推进的乡村振兴中，大力发展杂交构树生态农牧业已是大势所趋。仅以猪肉供应为例。据统计调查，仅长三角城市群的生猪年需要量即达一亿头，其中，中高端猪肉潜在需求可达 5000 万头以上，猪肉市场规模可达 2000 亿元以上。杂交构树生态农牧业发展的广阔前景，由此可见一斑。

第三节　几点建议

在接续推进乡村振兴中大力发展杂交构树生态农牧业，是一项复杂的系统工程，在其发展的道路上还必然遇到许多困难和问题。为使这项系统工程得以顺利实施，并取得应有的成效，在落实好前一章“发展举措”（第六章第三节）外，特提出如下几点建议：

一、制定杂交构树乡村振兴产业规划

从全面实现“产业兴旺、生态宜居、乡风文明、治理有效、生活富裕”总体要求的高度，把杂交构树生态农牧业确定为国家蛋白质产业集群战略和乡村振兴重点工程。建议国家相关部门制定《全国杂交构树乡村振兴产业规划》，重点发展杂交构树组培苗木产业、蛋白质饲草料产业（包括种植、采收、加工）、种—养循环产业、异地养殖产业、流通销售业等。

二、推进杂交构树现代农业产业园区深化试点

鼓励具备条件的地方政府制定杂交构树现代农业产业园的产业发展规划，落实农业功能区制度，合理利用非基本农田和集体建设用地，推进杂交构树全产业链发展。充分总结全国杂交构树项目试点经验和教训，开展杂交构树种养一体现代农业产业园创建工作，推动产业的规模化、现代化、科技化发展。注重引进种植、养殖行业的头部型企业，鼓励国有和民营两种资本各尽所长，共同参与产业发展。

三、加大基本农田之外种植用地挖潜

在不占用基本农田的基础上，寻求具有一般耕地、林业用地供给余量，在有较大畜禽饲料需求，以及有一定光照和水源条件适种地区，科学布局，精准施策。构树扶贫工程实施中曾多次强调，要“重点选择黄河流域滩区、长江流域低丘缓坡地、石漠化地区，特别是深度贫困的边远山区”。在当前乡村振兴战略下，这一产业发展方针应继续坚持。

四、加强全产业链科技攻关和技术创新

建议由国家科技部和中国科学院牵头，联合国家相关部门和单位，成立国家杂交构树科技创新战略联盟，组建杂交构树科学与技术创新国家级研究机构。当前和今后一个时期拟重点研究构树基因资源的进一步挖掘与利用，培育适合我国不同地区和不同用途的专用新品种，做好升级换代储备；深入解析杂交构树饲料养殖生产优质肉、蛋、奶的形成机理，研究开发大规模生物菌酶发酵技术、干燥脱水加工等饲料加工和贮存工艺；继续研发杂交构树采收加工专用农机具，特别是适合于山区、丘陵地区的小型农机具等。同时，积极布局杂交构树在生态绿化、边际土地开发利用、盐碱地改造利用、有机肥生产等方面的应用开发。通过协同攻关，为大力发展杂交构树生态农牧业奠定更加坚实的科学基础。

五、打造杂交构树的地理标识和品牌

依托杂交构树种养一体化生态循环农业体系，延伸农业产业链条，推进其市场流通体系与储运加工布局有机衔接。大力发展杂交构树电子商务，促进杂交构树产品进入国家扶贫产品网及其他电商平台。推进杂交构树产业与旅游、教育、文化、健康养老等产业深度融合。开展“农旅双链”，实现乡村旅游、杂交构树产业两种产业互相促进和共同发展的联动效应。鼓励地方推广“构树宴”，将杂交构树系列产品打造为大众舌尖上的美食。

六、对接好乡村振兴产业发展专项政策及市场资源

鼓励杂交构树从事企业、合作社积极对接各种乡村振兴产业振兴的相关政策，重点选择脱贫地区尤其是深度贫困的边远山区，通过“万企帮万村”等工作机制、中国扶贫基金等专项公益扶贫资金平台，积极对接东西扶贫协作、定点帮扶、援藏援疆等工作机制和帮扶资源，实现杂交构树产业的快速推广应用。在各级政府引导下，由市场消费终端通过订单制提供长期稳定高品质杂交构树畜禽产品需求订单，由龙头企业通过代种代养模式，与广大种养企业、专业生产合作社、农户个体建立长期稳定合作关系，从而形成以需定供、以销定产的稳健产业发展局面。

致 谢

本书是在国家乡村振兴局开发指导司指导下，由中国扶贫发展中心资助和具体组织推动下完成的。编写过程中得到相关领导、专家和单位的大力支持，在此一并致以诚挚感谢！

附录 1

相关部委出台的有关杂交构树扶贫、产业、研发等方面的主要文件 9 份

1. 国务院扶贫办:《关于开展构树扶贫工程试点工作的通知》(国开办司发〔2015〕20 号),2015 年 2 月 25 日。

自 2015 年 5 月开始到 2018 年 6 月,在全国 10 个省(自治区、直辖市)35 个县开始探索性试点。

2. 国务院扶贫办:《关于扩大构树扶贫试点工作的指导意见》(国开办发〔2018〕35 号),2018 年 7 月 11 日。

自 2018 年 7 月开始到 2020 年 12 月,在全国 28 个省(自治区、直辖市)200 多个县实施扩大性试点。

3. 国务院扶贫办、自然资源部、农业农村部:《关于构树扶贫试点工作指导意见的补充通知》(国开办发〔2019〕18 号),2019 年 11 月 8 日。

国家允许在一般耕地上种植杂交构树用于饲料生产。

4. 农业农村部:《饲料原料目录》(第 22 号公告)修订列表(第 4

页），2018 年 4 月 27 日。

把构树茎叶纳入饲料原料目录，在政策法规上得到保障。

5. 国家发展和改革委员会:《产业结构调整指导目录》（第 29 号令）（第 32 页），2019 年 10 月 30 日。

将“杂交构树联合收获机械”纳入鼓励类产品，给予相应政策。

6. 国务院办公厅:《关于促进畜牧业高质量发展的意见》（国办发〔2020〕31 号）（第 3 页），2020 年 9 月 27 日。

将开发利用杂交构树新饲草资源纳入健全国家饲草料供应体系，上升到国家战略。

7. 农业农村部:《“十四五”全国畜牧兽医行业发展规划》（农牧发〔2021〕37 号）（第 16 页），2021 年 12 月 14 日。

明文纳入千亿级饲草产业特色品种，加快我国现代畜牧业产业体系建设（见规划通知：三、重点产业，（二）四个千亿级产业，3. 饲草）。

8. 农业农村部科技发展中心:《关于国家重点研发计划“主要经济作物优质高产与产业提质增效科技创新”重点专项 2021 年度项目立项的通知》（农科办〔2021〕158 号）。

中国科学院植物研究所沈世华研究员主持科技部项目“杂交构树产业关键技术集成研究与应用示范”获得资助。

国务院扶贫办行政人事司文件

国开办司发〔2015〕20号

关于开展构树扶贫工程试点工作的通知

山西、吉林、安徽、河南、广西、重庆、四川、贵州、甘肃、宁夏省（区、市）扶贫办：

根据国务院扶贫开发领导小组第四次全体会议精神，构树扶贫工程列入精准扶贫十大工程之一。经研究决定，拟在已有构树产业发展基础的十个省(区、市)先行试点，现将有关要求通知如下：

一、试点目的。探索杂交构树综合利用和产业扶贫新途径，促进建档立卡贫困户增收。

二、试点原则。一是遵循相关行业主管部门的政策要求；二是发挥相关科研单位的技术支撑作用；三是发挥相关企业及专业合作组织的带动作用；四是探索试点与贫困农户增收的利益联结机制；五是创新精准扶贫要求下产业扶贫具体政策支持方式和推进途径。

三、试点方式。一是开展摸底调查。由省扶贫办对可发展杂交构树产业的县进行摸底调查，确定试点县。二是试点以省为主组织开展，由相关省区市扶贫办提出试点方案，我办予以指导、评估、支持，具体工作由中国扶贫发展中心承担。

四、试点范围。2015 年在已有构树产业发展基础的山西、吉林、安徽、河南、广西、重庆、四川、贵州、甘肃、宁夏十省（区、市）先行试点。

请各相关省（区、市）高度重视构树扶贫工程试点工作，尽快做好相关准备，并于 2015 年 3 月底前将本省（区、市）构树扶贫工程试点方案上报中国扶贫发展中心。

联 系 人：刘　一　　李　慧

联系电话：010-64953975　64953786

传　　真：010-64953977

电子邮箱：840353141@qq.com

附件：构树扶贫工程试点方案编制参考大纲

国务院扶贫办行政人事司

2015 年 2 月 25 日

国务院扶贫办行政人事司　　2015 年 2 月 25 日印发

国务院扶贫办文件

国开办发〔2018〕35 号

国务院扶贫办关于扩大构树扶贫试点工作的指导意见

有关省、自治区、直辖市扶贫办（局）:

为贯彻落实《中共中央、国务院关于打赢脱贫攻坚战的决定》(中发〔2015〕34 号）和《中共中央、国务院关于打赢脱贫攻坚战三年行动的指导意见》精神，促进贫困地区农业供给侧改革，培育适宜贫困地区发展特色产业，推动构树扶贫工程落地见效。近年来，部分省份在杂交构树全产业链发展及带贫减贫机制等方面进行了积极探索，取得了显著成效。在总结地方试点经验的基础上，现就进一步指导和规范各地构树扶贫产业发展，提出如下意见。

一、总体要求

（一）目标任务。在适宜种植杂交构树的地区，让贫困群众参与构树种植基地建设和发展养殖业，提高收入水平和自我发展能力，促进乡村产业兴旺，实现稳定脱贫。

（二）工作原则。坚持因地制宜。可在温度、年积温、降水量、耐盐碱量、海拔适宜的地区，特别是深度贫困县，可统筹规划，合理布局构树种植。**坚持种养结合。**根据当地畜牧产业发展实际，合理布局杂交构树种植，促进杂交构树种植与畜牧养殖配套衔接，就地就近转化利用。推动种养加一体化产业经营，强化带贫益贫机制，增加贫困人口收入。**坚持市场导向。**从市场需求出发，从产业结构调整要求出发，引导各类市场主体和贫困户发展构树产业。研究探索构树运用新领域，拓展构树产业链。**坚持政府引导。**以脱贫攻坚规划为引领，统筹整合使用涉农资金，出台具体支持政策，有序推进构树扶贫工作。

（三）基本要求。发展构树扶贫产业可重点在黄河流域滩区、长江流域低丘缓坡地、石漠化地区，特别是深度贫困地区等适宜地区种植杂交构树；有企业或合作社等经营主体参与；带动建档立卡贫困户增收脱贫；地方有积极性并将构树扶贫产业纳入脱贫攻坚规划。

二、工作内容

（一）推动构树全产业链建设。加大杂交构树优质品种、组培苗繁育、栽种、采收、加工等方面的研发力度和技术管理，推动杂交构树全产业链技术和产品标准制定，形成标准化技术体系。重点发展杂交构树青贮料、发酵料以及粉末和颗粒饲料饲喂畜禽，探索黄河流域滩区、长江流域低丘缓坡地、石漠化地区等不同区域全产业链适宜的发展模式。

（二）实行绿色发展。树立绿水青山就是金山银山的理念。在保护生态的前提下，将杂交构树种植与荒漠化、石漠化、水土流失综合治理等生态修复有机结合，实现生态效益、扶贫效益、经济效益“三效合一”。

（三）建立健全带贫益贫机制。发挥企业、合作社等经营主体的带动作用，广泛吸纳建档立卡贫困户参与，激发内生动力。建立健全利益联结机制，提升建档立卡贫困户可持续发展能力，实现增收脱贫。

三、支持政策

（一）参与杂交构树饲料化收贮利用的县，符合条件的地方可申请享受中央财政粮改饲补贴。不在范围内的地方政府可参照粮改饲扶持政策给予支持。统筹整合使用涉农资金或扶贫资金支持构树全产业链发展。

（二）各地在符合条件的地类实施退耕还林，可自主选择杂交构树，并按规定享受政策扶持。对其他构树造林的，可按照要求纳入防护林建设、石漠化治理等林业重点工程支持范围。

（三）对经过良种认定的杂交构树品种，按照规定享受林木良种培育补助。

四、工作要求

（一）加强工作指导。国务院扶贫办会同相关部门和单位加强对构树扶贫工作的指导。省级扶贫部门要协同有关部门和单位，建立分工明确、定期协商、协同推进的工作机制。

（二）周密制定方案。各地在充分调研、多方论证的基础上，按照自愿的原则，结合本地区实际情况，明确适宜种植区域，提出切实可行的实施方案，报省级扶贫部门，由省级扶贫部门组织有关单位审批后实施。开展构树工作所需资金，由各县在统筹资金中根据实际情况给予支持。

（三）开展跟踪评估。省级扶贫部门要对构树扶贫工作的情况及时跟踪评估。要健全机制，规范方法流程，提高跟踪评估质量。重点评估分析取得的经济效益、扶贫效益、生态效益，以及是否达到预期目标。针对存在的主要问题要分析其原因，并提出意见建议。

（四）及时总结经验。各地要及时总结构树扶贫工作先进典型和经验做法，加强宣传推广成熟技术模式，确保此项工作健康稳步推进。运用通俗易懂的宣传方式，提高政策知晓度，鼓励和引导贫困群众参与。

国务院扶贫办

2018 年 7 月 11 日

国务院扶贫办
自然资源部　文件
农业农村部

国开办发〔2019〕18 号

国务院扶贫办　自然资源部　农业农村部
关于构树扶贫试点工作指导意见的补充通知

河北、山西、内蒙古、辽宁、江苏、浙江、安徽、福建、江西、山东、河南、湖北、湖南、广东、广西、海南、重庆、四川、贵州、云南、西藏、陕西、宁夏、新疆、甘肃省(自治区、直辖市)和新疆生产建设兵团扶贫办(局)、自然资源主管部门、农业农村主管部门:

为贯彻落实《国务院扶贫办关于扩大构树扶贫试点工作的指导意见》(国开办发〔2018〕35 号),指导地方稳妥、规范、有序做好

构树扶贫试点工作,现就有关事项补充通知如下:

一、严格规范种植品种和范围

构树扶贫试点工程推广的为杂交构树,不同于植物学上的一般构树,应充分发挥杂交构树环境适应性强优势,在温度、年积温、降水量、耐盐碱量、海拔适宜的贫困地区,特别是深度贫困县统筹规划、合理布局种植杂交构树。

(一)关于在贫困地区种植杂交构树。 允许在一般耕地种植杂交构树,原则上不得占用永久基本农田。为支持脱贫攻坚,对已经占用永久基本农田种植的,强化日常监管,对所占用永久基本农田的数量、质量变化情况全程跟踪管理,最大程度减少对耕地质量的影响,因植株退化等原因已无法产业化利用或种植中对耕地质量造成严重影响的,须及时采取措施恢复粮食作物生产,确实不能恢复的,按要求补划永久基本农田;对贫困地区继续推进构树扶贫试点,确因构树扶贫产业规模发展需要扩大种植面积涉及占用永久基本农田的,应避让平坝地、水田、已建成的高标准农田等优质耕地,按照“数量不减、质量不降、布局稳定”的要求,在县域范围内进行补划。

(二)关于贫困地区以外种植杂交构树。 可以在一般耕地上科学、规范种植,严格避让永久基本农田。已经占用永久基本农田种植的,县级自然资源主管部门会同农业农村主管部门根据种植现状和对耕作层的影响程度组织认定,能恢复粮食作物生产的,5

年内恢复；确实不能恢复的，调出永久基本农田，并在县域范围内按要求补划。

二、加强技术研发

依托科研单位和高校的技术力量，加强对杂交构树新品种选育关键技术、绿色丰产栽培关键技术、低成本规模化采收加工关键装备技术、青贮及饲用技术方面的研发，完善种植、养殖和加工等技术标准，加快杂交构树饲料化利用技术和模式的推广，开展杂交构树高效综合利用示范，建立产业化基地，提升构树产业扶贫效果。

三、做好跟踪监管

各试点地区要在充分调研和多方论证基础上，结合本地实际，按照自愿原则，合理确定种植规模，稳妥推进杂交构树扶贫工作。

（一）加强工作指导。省级扶贫部门要会同自然资源主管部门和农业农村主管部门，建立定期协商、定期评估、督促整改、协同推进的工作机制。省级自然资源主管部门规范指导本地区杂交构树用地政策的落实，并做好日常监督管理。省级农业农村主管部门要组织开展试点地区杂交构树种植耕地质量监测工作，及时提供技术指导。

（二）做好产销对接。省级扶贫部门组织引导相关地方政府、企业及农户，积极开拓本地和北方牧区市场，以销定产，搭建产销对接平台，带动贫困户多环节参与构树扶贫产业发展，确保贫困户稳定增收。

（三）开展专项评估。各省（自治区、直辖市）扶贫部门会同自然资源主管部门和农业农村主管部门每年组织对本地区杂交构树扶贫试点工作进行评估，重点评估杂交构树试点扶贫效益、占用耕地和永久基本农田情况、耕地质量监测和保护等方面情况，总结好的经验做法，分析存在的主要问题和原因，提出加强和改进试点工作的意见建议，并于每年11月底之前将评估报告报送国务院扶贫办并抄送自然资源部和农业农村部。

国务院扶贫办　　自然资源部　　农业农村部

2019年11月8日

抄送：国家发展改革委、科技部、财政部、交通运输部、商务部、国家卫生健康委、税务总局、市场监管总局、中国科学院、中国工程院、国家林草局、开发银行、农业发展银行。

国务院扶贫办综合司　　2019年11月8日印发

中华人民共和国农业农村部公告

第 22 号

为丰富饲料原料来源,促进饲料行业发展,根据《饲料和饲料添加剂管理条例》,我部决定增补大麦苗粉等 32 种(类)饲料原料进入《饲料原料目录》,修订“1.2.4 大米”的原料名称和特征描述,修订“5. 其他籽实、果实类产品及其加工产品”的类别名称,修订“9.6.5 明胶”的原料名称和强制性标识要求并将其转至“13. 其他饲料原料”类别(见附件)。自本公告发布之日起,饲料生产企业可以根据生产需要,按照相关法律法规的要求采购、使用本公告中的饲料原料。

附件:《饲料原料目录》修订列表

农业农村部

2018 年 4 月 27 日

附件

《饲料原料目录》修订列表

1.谷物及其加工产品

原料编号	原料名称	特征描述	强制性标识要求
1.1	大麦及其加工产品		
1.1.19	大麦苗粉	大麦的幼苗经干燥、粉碎后获得的产品	粗蛋白质 粗纤维 水分
1.2	稻谷及其加工产品		
1.2.4	___米	稻谷经脱壳并碾去皮层所获得的产品。产品名称可标称大米，可根据类别标明籼米、粳米、糯米，可根据特殊品种标明黑米、红米等	淀粉 粗蛋白质
1.2.23	大米胚芽	大米加工过程中提取的主要含胚芽的产品	粗蛋白质 粗脂肪
1.2.24	大米胚芽粕	大米胚芽经压榨取油后的副产品	粗蛋白质 粗脂肪 粗纤维
1.5	酒糟类		
1.5.9	谷物酒糟糖浆	酿酒生产中谷物发酵蒸馏后的酒糟醪液经蒸发浓缩获得的产品	粗蛋白质 水分
1.11	小麦及其加工产品		
1.11.21	小麦苗粉	小麦的幼苗经干燥、粉碎后获得的产品	粗蛋白质 粗纤维 水分
1.12	燕麦及其加工产品		

续表

原料编号	原料名称	特征描述	强制性标识要求
1.12.10	燕麦苗粉	燕麦的幼苗经干燥、粉碎后获得的产品	粗蛋白质 粗纤维 水分
1.13	**玉米及其加工产品**		
1.13.20	玉米糠	加工玉米时脱下的皮层、少量胚和胚乳的混合物	粗脂肪 粗纤维
1.14	**其他**		
1.14.1	藜麦	藜麦（Chenopodium quinoa Willd.）的籽实。种子外皮含有的皂素已去除	
1.14.2	薏米（薏苡仁、苡仁）	禾本科植物薏苡（*Coix chinensis* Tod.）的种仁	淀粉 粗蛋白质

2.油料籽实及其加工产品

原料编号	原料名称	特征描述	强制性标识要求
2.18	**亚麻籽及其加工产品**		
2.18.5	亚麻籽粉	亚麻籽经制粉工艺获得的粉状产品	粗蛋白质 粗脂肪 粗纤维
2.24	**其他**		
2.24.2	琉璃苣籽油	琉璃苣（Borago officinalis L.）籽经压榨或浸提制取的油	酸价 过氧化值

3.豆科作物籽实及其加工产品

原料编号	原料名称	特征描述	强制性标识要求
3.12	**兵豆及其加工产品**		
3.12.1	兵豆（小扁豆）	豆科兵豆属兵豆（Lens culinaris）的籽实	

5.其他籽实、果实、蔬菜类产品及其加工产品

原料编号	原料名称	特征描述	强制性标识要求
5.2	水果或坚果及其加工产品		
5.2.5	___果（汁、泥、片、干、粉）	可食用水果鲜果，或对其进行加工后获得的果汁、果泥、果片、果干、果粉等。不得使用变质原料。产品名称应标明原料来源，如苹果	总糖 水分
5.4	蔬菜及其加工产品		
5.4.1	___菜（汁、泥、片、干、粉）	可食用蔬菜鲜菜，或对其进行加工后获得的蔬菜汁、蔬菜泥、蔬菜片、蔬菜干、蔬菜粉等。不得使用变质原料。产品名称应标明原料来源，如菠菜	粗纤维 水分

6.饲草、粗饲料及其加工产品

原料编号	原料名称	特征描述	强制性标识要求
6.5	其他粗饲料		
6.5.4	构树茎叶	构树［Broussonetia papyrifera (Linn.) L'Hér. ex Vent.］新鲜或干燥茎叶	粗蛋白质 中性洗涤纤维 水分
6.5.5	辣木茎叶	辣木（Moringa）可饲用品种的新鲜或干燥茎叶	粗蛋白质 中性洗涤纤维 水分

7.其他植物、藻类及其加工产品

原料编号	原料名称	特征描述	强制性标识要求
7.2	丝兰及其加工产品		
7.2.2	丝兰	百合科丝兰属丝兰（Yucca schidigera Roezl.）	粗纤维

续表

原料编号	原料名称	特征描述	强制性标识要求
7.2.3	丝兰汁	丝兰压榨后的汁液，或汁液经浓缩后获得的产品	
7.4	**万寿菊及其加工产品**		
7.4.2	万寿菊粉	万寿菊干燥、粉碎后得到的粉状产品	粗纤维 粗灰分 叶黄素
7.5	**藻类及其加工产品**		
7.5.8	裸藻（绿虫藻）	裸藻（*Euglena*）及其干燥产品。	
7.5.9	雨生红球藻粉	以雨生红球藻（Haematococcus Pluvialis）种为原料，通过培养、浓缩、干燥等工艺生产的含虾青素的藻粉	粗脂肪 虾青素
7.5.10	___藻油	本目录所列的藻类经压榨或浸提制取的油。产品名称应标明原料来源，如裂壶藻油	粗脂肪 酸价 过氧化值
7.6	**其他可饲用天然植物（仅指所称植物或植物的特定部位经干燥或粗提或干燥、粉碎获得的产品）**		
7.6.116	绿茶	以茶树的新叶或芽为原料，未经发酵，经杀青、整形、烘干等工序制成的产品	
7.6.117	迷迭香	唇形科迷迭香属植物迷迭香（Rosmarinus officinalis）的干燥茎叶或花	

10.鱼、其他水生生物及其副产品

原料编号	原料名称	特征描述	强制性标识要求
10.4	**鱼及其副产品**		
10.4.14	鱼皮	加工鱼类产品过程中获得的鱼皮经干燥后的产品	粗蛋白质 水分

12.微生物发酵产品及副产品

原料编号	原料名称	特征描述	强制性标识要求
12.5	其他		
12.5.1	食用乙醇（食用酒精）	以谷物、薯类、糖蜜或其他可食用农作物为原料，经发酵、蒸馏精制而成的，供食用的含水酒精。产品须由有资质的食品生产企业提供	乙醇 甲醇 醛

13. 其他饲料原料

原料编号	原料名称	特征描述	强制性标识要求
13.3	食用菌及其加工产品		
13.3.3	平菇	侧耳科侧耳属食用菌平菇（Pleurotus ostreatus）及其干燥产品	
13.3.4	香菇	光茸菌科香菇属食用菌香菇（Lentinus edodes（Berk.）Sing）及其干燥产品	
13.3.5	毛柄金钱菌（金针菇）	小皮伞科小火焰菌属食用菌毛柄金钱菌（F. velutipes）及其干燥产品	
13.3.6	木耳（黑木耳）	木耳科木耳属食用菌木耳（Auricularia auricula（L.ex Hook.）Underwood）及其干燥产品	
13.3.7	银耳	银耳科银耳属食用菌银耳（Tremella）及其干燥产品	
13.3.8	双孢蘑菇（白蘑菇）	蘑菇属食用菌双孢蘑菇（Agaricus bisporus）及其干燥产品	
13.6	食用动物加工产品		
13.6.1	明胶（胶原蛋白）	以来源于食用动物的皮、骨、韧带、肌腱中的胶原为原料，经水解获得的可溶性蛋白类产品。原料不得使用发生疫病和变质的动物组织，不得使用皮革及鞣革副产品。产品须由有资质的食品或药品生产企业提供	粗蛋白质 粗灰分

产业结构调整指导目录

（2019 年本）

第一类 鼓励类

一、农林业

1．农田建设与保护工程（含高标准农田建设、农田水利建设、高效节水灌溉、农田整治等），土地综合整治

2．农产品及农作物种子基地建设

3．蔬菜、瓜果、花卉设施栽培（含无土栽培）先进技术开发与应用，优质、高产、高效标准化栽培技术开发与应用

4．畜禽标准化规模养殖技术开发与应用

5．重大病虫害及动物疫病防治

6．动植物（含野生）优良品种选育、繁育、保种和开发；生物育种；种子（种苗）生产、加工、包装、检验、鉴定技术和仓储、运输设备的开发与应用

7．旱作节水农业、保护性耕作、生态农业建设、耕地质量建设、新开耕地快速培肥、水肥一体化技术开发与应用

8．生态种（养）技术开发与应用

9．全生物降解地膜农田示范与应用及受污染耕地风险管控与修复

10．获得绿色食品生产资料标志的饲料、饲料添加剂、肥料、

米）等

43. 农业收获机械：自走式谷物联合收割机（喂入量 6 千克/秒以上）；自走式半喂入水稻联合收割机（4 行以上，配套发动机 44 千瓦以上）；自走式玉米联合收割机（3—6 行，摘穗型，带有剥皮装置，以及茎秆粉碎还田装置或茎秆切碎收集装置）；穗茎兼收玉米收获机（摘穗剥皮、茎秆切碎回收），自走式玉米籽粒联合收获机（4 行以上，籽粒直收型）；自走式大麦、草苜蓿、玉米、高粱等青贮饲料收获机（配套动力 147 千瓦以上，茎干切碎长度 10—60 毫米，“具有金属探测、石块探测安全装置及籽粒破碎功能”）；棉花采摘机（3 行以上，自走式或拖拉机背负式，摘花装置为机械式或气力式，适应棉株高度 35—160 厘米，装有籽棉集装箱和自动卸棉 装置）；马铃薯收获机（自走式或拖拉机牵引式，2 行以上，行距可调，带有去土装置和收集装置，最大挖掘深度 35 厘米），甘蔗收获机（自走式或拖拉机背负式，配套功率 58 千瓦以上，宿根破碎率 ≤18%，损失率 ≤7%）；残膜回收与茎秆粉碎联合作业机；牧草收获机械（自走式牧草收割机、悬挂式割草压扁机、指盘式牧草搂草机、牧草捡拾压捆机等）；自走式薯类收获机械；杂交构树联合收获机械

44. 节水灌溉设备：各种大中型喷灌机、各种类型微滴灌设备等；抗洪排涝设备（排水量 1500 立方米/小时以上，扬程 5—20 米，功率 1500 千瓦以上，效率 60%以上，可移动）

45. 沼气发生设备：沼气发酵及储气一体化（储气容积 300

国务院办公厅关于促进畜牧业高质量发展的意见

国办发〔2020〕31 号

各省、自治区、直辖市人民政府，国务院各部委、各直属机构：

畜牧业是关系国计民生的重要产业，肉蛋奶是百姓“菜篮子”的重要品种。近年来，我国畜牧业综合生产能力不断增强，在保障国家食物安全、繁荣农村经济、促进农牧民增收等方面发挥了重要作用，但也存在产业发展质量效益不高、支持保障体系不健全、抵御各种风险能力偏弱等突出问题。为促进畜牧业高质量发展、全面提升畜禽产品供应安全保障能力，经国务院同意，现提出如下意见。

一、总体要求

（一）指导思想。以习近平新时代中国特色社会主义思想为指导，全面贯彻党的十九大和十九届二中、三中、四中全会精神，认真落实党中央、国务院决策部署，牢固树立新发展理念，以实施乡村振兴战略为引领，以农业供给侧结构性改革为主线，转变发展方式，强化科技创新、政策支持和法治保障，加快构建现代畜禽养殖、动物防疫和加工流通体系，不断增强畜牧业质量效益和竞争力，形成产出高效、产品安全、资源节约、环境友好、调控有效的高质量发展新格局，更好地满足人民群众多元化的畜禽产品消费需求。

（二）基本原则。

坚持市场主导。以市场需求为导向，充分发挥市场在资源配置中的决定性作用，消除限制畜牧业发展的不合理壁垒，增强畜牧业发展活力。

坚持防疫优先。将动物疫病防控作为防范畜牧业产业风险和防治人畜共患病的第一道防线，着力加强防疫队伍和能力建设，落实政府和市场主体的防疫责任，形成防控合力。

坚持绿色发展。统筹资源环境承载能力、畜禽产品供给保障能力和养殖废弃物资源化利用能力，协同推进畜禽养殖和环境保护，促进可持续发展。

坚持政策引导。更好发挥政府作用，优化区域布局，强化政策支持，加快补齐畜牧业发展的短板和弱项，加强市场调控，保障畜禽产品有效供给。

（三）发展目标。畜牧业整体竞争力稳步提高，动物疫病防控能力明显增强，绿色发展水平显著提高，畜禽产品供应安全保障能力大幅提升。猪肉自给率保持在95%左右，牛羊肉自给率保持在85%左右，奶源自给率保持在70%以上，禽肉和禽蛋实现基本自给。到2025年畜禽养殖规模化率和畜禽粪污综合利用率分别达到70%以上和80%以上，到2030年分别达到75%以上和85%以上。

二、加快构建现代养殖体系

（四）加强良种培育与推广。继续实施畜禽遗传改良计划和现代种业提升工程，健全产学研联合育种机制，重点开展白羽肉鸡育种攻关，推进瘦肉型猪本土化选育，加快牛羊专门化品种选育，逐步提高核心种源自给率。实施生猪良种补贴和牧区畜牧良种补贴，加快优良品种推广和应用。强化畜禽遗传资源保护，加强国家级和省级保种场、保护区、基因库建设，推动地方品种资源应保尽保、有序开发。（农业农村部、国家发展改革委、科技部、财政部等按职责分工负责，地方人民政府负责落实。以下均需地方人民政府落实，不再列出）

（五）健全饲草料供应体系。因地制宜推行粮改饲，增加青贮玉米种植，提高苜蓿、燕麦草等紧缺饲草自给率，开发利用杂交构树、饲料桑等新饲草资源。推进饲草料专业化生产，加强饲草料加工、流通、配送体系建设。促进秸秆等非粮饲料资源高效利用。建立健全饲料原料营养价值数据库，全面推广饲料精准配方和精细加工技术。加快生物饲料开发应用，研发推广新型安全高效饲料添加剂。调整优化饲料配方结构，促进玉米、豆粕减量替代。（农业农村部、国家发展改革委、科技部、财政部、国务院扶贫办等按职责分工负责）

（六）提升畜牧业机械化水平。制定主要畜禽品种规模化养殖设施装备配套技术规范，推进养殖工艺与设施装备的集成配套。落实农机购置补贴政策，将养殖场（户）购置自动饲喂、环境控制、疫病防控、废弃物处理等农机装备按规定纳入补贴范围。遴选推介一批全程机械化养殖场和示范基地。提高饲草料和畜禽生产加工等关键环节设施装备自主研发能力。（农业农村部、国家发展改革委、工业和信息化部、财政部等按职责分工负责）

（七）发展适度规模经营。因地制宜发展规模化养殖，引导养殖场（户）改造提升基础设施条件，扩大养殖规模，提升标准化养殖水平。加快养殖专业合作社和现代家庭牧场发展，鼓励其以产权、资金、劳动、技术、产品为纽带，开展合作和联合经营。鼓励畜禽养殖龙头企业发挥引领带动作用，与养殖专业合作社、家庭牧场紧密合作，通过统一生产、统一服务、统一营销、技术共享、品牌共创等方式，形成稳定的产业联合体。完善畜禽标准化饲养管理规程，开展畜禽养殖标准化示范创建。（农业农村部负责）

（八）扶持中小养殖户发展。加强对中小养殖户的指导帮扶，不得以行政手段强行清退。鼓励新型农业经营主体与中小养殖户建立利益联结机制，带动中小养殖户专业化生产，提升市场竞争力。加强基层畜牧兽医技术推广体系建设，健全社会化服务体系，培育壮大畜牧科技服务企业，为中小养殖户提供良种繁育、饲料营养、疫病检测诊断治疗、机械化生产、产品储运、废弃物资源化利用等实用科技服务。（农业农村部、科技部等按职责分工负责）

三、建立健全动物防疫体系

（九）落实动物防疫主体责任。依法督促落实畜禽养殖、贩运、屠宰加工等各环节从业者动物防疫主体责任。引导养殖场（户）改善动物防疫条件，严格按规定做好强制免疫、清洗消毒、疫情报告等工作。建立健全畜禽贩运和运输车辆监管制度，对运输车辆实施备案管理，落实清洗消毒措施。督促指导规模养殖场（户）和屠宰厂（场）配备相应的畜牧兽医技术人员，依法落实疫病自检、报告等制度。加强动物疫病防控分类指导和技术培训，总结推广一批行之有效的防控模式。（农业农村部、交通运输部等按职责分工负责）

（十）提升动物疫病防控能力。落实地方各级人民政府防疫属地管理责任，完善部门联防联控机制。强化重大动物疫情监测排查，建立重点区域和场点入场抽检制度。健全动物疫情信息报告制度，加强养殖、屠宰加工、无害化处理等环节动物疫病信息管理。完善疫情报告奖惩机制，对疫情报告工作表现突出的给予表彰，对瞒报、漏报、迟报或阻碍他人报告疫情的依法依规严肃处理。实施重大动物疫病强制免疫计划，建立基于防疫水平的养殖场（户）分级管理制度。加强口岸动物疫情防控工作，进一步提升口岸监测、检测、预警和应急处置能力。严厉打击收购、贩运、销售、随意丢弃病死畜禽等违法违规行为，构成犯罪的，依法追究刑事责任。（农业农村部、公安部、交通运输部、海关总署等按职责分工负责）

（十一）建立健全分区防控制度。加快实施非洲猪瘟等重大动物疫病分区防控，落实省际联席会议制度，统筹做好动物疫病防控、畜禽及畜禽产品调运监管和市场供应等工作。统一规划实施畜禽指定通道运输。支持有条件的地区和规模养殖场（户）建设无疫区和无疫小区。推进动物疫病净化，以种畜禽场为重点，优先净化垂直传播性动物疫病，建设一批净化示范场。（农业农村部、国家发展改革委、交通运输部等按职责分工负责）

（十二）提高动物防疫监管服务能力。加强动物防疫队伍建设，采取有效措施稳定基层机构队伍。依托现有机构编制资源，建立健全动物卫生监督机构和动物疫病预防控制机构，加强动物疫病防控实验室、边境监测站、省际公路检查站和区域洗消中心等建设。在生猪大县实施乡镇动物防疫特聘计划。保障村级动物防疫员合理劳务报酬。充分发挥执业兽医、乡村兽医作用，支持其开展动物防疫和疫病诊疗活动。鼓励大型养殖企业、兽药及饲料生产企业组建动物防疫服务团队，提供“一条龙”“菜单式”防疫服务。（农业农村部、中央编办、国家发展改革委、财政部、人力资源社会保障部等按职责分工负责）

四、加快构建现代加工流通体系

（十三）提升畜禽屠宰加工行业整体水平。持续推进生猪屠宰行业转型升级，鼓励地方新建改建大型屠宰自营企业，加快小型屠宰场点撤停并转。开展生猪屠宰标准化示范创建，实施生猪屠宰企业分级管理。鼓励大型畜禽养殖企业、屠宰加工企业开展养殖、屠宰、加工、配送、销售一体化经营，提高肉品精深加工和副产品综合利用水平。推动出台地方性法规，规范牛羊禽屠宰管理。（农业农村部、国家发展改革委等按职责分工负责）

（十四）加快健全畜禽产品冷链加工配送体系。引导畜禽屠宰加工企业向养殖主产区转移，推动畜禽就地屠宰，减少活畜禽长距离运输。鼓励屠宰加工企业建设冷却库、低温分割车间等冷藏加工设施，配置冷链运输设备。推动物流配送企业完善冷链配送体系，拓展销售网络，促进运活畜禽向运肉转变。规范活畜禽跨区域调运管理，完善“点对点”调运制度。倡导畜禽产品安全健康消费，逐步提高冷鲜肉品消费比重。（农业农村部、国家发展改革委、交通运输部、商务部等按职责分工负责）

（十五）提升畜牧业信息化水平。加强大数据、人工智能、云计算、物联网、移动互联网等技术在畜牧业的应用，提高圈舍环境调控、精准饲喂、动物疫病监测、畜禽产品追溯等智能化水平。加快畜牧业信息资源整合，推进畜禽养殖档案电子化，全面实行生产经营信息直联直报。实现全产业链信息化闭环管理。支持第三方机构以信息数据为基础，为养殖场（户）提供技术、营销和金融等服务。（农业农村部、国家发展改革委、国家统计局等按职责分工负责）

（十六）统筹利用好国际国内两个市场、两种资源。扩大肉品进口来源国和进口品种，适度进口优质安全畜禽产品，补充和调剂国内市场供应。稳步推进畜牧业对外投资合作，开拓多元海外市场，扩大优势畜禽产品出口。深化对外交流，加强先进设施装备、优良种质资源引进，开展动物疫苗科研联合攻关。（农业农村部、国家发展改革委、科技部、商务部、海关总署等按职责分工负责）

五、持续推动畜牧业绿色循环发展

（十七）大力推进畜禽养殖废弃物资源化利用。支持符合条件的县（市、区、旗）整县推进畜禽粪污资源化利用，鼓励液体粪肥机械化施用。对畜禽粪污全部还田利用的养殖场（户）实行登记管理，不需申领排污许可证。完善畜禽粪污肥料化利用标准，支持农民合作社、家庭农场等在种植业生产中施用粪肥。统筹推进病死猪牛羊禽等无害化处理，完善市场化运作模式，合理制定补助标准，完善保险联动机制。（农业农村部、国家发展改革委、生态环境部、银保监会等按职责分工负责）

（十八）促进农牧循环发展。加强农牧统筹，将畜牧业作为农业结构调整的重点。农区要推进种养结合，鼓励在规模种植基地周边建设农牧循环型畜禽养殖场（户），促进粪肥还田，加强农副产品饲料化利用。农牧交错带要综合利用饲草、秸秆等资源发展草食畜牧业，加强退化草原生态修复，恢复提升草原生产能力。草原牧区要坚持以草定畜，科学合理利用草原，鼓励发展家庭生态牧场和生态牧业合作社。南方草山草坡地区要加强草地改良和人工草地建植，因地制宜发展牛羊养殖。（农业农村部、国家发展改革委、生态环境部、国家林草局等按职责分工负责）

（十九）全面提升绿色养殖水平。科学布局畜禽养殖，促进养殖规模与资源环境相匹配。缺水地区要发展羊、禽、兔等低耗水畜种养殖，土地资源紧缺地区要采取综合措施提高养殖业土地利用率。严格执行饲料添加剂安全使用规范，依法加强饲料中超剂量使用铜、锌等问题监管。加强兽用抗菌药综合治理，实施动物源细菌耐药性监测、药物饲料添加剂退出和兽用抗菌药使用减量化行动。建立畜牧业绿色发展评价体系，推广绿色发展配套技术。（农业农村部、自然资源部、生态环境部等按职责分工负责）

六、保障措施

（二十）严格落实省负总责和“菜篮子”市长负责制。各省（自治区、直辖市）人民政府对本地区发展畜牧业生产、保障肉蛋奶市场供应负总责，制定发展规划，强化政策措施，不得超越法律法规规定禁养限养。加强“菜篮子”市长负责制考核。鼓励主销省份探索通过资源环境补偿、跨区合作建立养殖基地等方式支持主产省份发展畜禽生产，推动形成销区补偿产区的长效机制。（国家发展改革委、农业农村部等按职责分工负责）

（二十一）保障畜牧业发展用地。按照畜牧业发展规划目标，结合地方国土空间规划编制，统筹支持解决畜禽养殖用地需求。养殖生产及其直接关联的畜禽粪污处理、检验检疫、清洗消毒、病死畜禽无害化处理等农业设施用地，可以使用一般耕地，不需占补平衡。畜禽养殖设施原则上不得使用永久基本农田，涉及少量永久基本农田确实难以避让的，允许使用但须补划。加大林地对畜牧业发展的支持，依法依规办理使用林地手续。鼓励节约使用畜禽养殖用地，提高土地利用效率。（自然资源部、农业农村部、国家林草局等按职责分工负责）

（二十二）加强财政保障和金融服务。继续实施生猪、牛羊调出大县奖励政策。通过政府购买服务方式支持动物防疫社会化服务。落实畜禽规模养殖、畜禽产品初加工等环节用水、用电优惠政策。通过中央财政转移支付等现有渠道，加强对生猪屠宰标准化示范创建和畜禽产品冷链运输配送体系建设的支持。银行业金融机构要积极探索推进土地经营权、养殖圈舍、大型养殖机械抵押贷款，支持具备活体抵押登记、流转等条件的地区按照市场化和风险可控原则，积极稳妥开展活畜禽抵押贷款试点。大力推进畜禽养殖保险，鼓励有条件的地方自主开展畜禽养殖收益险、畜产品价格险试点，逐步实现全覆盖。鼓励社会资本设立畜牧业产业投资基金和畜牧业科技创业投资基金。

（财政部、银保监会、国家发展改革委、农业农村部等按职责分工负责）

（二十三）强化市场调控。依托现代信息技术，加强畜牧业生产和畜禽产品市场动态跟踪监测，及时、准确发布信息，科学引导生产和消费。完善政府猪肉储备调节机制，缓解生猪生产和市场价格周期性波动。各地根据需要研究制定牛羊肉等重要畜产品保供和市场调控预案。（国家发展改革委、财政部、农业农村部、商务部等按职责分工负责）

（二十四）落实“放管服”改革措施。推动修订畜牧兽医相关法律法规，提高畜牧业法制化水平。简化畜禽养殖用地取得程序以及环境影响评价、动物防疫条件审查、种畜禽进出口等审批程序，缩短审批时间，推进“一窗受理”，强化事中事后监管。（司法部、自然资源部、生态环境部、农业农村部、海关总署等按职责分工负责）

国务院办公厅

2020 年 9 月 14 日

农业农村部文件

农牧发〔2021〕37 号

农业农村部关于印发《“十四五”全国畜牧兽医行业发展规划》的通知

各省、自治区、直辖市及计划单列市农业农村(农牧)、畜牧兽医厅(局、委),新疆生产建设兵团农业农村局:

为推进畜牧兽医行业高质量发展,我部制定了《“十四五”全国畜牧兽医行业发展规划》。现印发你们,请结合本地实际,认真组织实施。

农业农村部

2021 年 12 月 14 日

“十四五”全国畜牧兽医行业发展规划

2021 年 12 月

目　　录

一、发展形势 …… 5
(一)主要成就 …… 5
(二)重大挑战 …… 7
(三)发展机遇 …… 9
二、总体思路 …… 9
(一)指导思想 …… 9
(二)基本原则 …… 10
(三)发展目标 …… 11
三、重点产业 …… 12
(一)两个万亿级产业 …… 12
(二)四个千亿级产业 …… 14
四、重点任务 …… 18
(一)提升畜禽养殖集约化水平 …… 18
(二)加强动物疫病防控 …… 21
(三)保障养殖投入品供应高效安全 …… 25
(四)加快畜禽种业自主创新 …… 27
(五)提升畜产品加工行业整体水平 …… 29

（六）构建现代畜产品市场流通体系 …… 30
（七）推进畜禽养殖废弃物资源化利用 …… 31
（八）增强兽医体系服务能力 …… 32
（九）提高行业信息化管理水平 …… 33
五、重大政策 …… 34
（一）落实用地政策 …… 34
（二）加强财政保障 …… 35
（三）创新金融支持 …… 35
六、保障措施 …… 36
（一）加强组织领导 …… 36
（二）加强法治保障 …… 36
（三）加强科技创新 …… 36
（四）加强市场调控 …… 37
（五）加强协会服务 …… 37
（六）加强国际合作 …… 37

畜牧业是关系国计民生的重要产业，是农业农村经济的支柱产业，是保障食物安全和居民生活的战略产业，是农业现代化的标志性产业。“十四五”时期是开启全面建设社会主义现代化国家新征程、向第二个百年奋斗目标进军的首个五年，是全面推进乡村振兴、加快农业农村现代化的关键五年，也是畜牧业转型升级、提升质量效益和竞争力的重要五年。为贯彻落实《国务院办公厅关于促进畜牧业高质量发展的意见》（国办发〔2020〕31号）精神，加快构建畜牧业高质量发展新格局，推进畜牧业在农业中率先实现现代化，依据《中华人民共和国国民经济和社会发展第十四个五年规划和2035年远景目标纲要》《“十四五”推进农业农村现代化规划》，制定本规划。

一、发展形势

（一）主要成就

“十三五”期间，在党中央、国务院的坚强领导下，畜牧业克服资源要素趋紧、非洲猪瘟疫情传入、生产异常波动和新冠肺炎疫情冲击等不利因素影响，生产方式加快转变，绿色发展全面推进，现代化建设取得明显进展，综合生产能力、市场竞争力和可持续发展能力不断增强。**一是畜产品供应能力稳步提升。**2020年全国肉类、禽蛋、奶类总产量分别为7748万吨、3468万吨和3530万吨，肉类、禽蛋产量继续保持世界首位，奶类产量位居世界前列。饲料产量2.53亿吨，连续十年居全球第一。生猪生产较快恢复，牛肉、羊肉和禽蛋产量分别比2015年增长8.2%、10.6%、12.2%，乳品市场供应充足、种类丰富，保障了重要农产品供给和国家食物安全。**二是产业素质显著提高。**2020年全国畜禽养殖规模化率达到67.5%，比2015年提高13.6个百分点；畜牧养殖机械化率达到35.8%，比2015年提高7.2个百分点。养殖主体格局发生深刻变化，小散养殖场(户)加速退出，规模养殖快速发展，呈现龙头企业引领、集团化发展、专业化分工的发展趋势，组织化程度和产业集中度显著提升。畜禽种业自主创新水平稳步提高，畜禽核心种源自给率超过75%，比2015年提高15个百分点。生猪屠宰行业整治深入推进，乳制品加工装备设施和生产管理基本达到世界先进水平，畜禽运输和畜产品冷链物流配送网络逐步建立，加工流通体系不断优化，畜牧业劳动生产率、科技进步贡献率和资源利用率明显提高。**三是畜产品质量安全保持较高水平。**质量兴牧持续推进，源头治理、过程管控、产管结合等措施全面推行，畜产品质量安全保持稳定向好的态势。2020年，饲料、兽药等投入品抽检合格率达到98.1%，畜禽产品抽检合格率达到98.8%，连续多年保持在较高水平；全国生鲜乳违禁添加物连续12年保持"零检出"，婴幼儿配方奶粉抽检合格率达到99.8%以上，在国内食品行业中位居前列，规模奶牛场乳蛋白、乳脂肪等指标达到或超过发达国家水平。**四是绿色发展取得重大进展。**畜牧业生产布局加速优化调整，畜禽养殖持续向环境容量大的地区转移，南方水网地区养殖密度过大问题得到有效纾解，畜禽养殖与资源环境相协调的绿色发展格局加快形成。畜禽养殖废弃物资源化利用取得重要进展，2020年全国畜禽粪污综合利用率达到76%，圆满完成“十三五”任务目标。药物饲料添加剂退出和兽用抗菌药使用减量化行动成效明显，2020年畜禽养殖抗菌药使用量比2017年下降21.4%。**五是重大动物疫病得到有效防控。**疫病防控由以免疫为主向综合防控转型，强制免疫、监测预警、应急处置和控制净化等制度不断健全，重大动物疫情应急实施方案逐步完善，动植物保护能力提升工程深入实施，动物疫病综合防控能力明显提升，非洲猪瘟、高致病性禽流感等重大动物疫情得到有效防控，全国动物疫情形势总体平稳。加强畜禽跨省调运监管，新建266个动物跨省运输指定通道，对12.5万辆生猪运输车辆实施网上备案，动物检疫监督能力不断提高。国际兽医事务话语权显著增强，成功申请猪繁殖与呼吸综合征、猪瘟等6家世界动物卫生组织（OIE）参考实验室，我国代表获选OIE亚太区域主席，2名专家当选OIE专业委员会委员。这些成就的取得，为“十四五”畜牧兽医行业高质量发展奠定了坚实基础。

（二）重大挑战

当今世界正经历百年未有之大变局，“十四五”时期畜牧业发展的内外部环境更加复杂，依靠国内资源增产扩能的难度日益增加，依靠进口调节国内余缺的不确定性加大，构建国内国际双循环的新发展格局面临诸多挑战。**一是稳产保供任务更加艰巨。**未来一段时期,畜产品消费仍将持续增长,但玉米等饲料粮供需矛盾突出,大豆、苜蓿等严重依赖国外进口。受新冠肺炎、非洲猪瘟等重大疫情冲击,猪牛羊肉等重要畜产品在高水平上保持稳定供应难度加大。**二是发展不平衡问题更加突出。**一些地方缺乏发展养殖业的积极性,“菜篮子”市长负责制落实不到位;加工流通体系培育不充分,产加销利益联结机制不健全;基层动物防疫机构队伍严重弱化,一些畜牧大县动物疫病防控能力与畜禽饲养量不平衡,生产安全保障能力不足;草食家畜发展滞后,牛羊肉价格连年上涨,畜产品多样化供给不充分。**三是资源环境约束更加趋紧。**养殖设施建设及饲草料种植用地难问题突出,制约了畜牧业规模化、集约化发展;部分地区生态环境容量饱和,保护与发展的矛盾进一步凸显;种养主体分离,种养循环不畅,稳定成熟的种养结合机制尚未形成,粪污还田利用水平较低。**四是产业发展面临风险更加凸显。**生产经营主体生物安全水平参差不齐,周边国家和地区动物疫病多发常发,内疫扩散和外疫传入的风险长期存在。“猪周期”有待破解,猪肉价格起伏频繁,市场风险加剧。贸易保护主义抬头,部分畜禽品种核心种源自给水平不高,“卡脖子”风险加大。**五是提升行业竞争力要求更加迫切。**我国畜牧业劳动生产率、科技进步贡献率、资源利用率与发达国家相比仍有较大差距。国内生产成本整体偏高,行业竞争力较弱,畜产品进口连年增加,不断挤压国内生产空间。

（三）发展机遇

“十四五”时期我国重农强农氛围进一步增强，推进畜牧业现代化面临难得的历史机遇。**一是市场需求扩面升级。**“十四五”时期我国将加快形成以国内大循环为主体、国内国际双循环相互促进的新发展格局，城乡居民消费结构进入加速升级阶段，肉蛋奶等动物蛋白摄入量增加，对乳品、牛羊肉的需求快速增长，绿色优质畜产品市场空间不断拓展。**二是内生动力持续释放。**畜牧业生产主体结构持续优化，畜禽养殖规模化、集约化、智能化发展趋势加速，新旧动能加快转换。随着生产加快向规模主体集中，资本、技术、人才等要素资源集聚效应将进一步凸显，产业发展、质量提升、效率提速潜力将进一步释放。**三是保障体系更加完善。**党中央、国务院高度重视畜牧业发展，《国务院办公厅关于促进畜牧业高质量发展的意见》明确了一系列政策措施，为“十四五”畜牧兽医行业发展提供了遵循。农业农村部会同有关部门先后制定实施多项政策措施，在投资、金融、用地及环保等方面实现了重大突破，畜牧业发展激励机制和政策保障体系不断完善。

二、总体思路

（一）指导思想

以习近平新时代中国特色社会主义思想为指导，深入贯彻党的十九大和十九届二中、三中、四中、五中、六中全会精神，认真落实党中央、国务院决策部署，完整、准确、全面贯彻新发展理念，持续深化供给侧结构性改革，调整优化产业结构和空间布局，加快构建现代养殖体系、动物防疫体系和加工流通体系，不断提高畜产品供给水平、质量安全与动物疫病风险防控水平、畜牧业绿色循环发展水平，提高质量效益和竞争力，实现产出高效、产品安全、资源节约、环境友好、调控有效的高质量发展，为全面推进乡村振兴、加快农业农村现代化提供产业支撑。

（二）基本原则

坚持创新驱动。依靠科技创新和技术进步，突破发展瓶颈，不断提高畜禽良种化、养殖机械化水平和资源利用效率，加快畜牧业发展方式转变，推进全行业全要素现代化。

坚持市场主导。充分发挥市场在资源配置中的决定性作用，更好发挥政府政策引导和市场调控等作用，消除限制畜牧业发展的不合理壁垒，增强畜牧业发展活力，保障畜产品有效供给。

坚持防疫优先。将动物疫病防控作为防范畜牧业产业风险的第一道防线，加强动物防疫体系能力建设，落实生产经营主体责任，形成防控合力，保障生产安全。坚持人病兽防、关口前移，从源头前端阻断人畜共患病传播路径，保障公共卫生安全。

坚持绿色引领。遵循绿色发展理念，促进资源环境承载能力、畜产品供给保障能力和养殖废弃物资源化利用能力相匹配，畅通种养结合循环链，协同推进畜禽养殖和环境保护，促进可持续发展。

（三）发展目标

到2025年，全国畜牧业现代化建设取得重大进展，奶牛、生猪、家禽养殖率先基本实现现代化。产业质量效益和竞争力不断增强，畜牧业产值稳步增长，动物疫病防控体系更加健全，畜禽产品供应能力稳步提升，现代加工流通体系加快形成，绿色发展成效逐步显现。

——**产品保障目标。**产业结构和区域布局进一步优化，畜牧业综合生产能力和供应保障能力大幅提升，猪肉自给率保持在95%左右，牛羊肉自给率保持在85%左右，奶源自给率达到70%以上，禽肉和禽蛋保持基本自给。产品结构不断优化，优质、特色差异化产品供给持续增加。

——**产业安全目标。**动物疫病综合防控能力大幅提高，兽医社会化服务发展取得突破，饲料、兽药监管能力持续增强，为维护产业安全提供可靠支撑。

——**绿色发展目标。**生产发展与资源环境承载力匹配度提高，畜禽养殖废弃物资源化利用持续推进，畜禽粪污综合利用率达到80%以上，形成种养结合、农牧循环的绿色循环发展新方式。

——**现代化建设目标。**现代养殖体系基本建立，畜禽种业发展水平全面提升，畜禽核心种源自给率达到78%。标准化规模养殖持续发展，畜禽养殖规模化率达到78%以上。现代加工流通体系加快构建，养殖、屠宰、加工、冷链物流全产业链生产经营集约化、标准化、自动化、智能化水平迈上新台阶。

专栏1　“十四五”畜牧兽医行业发展主要指标				
序号	指标	2020年	2025年	指标属性
1	肉类产量(万吨)	7748	8900	预期性
2	蛋类产量(万吨)	3468	3500	预期性
3	奶类产量(万吨)	3530	3600	预期性
4	畜禽养殖规模化率(%)	67.5	78	预期性
5	畜禽核心种源自给率(%)	75	78	预期性
6	畜牧业机械化率(%)	35.8	50	预期性
7	畜牧业科技贡献率(%)	66	70	预期性
8	畜牧业总产值(万亿元)	4.13	4.5	预期性
9	饲料工业产值(万亿元)	0.95	1	预期性
10	执业兽医数量(万人)	12	16	预期性
11	投入品质量监督抽检合格率(%)	98.1	98.5	预期性
12	畜禽粪污综合利用率(%)	76	80	约束性
13	畜禽产品抽检合格率(%)	98.8	≥98	预期性
14	畜禽发病率(%)	4.38	≤4.5	预期性

三、重点产业

优化区域布局与产品结构，重点打造生猪、家禽两个万亿级产业，奶畜、肉牛肉羊、特色畜禽、饲草四个千亿级产业，着力构建“2+4”现代畜牧业产业体系。

（一）两个万亿级产业

1. 生猪

发展目标。落实生猪稳产保供省负总责和“菜篮子”市长负责制，确保猪肉自给率保持在95%左右，猪肉产能稳定在5500万吨左右，生猪养殖业产值达到1.5万亿元以上，着力提升发展质量，加强产能调控，缓解“猪周期”波动，增强稳产保供能力。

区域布局与发展重点。根据经济社会发展水平、资源环境承载能力、市场消费需求等因素，将全国生猪养殖业划分为调出区、主销区和产销平衡区。**调出区**，包括湖北、湖南、河南、广西、辽宁、吉林、黑龙江、河北、安徽、山东、江西等省份，稳步扩大现有产能，加快产业转型升级，提升规模化、标准化、产业化水平，实现稳产增产。**主销区**，包括广东、浙江、江苏、北京、天津、上海等省份，重点引导大中型企业建设养殖基地，确保一定的自给率。**产销平衡区**，包括内蒙古、山西、海南、四川、重庆、云南、贵州、福建、西藏、陕西、甘肃、青海、宁夏、新疆（含新疆生产建设兵团）等省份，重点挖掘增产潜力，推进适度规模经营，因地制宜发展地区特色养殖，确保基本自给。

2. 家禽

发展目标。禽肉、禽蛋产量分别稳定在2200万吨、3500万吨，保持基本自给，家禽养殖业产值达到1万亿元以上。

区域布局与发展重点。巩固提升传统优势区生产，加快推动有潜力的区域发展。**肉鸡蛋鸡养殖优势区**，包括山东、广东、广西、安徽、辽宁、河南、江苏、福建、四川、河北、吉林、湖北、黑龙江等省份，重点加快产业转型升级，提升规模化、标准化、产业化水平，实现稳产增产。**肉鸡蛋鸡养殖潜力区**，包括山西、内蒙古、江西、湖南、云南、重庆、贵州、海南、浙江、陕西等省份，重点夯实大型肉鸡蛋鸡养殖基地条件，加大产业技术力量配备，稳步推进产业发展。**肉鸡蛋鸡特色养殖区**，包括西藏、青海、宁夏、甘肃、新疆（含新疆生产建设兵团）等省份，因地制宜发展地方品种肉鸡蛋鸡养殖，提高消费自给率。**水禽养殖优势区**，包括山东、河北、河南、安徽、江苏、浙江、福建、江西、湖南、湖北、广东、广西、四川、重庆、辽宁、吉林、黑龙江等省份，重点发展肉鸭、蛋鸭、鹅等生产，提升规模化、标准化、智能化养殖水平，推广全产业链生产模式，提高水禽养殖经济效益。

（二）四个千亿级产业

1. 奶畜

发展目标。奶源自给率达到70%以上，奶类产量稳定在3600万吨左右，存栏100头以上奶牛规模养殖比重超过70%，乳品质量安全水平不断提高，奶业养殖业产值达到1500亿元，实现奶业全面振兴。

区域布局与发展重点。东北和内蒙古区，包括内蒙古、辽宁、吉林、黑龙江等省份。重点巩固传统种养结合优势，以荷斯坦奶牛为主，兼顾乳肉兼用牛，发展全株青贮玉米及高产优质苜蓿生产，扩大养殖规模。**华北和中原区**，包括河北、山西、山东、河南等省份。重点以荷斯坦奶牛为主，发展专业化养殖场，提高集约化程度;充分利用农业资源,探索饲料资源高效利用新模式,巩固加工业基础优势,形成种养加一体化产业体系。**西部区**,包括西藏、陕西、甘肃、青海、宁夏、新疆等省份。重点巩固牧区生产优势,扩大优质饲草饲料种植面积,大力推广舍饲、半舍饲养殖,提高饲养管理水平;以荷斯坦奶牛为主,发展乳肉兼用牛、奶山羊、牦牛等品种;着力发展规模养殖场、家庭牧场,提高奶类商品化率。**南方区**,包括江苏、浙江、安徽、福建、江西、湖北、湖南、广东、广西、海南、四川、贵州、云南等省份。重点是加快养殖设施设备改造提升,提高区域特色饲草饲料资源高效利用水平,积极发展奶水牛等特色奶畜,发展适度规模养殖。

2. 肉牛肉羊

发展目标。实施肉牛肉羊生产发展五年行动,坚持稳定牧区、发展农区、开发南方草山草坡的发展思路,推进农牧结合、草畜配套,牛羊肉自给率保持在 85% 左右,牛肉、羊肉产量分别稳定在 680 万吨和 500 万吨左右,肉牛肉羊养殖业产值达到 9000 亿元。

区域布局与发展重点。东北区,包括吉林、黑龙江、辽宁及内蒙古东部地区,发挥粮食资源和可利用饲草资源丰富的优势,推进种养结合,加强主导品种选育和改良,发展适度规模舍饲养殖。**中原区**,包括河北、山东、河南、安徽、湖北、湖南等省份,积极推广标准化规模养殖,稳步扩大养殖规模,提升标准化、集约化、机械化水平。**西北区**,包括新疆、青海、宁夏、甘肃、陕西及内蒙古西部地区,重点保护地方特色肉牛肉羊品种，科学利用草原资源，建设人工饲草料基地，发展现代家庭牧场，提高出栏率，稳定牛羊肉生产。**西南区**，包括四川、重庆、云南、贵州、广西、西藏等省份，挖掘草山草坡资源利用潜力，扩大牛羊肉生产，因地制宜发展特色养殖。

3. 饲草

发展目标。围绕草食畜牧业需求，以粮改饲、优质高产苜蓿基地建设等支持政策为抓手，大力发展全株青贮玉米、苜蓿、燕麦草、黑麦草等优质饲草生产，因地制宜开发利用杂交构树、饲料桑等区域特色饲草资源，加快建设现代饲草生产、加工、流通体系。优质饲草自给率达到80%以上，全株青贮玉米收储量5000万吨以上(折干草重)，优质苜蓿产量500万吨以上；饲草总产值达到2000亿元。

区域布局与发展重点。东北区，重点发展种养结合、就近利用模式，利用耕地种植全株青贮玉米和苜蓿，同步利用人工草地种植羊草，优先满足区域内饲草需求，兼顾商品草种植生产。**黄淮海区**，坚持种养结合一体化发展模式，重点调整玉米利用方式，发展全株青贮玉米，适度发展苜蓿生产，着力提升区域内优质饲草自给能力。**西北区**，坚持种养结合与商品草生产并重，积极推进粮改饲发展全株青贮玉米，加强草畜配套，有条件的区域适度发展优质苜蓿，打造优质商品草种植、收储、加工、流通基地。**南方区**，坚持草畜结合、特色发展模式，重点利用冬闲田种植黑麦草等一年生牧草，积极开展草山草坡改良放牧养殖。**青藏高原区**，坚持以草定畜、草畜结合模式，加快发展特色品种种植和豆禾混播栽培生产，推广饲料入户和饲草科学搭配，着力保障区域内优质饲草均衡供应。

4. 特色畜禽

发展目标。着重完善品种遗传资源保护体系，扩大优质种群规模，加大特色畜禽品种商业化培育和地方品种产业化开发力度，延伸产业链条，强化品牌创建，打造特色优势产区。发挥好特色畜禽养殖在巩固拓展脱贫攻坚成果同乡村振兴有效衔接过程中的重要作用。特色畜禽养殖业总产值达到1500亿元。

区域布局与发展重点。根据蜜源植物分布，加强中华蜜蜂保护与开发利用，因地制宜发展西方蜜蜂养殖，扩大浆蜂养殖量，大力推广蜜蜂授粉技术，发展蜂产品精深加工，延长蜂产业链，提高蜂产品质量安全水平。在内蒙古、新疆、青海、西藏、甘肃、四川等传统特色优势区和京津冀、长三角、粤港澳大湾区、海南自贸区等地城市周边城郊新兴发展区推进马业发展，传统特色优势区重点推进以我国草原马品种为主的育马、养马及相关特色赛事活动，城郊新兴发展区重点加强引进品种本土化选育，培育专门用途马匹的品系或类群，开展性能测定，培育赛马、马术、马球等运动及观赏、休闲骑乘等消费潜能，促进现代马产业与国际接轨。以四川、重庆、山东、江苏、河南、浙江、安徽、福建、吉林、新疆等省份为重点地区，提高肉兔、獭兔、毛兔饲养专门化生产水平，增强制种供种能力，提高产业链附加值。以广东、安徽、山东、江苏等省份为重点地区，加强肉鸽、鹌鹑品种选育，提高生产性能，推进标准化规模化生产。立足我国北方和西部地区，加大绒山羊和细毛羊核心群保护力度，持续提高绒毛用羊规模化、标准化生产水平，改善羊绒和羊毛的品质。在吉林、辽宁、黑龙江等省份重点推进梅花鹿养殖业发展，围绕"扩群、提质、增效"，拓展产业链，提升梅花鹿养殖水平。发挥新疆、甘肃、青海、宁夏、内蒙古、西藏等省份马鹿资源优势，优化马鹿产业布局，提升整体效益。在河北、山西、内蒙古、吉林、辽宁、黑龙江、山东等省份加强貂、狐、貉等毛皮动物养殖，保障高质量毛皮原料。鼓励内蒙古、新疆、青海、甘肃等省份开展双峰驼、羊驼养殖，逐步提高规模化、标准化养殖和生产水平，加快形成肉、绒毛同步发展的骆驼全产业链。

四、重点任务

围绕加快构建现代养殖体系和现代加工流通体系，健全完善动物防疫体系，持续推动畜牧业绿色循环发展，聚焦九大重点任务，突破关键环节，加快推进畜牧业现代化。

（一）提升畜禽养殖集约化水平

将提升畜禽养殖集约化水平作为推动畜牧业转型升级的根本途径，坚持增量与提质相结合，加快转变生产方式，切实提高畜禽养殖劳动生产率、科技进步贡献率和资源利用率。

专栏2　生猪稳产保供行动
实施《生猪产能调控实施方案》,建立以调控能繁母猪存栏量为核心的生猪产能调控机制。落实“三抓两保”(抓大省、大县、大场,保能繁母猪存栏量底线、保规模猪场数量底线)制度,采取逐级压实责任、强化监测预警、加强政策调控等综合措施,实现全国能繁母猪保有量稳定在4100万头、猪肉年产能5500万吨左右的目标,稳固养猪业基础生产能力

发展适度规模经营。因地制宜发展规模化养殖,引导养殖场(户)改造提升基础设施条件,扩大养殖规模,提升标准化养殖水平。大力培育龙头企业、养殖专业合作社、家庭牧场、社会化服务组织等新型经营主体,鼓励龙头企业发挥引领带动作用,通过统一生产、统一服务、统一营销、技术共享、品牌共创等方式,形成稳定的产业联合体。支持中小养殖户融入现代生产体系,加强对中小养殖户的指导帮扶,支持龙头企业与中小养殖户建立利益联结机制,带动中小养殖户专业化生产,提升市场竞争力。

推行全面标准化生产方式。坚持良种良法配套、设施工艺结合、生产生态协调,制定实施不同畜禽品种、不同地区、不同规模、不同模式的标准化饲养管理规程,建立健全标准化生产体系。深入开展标准化示范场创建,创建一批生产高效、环境友好、产品安全、管理先进的畜禽养殖标准化示范场,推动部省联创,增强示范带动效应。

专栏3　畜禽养殖标准化示范创建
以《国家畜禽遗传资源目录》中的生猪、奶牛、肉牛、肉羊、蛋鸡、肉鸡等传统畜禽为主,兼顾特种畜禽,继续在全国范围内开展畜禽养殖标准化示范创建活动。计划共创建500个左右国家级标准化示范场。支持各地结合实际,开展部省市县联创,全面提升畜禽养殖标准化水平,加快构建现代养殖体系

提升设施装备水平。制定主要畜禽品种规模化养殖设施装备配套技术规范,推进养殖工艺与设施装备的集成配套。落实农机购置补贴政策,加快制定有关涉牧机械、智能设备鉴定大纲和成套设施设备的建设规范,将养殖场(户)购置自动饲喂、环境控制、疫病防控、废弃物处理等农机装备按规定纳入补贴范围,对暂无鉴定大纲的有关涉牧机械、智能设备列入农机新产品购置补贴试点范围予以支持。积极探索生猪生产成套设施装备补贴新途径,提高饲草料和畜禽生产加工等关键环节设施装备自主研发能力。稳步发展全程机械化养殖场和示范基地。

促进牧区生产方式转型升级。加快牧区畜牧业生产方式转变,以提高牧区生产组织化程度为核心,鼓励统筹整合草畜资源,发展现代草牧业。加强农牧结合和区域协作,鼓励发展牧繁农育、户繁企育等新型专业分工模式。提升草食畜牧业基础设施建设水平,支持边远高寒牧区防灾减灾设施建设,改良天然草场,建设牧区特色饲草基地。培育新型经营主体,发展标准化养殖场,建设区域性屠宰加工中心。加快牧区畜产品市场化进程,培育优质特色畜产品。

专栏4　推进肉牛肉羊生产发展五年行动
深入实施肉牛肉羊遗传改良计划，培育专门化肉用新品种。建设一批国家级和省级保种场、保护区。实施牧区畜牧良种补贴项目，对农牧民购买优良肉牛冻精、良种公羊和公牦牛给予适当补贴。推动北方农牧交错带基础母牛扩群提质，支持地方扩大基础母牛饲养量。支持南方重点省份草食畜牧业提质增量，合理利用草山草坡和农闲田资源，种植优质饲草。支持以肉牛肉羊为主导产业创建国家、省、市、县现代农业产业园，建设一批肉牛肉羊产业集群、产业强镇。在西部地区脱贫县集中选择一批有牛羊产业发展基础的重点帮扶县，支持种养加销全链条发展。落实草原生态保护补助奖励政策，引导农牧民发展肉牛肉羊舍饲半舍饲养殖。推进粮改饲项目实施，增加优质饲草料供给。支持开展口蹄疫、小反刍兽疫、布鲁氏菌病、结核病、结节性皮肤病等动物疫病和人畜共患病防控，建设一批动物疫病净化场、无规定动物疫病区和生物安全隔离区

专栏5　推进奶业振兴行动
编制实施《"十四五"奶业振兴工程建设规划》，以奶业主产省份为主，兼顾奶业发展潜力区，支持部分奶牛养殖大县实施奶业振兴整县推进行动，建设优质饲草料基地，改造升级适度规模奶牛养殖场，提升智能化、数字化水平；支持有条件的奶农发展乳制品加工，支持奶牛休闲观光牧场发展，促进种养加奶业一二三产业协调发展，提高奶业质量、效益和竞争力。开展乳品消费公益宣传行动和奶业品牌提升行动，提振消费信心

（二）加强动物疫病防控

把全面提高动物疫病风险控制能力作为主攻方向，建立健全动物疫病防控长效机制，科学防范、有效控制动物疫病风险，保障畜牧业生产安全和兽医公共卫生安全。

提升防疫主体责任意识。指导从业者改善动物防疫条件，健全防疫制度，落实强制免疫、清洗消毒、疫情报告等措施。鼓励规模养殖场（户）和屠宰场开展重大动物疫病自检。加快推进强制免疫疫苗“先打后补”改革,支持养殖场(户)或第三方服务主体自主选购疫苗、自行开展免疫。

落实重大动物疫病防控措施。落实全国强制免疫计划,做到应免尽免。积极开展重大动物疫病分区防控,健全省际间协调机制,加强部门间联防联控,强化生猪调运监管,降低非洲猪瘟等重大动物疫病跨区域传播风险。加快无疫区建设,推进非洲猪瘟无疫小区评估建设,发挥示范带头作用,逐步推进动物疫病净化。强化防疫应急制度、技术、物资储备,完善应急预案体系,提升应急处置能力。

专栏6　实施全国重大动物疫病分区防控
综合考虑行政区划、养殖屠宰产业布局、风险评估情况等因素,将全国分为北部区、东部区、中南区、西南区、西北区等5个大区,按照“防疫优先、分区推动,联防联控、降低风险,科学防控、保障供给”的原则,对非洲猪瘟等重大动物疫病实施分区防控。以加强生猪调运和屠宰环节监管为主要抓手,统筹做好动物疫病防控、生猪调运和产销衔接等工作,强化区域联防联控,引导优化产业布局,推动养殖、运输和屠宰行业提档升级。通过分区防控,推动各项政策措施落实落细,打通政策措施落地“最后一公里”,提升动物疫病防控能力,保障生猪产品及生产资料物流畅通,有效降低非洲猪瘟等重大动物疫病跨区域传播风险

防治人畜共患病。坚持“人病兽防、关口前移”,完善免疫、检测、扑杀、风险评估、宣传干预、区域化防控、流通调运监管等综合防控策略,因地制宜采取针对性措施。严格落实高致病性禽流感强制免疫和突发疫情应急处置措施;强化布鲁氏菌病防控分类指导,启动布鲁氏菌病无疫小区评估建设;落实包虫病免疫、驱虫、扑杀措施;坚持家畜血吸虫病“防、查、治”相结合措施;指导做好狂

犬病免疫。加强防控宣传，加强部门沟通和联防联控。降低重点人畜共患病的畜间发生、流行和传播风险。

强化疫情监测预警。继续开展非洲猪瘟包村包场排查和入场采样监测。强化重大动物疫病和重点人畜共患病定点流行病学调查、监测和专项调查。建立健全动物疫情监测和报告制度，完善监测信息和疫情报告要求，强化预警分析。完善动物疫情发布机制。巩固中央、省、市、县四级动物疫情监测预警网络，合理设置边境动物疫病监测点，加强重要外来病疫情监视。

专栏 7　实施动物疫病监测与流行病调查五年计划
深入实施国家动物疫病监测与流行病调查计划(2021—2025 年)，开展非洲猪瘟、口蹄疫、高致病性禽流感、布鲁氏菌病、马鼻疽和马传染性贫血等优先防治病种，以及非洲马瘟等重点外来动物疫病监测和流行病学调查工作。落实中央财政动物防疫补助经费，支持开展动物疫病监测和净化。各地制定和实施辖区内监测与流行病学调查方案，掌握动物疫病在群间、空间和时间上的分布状况。完善监测结果报告制度，定期汇总分析全国动物疫病监测结果，研判疫情发生风险和流行趋势。根据疫病发生情况，开展紧急流行病学调查，选择部分省份和区域开展畜禽疫病专项调查。引导种畜禽场和规模养殖场开展疫病净化，建设一批净化场和生物安全隔离区；注重监测和流行病学调查数据在非洲猪瘟等重大动物疫病分区防控中的应用。结合加强重大动物疫病防控延伸绩效管理，开展监测与流行病学调查工作评价

加强动物检疫监督。加强检疫监督制度建设，完善动物检疫、动物卫生监督证章标志管理制度，制修订检疫规程，制定检疫设施设备和保障条件标准。推动建立以疫病监测、实验室检测为基础的动物检疫制度，支持发展第三方检测服务机构，进一步提升动物

检疫科学化水平。实施动物检疫规范化建设，严格执行动物检疫制度，强化动物检疫出证管理，严厉打击违规出证、非法倒卖动物卫生监督证章标志等违法违规行为。推动动物饲养场、屠宰企业配齐配强执业兽医和动物防疫技术人员，提高协助实施检疫能力。

加强兽医实验室建设与管理。推进高级别动物病原微生物实验室科学合理布局，加强省市县三级动物疫病预防控制机构实验室基本建设及人员队伍能力建设，提升基层动物防疫体系能力。加快生物安全法配套法规规章制度制修订，严格高致病性病原微生物行政许可审批。强化病原微生物菌毒种保藏管理。强化兽医实验室生物安全属地监管责任，完善兽医实验室日常监管与常态化生物安全检查相结合的监督机制，提升实验室质量管理与生物安全管理能力。

专栏8　动植物保护能力提升工程
实施《全国动植物保护能力提升工程建设规划(2017—2025年)》，重点在具备实验室人员、技术和经费保障条件的地市级动物疫病预防控制机构建设陆生动物疫病病原学监测区域中心，在外来病传入高风险区建设边境动物疫情监测站，在牧区半牧区县建设牧区动物防疫专用设施。依托中国动物卫生与流行病学中心建设国家外来动物疫病中心，在中国动物疫病预防控制中心建设生物安全动物实验室，改善动物疫病国家参考实验室硬件条件。在动物跨省调运量大的区域，对符合国家法律法规规定和省级政府已批准设立的动物防疫指定通道进行升级改造；在畜禽养殖密集区选择地方政府积极支持、有市场化主体愿意承担、运行机制完善的地区，建设病死畜禽无害化收集处理场。在中国兽医药品监察所建设国家兽药标准物质中心和国家兽用生物制品评价生物安全动物实验室，在省级兽药检验机构建设兽用生物制品检验区域实验室、动物源细菌耐药性监测实验室、兽药非法添加物检测实验室、兽药质量和兽药残留检测分析实验室

(三)保障养殖投入品供应高效安全

聚焦破解饲草料资源约束,做强饲料工业,做优饲草产业,夯实畜牧业发展基础。严把兽药生产和使用关口,保障畜产品质量安全。

做强现代饲料工业。系统开展饲料资源调查,科学评价常用饲料原料的有效营养成分,完善饲料原料营养价值数据库。推广饲料精准配制技术、高效低蛋白日粮配置技术、绿色新型饲料添加剂应用技术和非粮饲料资源高效利用技术,引导饲料配方多元化,推动精准配料、精准用料,促进玉米、豆粕减量替代。加快生物饲料、安全高效饲料添加剂等研发应用,提升饲料产品品质和利用效率。构建饲料行业监测监管一体化平台,加强饲料质量安全风险监测预警和饲料企业日常监管,规范饲料、饲料添加剂生产经营使用行为。鼓励饲料企业强化技术创新和经营模式创新,实施全产业链、全球化发展战略,打造具有国际影响力的知名品牌和企业。切实保障饲料用粮供应安全,推动实施库存稻谷等玉米替代粮源饲用政策,促进饲料用粮供给多元化。

构建现代饲草产业体系。因地制宜推行粮改饲,增加全株青贮玉米种植,提高苜蓿、燕麦草等紧缺饲草自给率,开发利用新饲草资源,推动非粮饲料资源高效利用。加大优良饲草品种选育推广力度,支持饲草良种繁育基地建设,提升饲草种子制种繁种能力。强化饲草生产加工利用的产前、产中、产后技术推广和服务指导，普及先进适用技术。加快种养一体化发展，支持种养结合的龙头企业、规模养殖场（户）和合作社发展，积极培育专业饲草收储、生产、加工社会化服务组织，加强饲草料加工、流通、配送体系建设。加快推进饲草产业集聚发展，实施“区域品牌+企业商标+生产基地”发展战略，建设优质饲草标准化、商品化生产基地。

专栏9　推进粮改饲项目
每年完成粮改饲面积1500万亩以上，补助收储优质饲草4500万吨，大力发展优质饲草产业，构建现代饲草产业体系，持续增加优质饲草料有效供给。以农牧交错带区域为重点，以收贮利用优质饲草料的草食家畜养殖场（户）、饲草料专业收贮企业（合作社）或社会化服务组织为补贴对象。补贴品种以青贮玉米、苜蓿、燕麦、黑麦草等优质饲草料为主，兼顾各地有使用习惯、养殖场（户）接受程度高的特色饲草品种

推动兽药产业转型升级。严格执行新版兽药生产质量管理规范（GMP），提升兽药产业技术水平。优化生产技术结构，重点发展悬浮培养、浓缩纯化、基因工程等疫苗生产研制技术，提高疫苗生产技术水平。加快中兽药产业发展，加强中兽药饲料添加剂研发。支持发展动物专用原料药及制剂、安全高效的多价多联疫苗、新型标记疫苗及兽医诊断制品。加快发展牛羊、宠物、蜂蚕以及水产养殖专用药，推进研制微生态制剂及低毒环保消毒剂。完善兽药质量标准体系，探索建立以兽药典为基础、注册标准为主体、企业标准为补充的质量标准体系。完善兽药质量检验体系，加强兽药检验机构检测能力建设，推进区域兽用生物制品检测实验室建

设。完善兽药质量“检打联动”机制,加强兽药质量监督抽检和跟踪检验,严厉打击违法违规行为。

推进兽用抗菌药减量使用。建立科学合理用药管理制度,规范做好养殖用药档案记录管理,严格执行兽用处方药制度和休药期制度。继续推进养殖环节兽用抗菌药使用减量化行动,严格落实药物饲料添加剂退出计划,加快研发推广抗生素替代品。构建覆盖多种畜禽、常见菌株的动物源细菌耐药检测标准体系。合理布局全国动物源细菌耐药性监测点,组织开展兽药残留监控和动物源细菌耐药性监测计划,完善国家动物源细菌耐药性监测数据库,为临床科学用药提供技术支撑。

(四)加快畜禽种业自主创新

加强畜禽种质资源保护和利用。实施第三次全国畜禽遗传资源普查,加快抢救性收集保护,确保重要资源不丢失、种质特性不改变、经济性能不降低。统筹布局国家和省级保种场保护区和基因库,加快建设国家畜禽种质资源库,开展国家级和省级畜禽遗传资源保护单位确定,明确责任主体。开展畜禽遗传资源登记,大力扶持以地方畜禽遗传资源为基础的新品种和配套系培育,健全资源交流共享机制,加快地方品种产业化开发,构建“以用促保”良性机制。

强化畜禽育种创新。坚持“以我为主、自主创新、引育结合”,构建以市场为导向、企业为主体、产学研深度融合的现代畜禽种业创新体系。深入实施全国畜禽遗传改良计划,开展畜禽良种联合攻关,健全种畜禽资源交流共享、产学研联合育种机制,加强国家畜禽核心育种场的遴选和管理,规范生产性能测定。推进遗传评估结果应用,加快发展表型组智能化精准测定、基因组选择等育种新技术,逐步建立基于全产业链的新型育种体系。重点支持发展区域性种猪联合育种,稳步提升瘦肉型品种生产性能,开展白羽肉鸡育种攻关,加强肉牛肉羊专门化品种选育,支持地方品种持续选育提质增效,加快培育一批生产性能水平高、综合性状优良、重点性状突出的新品种和配套系,不断提高优质种源供给能力。

加快良种繁育与推广。结合各地资源条件和养殖基础,明确优势区域主推品种,健全畜禽良种推广体系。打造一批国家级育繁推一体化种业企业,引导种业企业与规模养殖场(户)建立紧密的利益联结机制,加大新品种扩繁应用推广补贴力度。支持种公畜站改善基础设施条件,扩大优质种群规模,确保采精种公畜全部具备性能测定成绩。完善冷链运输体系,提高人工授精服务站点社会化服务水平,打通良种推广的“最后一公里”。严格种畜禽监管,开展种畜禽质量监督抽查,严查假冒冷冻精液、无证生产经营等违法生产经营行为。

加强种畜禽重点疫病净化。以国家畜禽核心育种场和种公畜站为重点,探索建立区域净化新机制,加强种用动物健康管理,建立种用动物卫生标准,从源头强化畜禽生产安全。坚持政府政策引导、企业自主参与、多方技术支撑,采取从场入手、分步实施、示范带动、合力推动等方式,实行净化评估管理制度,开展种畜禽疫病净化。积极开展种畜禽场主要垂直传播动物疫病净化试点和示范,推动种畜禽场提升生物安全防护水平,保障种畜禽质量。

(五)提升畜产品加工行业整体水平

统筹推进屠宰加工、乳肉产品精深加工协调发展,延长产业链,提升价值链,提高畜牧业质量效益和竞争力。

优化屠宰加工产能布局。坚持屠宰与养殖布局相匹配,支持优势屠宰产能向养殖集中区转移,实现畜禽就近屠宰加工。促进畜产品加工集群发展,推进畜产品加工向产地下沉、与销区对接、向园区集中,形成生产与加工、产品与市场、企业与农户协调发展的格局。优化畜禽养殖屠宰加工产业链,支持大型养殖企业、屠宰加工企业延伸产业链条,开展养殖、屠宰、加工、配送、销售一体化经营。

推进屠宰行业转型升级。继续强化屠宰行业清理整顿,持续推进小型生猪屠宰场点撤停并转。加强屠宰加工装备研究推广,加快老旧设施设备淘汰更新。提升牛、羊、禽屠宰现代化水平,推行畜禽标准化屠宰。持续开展生猪屠宰标准化示范创建,强化屠宰环节全过程监管,压实屠宰企业主体责任,规范委托屠宰行为。

加强畜禽产品质量安全保障。强化畜禽产品质量提升科技攻关,开展畜禽产品致病微生物、生物毒素等风险监测和评估,建立健全畜禽产品质量监测标准体系,优化肉品质量安全评价标准,推进“同一健康”肉品质量综合保障,提升重大质量安全事件应急处置能力。提升屠宰环节非洲猪瘟等重大动物疫病和畜禽产品质量监测能力,落实肉品品质检验等制度,确保产品质量安全。

提升畜产品精深加工能力。支持发展肉品精深加工和血、骨、脏器、毛等副产品综合利用,大力发展特色畜产品加工,优化产品结构,满足城乡居民不同消费层次需求。鼓励乳品企业通过自建、收购、参股、托管等方式,加强奶源基地建设;引导乳品企业优化乳制品产品结构,统筹发展液态乳制品和奶酪等干乳制品。

(六)构建现代畜产品市场流通体系

全面推行“规模养殖、集中屠宰、冷链运输、冰鲜上市”模式,促进“运活畜禽”向“运肉”转变。

促进畜产品冷链物流发展。支持屠宰加工企业、物流配送企业完善冷链物流配送体系,提高冷藏规模,统一流通环节标准,提升流通效率,拓展销售网络。

强化动物运输环节防疫管理。制定动物运输环节防疫管理办法,建立从事动物运输单位、个人及车辆备案和动态管理制度。加强活畜禽运输监管,强化运输工具管控,落实畜禽运输过程及车辆生物安全要求。规范活畜禽网上交易活动,实行“点对点、场对场”定向运输、定点屠宰。全面加快和优化动物防疫指定通道建设,支持指定通道升级改造。

提升市场专业化水平。 推进传统畜禽交易市场改造升级,优化畜禽交易市场在主销区和传统集散地的规划布局,打造区域活畜禽、畜产品集散中心,提升市场功能,提高服务管理水平,突出区域和产品特色,大力提升畜牧产业集聚发展水平。促进和规范发展电子交易市场。

(七)推进畜禽养殖废弃物资源化利用

加快推进畜禽粪污资源化利用和病死畜禽无害化处理,着力构建种养结合发展机制,促进畜禽粪肥还田利用,提高畜牧业绿色发展水平。

畅通种养结合路径。 实施《"十四五"全国畜禽粪肥利用种养结合建设规划》,畅通农业内部资源循环。推行液体粪肥机械化施用,培育粪肥还田社会化服务组织,推行养殖场(户)付费处理、种植户付费用肥,建立多方利益联结机制。开展试点示范,因地制宜推广堆沤肥还田、液体粪污贮存还田等技术模式,推动粪肥低成本还田利用,提高粪肥还田效率。统筹考虑种养布局和规模,降低粪肥加工、运输成本。

建立全链条管理体系。 按照"谁产生、谁负责"的原则,严格落实养殖场(户)主体责任。探索实施规模养殖场粪污处理设施分类管理,确保粪污处理达到无害化要求,满足肥料化利用的基本条件。推动建立符合我国实际的粪污养分平衡管理制度,指导养殖场(户)建立粪污处理和利用台账,种植户建立粪肥施用台账,健全覆盖各环节的全链条管理体系，开展粪污资源化利用风险评估和风险监测，科学指导粪肥还田利用。进一步完善标准体系，促进农业标准和环境标准的衔接。

规范病死畜禽无害化处理。坚持集中处理为主，自行分散处理为补充，健全无害化处理体系，提高专业无害化处理覆盖率，统筹推进病死猪牛羊禽等无害化处理。合理制定补助标准，完善市场化运作模式。提高信息化监管水平，健全监管长效机制，严厉打击相关违法犯罪行为。开展病死猪无害化处理与保险联动试点。

专栏10　畜禽粪污资源化利用整县推进工程
实施《"十四五"全国畜禽粪肥利用种养结合建设规划》，以畜牧业绿色循环发展、耕地质量提升和农业面源污染防治为主要目标，以畜禽粪肥就地就近科学还田利用为主攻方向，支持250个畜禽养殖量较大、耕地面积较大的县，实施畜禽粪污资源化利用整县推进项目，重点改造提升粪污处理设施，建设粪肥还田利用示范基地，新建改建一批密闭贮存发酵设施、堆肥设施、粪污输送管网等，支持购置运输罐车、撒肥机等施肥机械，总结推广种养循环技术模式，逐步降低处理成本，完善利用机制，减少环境影响，带动县域粪肥就近就地利用，促进种养结合、农牧循环发展

（八）增强兽医体系服务能力

整合政府与市场资源，构建结构完善、分工合理、权责清晰、运转高效的兽医体系，提高兽医技术支撑能力、监督执法能力和服务生产能力。

完善兽医工作机制。理顺省市县三级兽医行政管理、检疫、执法与技术支撑机构之间的关系。加强基层防疫、检疫、执法和兽医服务力量，形成动物疫病预防控制与动物检疫、动物卫生监督执法紧密衔接，兽医机构与行业企业、社会化服务组织相互促进的格局。持续开展兽医体系效能评估，促进兽医体系整体水平稳步提升。

加强兽医队伍建设。规范官方兽医管理，完善资格确认条件，强化官方兽医培训。加强对执业兽医、乡村兽医从业活动的管理和服务，优化执业兽医队伍发展环境，引导符合条件的乡村兽医向执业兽医发展，促进城乡兽医资源有序流动。推进实施动物防疫专员特聘计划。充分发挥兽医行业协会作用，加强兽医学历教育与兽医继续教育有机衔接，促进兽医队伍专业技能持续提高。

创新兽医社会化服务。鼓励养殖龙头企业、动物诊疗机构及其他市场主体成立动物防疫服务队、防疫专业合作社等，开展强制免疫等专业技术服务。鼓励养殖场户购买社会化服务。支持兽医行业协会制定团体标准，强化行业自律。

（九）提高行业信息化管理水平

以信息化培育新动能，利用数字技术全方位、全角度、全链条赋能传统产业，提升全要素生产率。

加快畜牧兽医监测监管一体化。继续推进信息系统整合，建成全国畜牧兽医综合信息平台，推动各地平台与国家平台有效对接。以生猪产业为突破口，建立从养殖到屠宰和无害化处理的监测监管信息指标体系和标准规范，推动育种、养殖、流通、屠宰等产业链的大数据互联互通，实现畜牧业监测监管信息一体化闭环管理和信息资源有效整合，促进技术、营销和金融等社会化服务与产业融合发展。引导养殖场（户）建立健全电子养殖档案，构建养殖大数据系统，全面推行信息直联直报。完善动物检疫证明电子出证系统，推动实施无纸化动物检疫证明，探索建立畜禽养殖数量、免疫数量与检疫申报数量相结合、产地检疫与运输监管相结合、启运地出证与目的地反馈相结合的动物检疫全链条信息化监管模式。

推动智慧畜牧业建设。以生猪、奶牛、家禽为重点，加快现代信息技术与畜牧业深度融合步伐，大力支持智能传感器研发、智能化养殖装备和机器人研发制造，提高圈舍环境调控、精准饲喂、动物行为分析、疫病监测、畜产品质量追溯等自动化、信息化水平，建设一批高度智能化的数字牧场。

五、重大政策

坚持一张蓝图绘到底，巩固延续现有政策成果，深化拓展土地、财政、金融、市场调控等政策措施，持续推进畜牧兽医行业高质量发展。

（一）落实用地政策

按照畜牧业发展规划目标，结合国土空间规划编制，统筹支持解决畜禽养殖用地需求。养殖生产及其直接关联的检验检疫、清洗消毒、畜禽粪污处理、病死畜禽无害化处理等农业设施用地，可以使用一般耕地，不需占补平衡。加大对畜牧业发展使用林地的支持，依法依规办理使用林地手续。

(二)加强财政保障

继续实施生猪(牛羊)调出大县奖励政策和草原生态保护补助奖励政策，以及畜禽良种、优质高产苜蓿、粮改饲、肉牛肉羊提质增效等畜牧业发展支持项目。支持开展畜禽粪污资源化利用，对动物疫病强制免疫、强制扑杀和养殖环节无害化处理给予补助，鼓励通过政府购买服务方式支持动物防疫社会化服务发展。加大农机购置补贴对畜牧养殖机械装备的支持力度，重点向规模养殖场倾斜，实行应补尽补。落实畜禽规模养殖、畜产品初加工等环节用水、用电优惠政策。探索建立重大动物疫情应急处置基金，构建以财政投入为主、社会捐赠为辅的资金投入机制。

(三)创新金融支持

积极推行活畜禽、养殖圈舍、大型机械设备抵押贷款试点。对符合产业发展政策的养殖主体给予贷款担保和贴息，鼓励地方政府产业基金及金融、担保机构加强与养殖主体对接，满足生产发展资金需求。大力推进畜禽养殖保险，落实中央财政保险保费补贴政策，对能繁母猪、奶牛、牦牛、藏系羊保险给予保费补贴支持。继续开展并扩大农业大灾保险试点，指导地方探索开展优势特色畜产品保险，支持纳入中央财政对地方优势特色农产品保险以奖代补试点。鼓励有条件的地方自主开展畜禽养殖收益险、畜产品价格险试点。鼓励社会资本设立畜牧业产业投资基金和畜牧业科技创业投资基金。稳妥推进猪肉、禽蛋等畜产品期货,为养殖等生产经营主体提供规避市场风险的工具。

六、保障措施

(一)加强组织领导

各省(自治区、直辖市)人民政府对本地区畜牧业生产和保障肉蛋奶市场供应负总责。要制定具体规划,抓好责任落实,加大投入力度,为畜牧兽医行业高质量发展提供坚强保障。各级农业农村部门要牵头建立协调机制,加强部门协作沟通,研究解决规划实施过程中的重大问题,推进规划任务的组织落实、跟踪调度、检查评估。

(二)加强法治保障

加快畜牧兽医相关法律法规规章制修订,提高依法治牧水平。强化动物防疫检疫、种畜禽生产、饲料、兽药、畜产品质量安全监管力度,落实执法经费、提高执法装备水平和检测能力,强化日常监督,创新执法体制机制,提高基层执法水平。开展法治宣传教育,增强各类生产经营主体遵法学法守法用法意识。

(三)加强科技创新

坚持创新驱动发展,依托现代农业产业技术体系、科研院所和国家农业科技创新联盟、创新型企业等科研力量,围绕产业链关键环节开展集中攻关研发,加强良种繁育、标准化规模养殖、重大动物疫病防控、屠宰加工、优质饲草料种植与加工等核心技术和设施装备研究。加强基层畜牧兽医行业技术推广体系建设,强化从业人员培训,提升服务能力。加强生产经营型农村实用人才培训,提高龙头企业、合作社、家庭农(牧)场等新型经营主体的生产技术水平。

(四)加强市场调控

加强畜牧业生产和畜禽产品市场动态跟踪监测。紧盯能繁母猪存栏和仔猪价格,围绕稳定生猪产能优化调控手段,完善政府猪肉储备调节机制,缓解"猪周期"波动,促进产业稳定发展。鼓励有条件的地方探索研究牛羊肉等重要畜产品保供和市场调控预案。

(五)加强协会服务

充分发挥行业协会和其他社会组织在种业提升、健康生产、加工流通、品牌培育、信息交流以及行业自律、维护从业者合法权益等方面的作用,通过会议、培训、赛事、表彰示范、科研成果转化等方式,提高从业者技术和经营能力。鼓励行业协会等社会组织在产业振兴、畜牧业国际贸易、种畜禽引进培育普查等领域,配合行业管理部门,做好组织、协调、服务工作。

(六)加强国际合作

跟踪监测国外畜产品生产和市场变化,加强技术交流与磋商,支持畜禽品种资源、良种繁育、疫病防治、饲料、畜产品加工与质量安全等领域的国际交流合作,积极参与国际标准制修订。加大先进设施装备、优良种质资源引进力度。加快畜牧业走出去步伐,稳步推进畜牧业对外投资合作,开拓多元海外市场,扩大优势畜禽产品出口。支持有条件的企业到境外建设饲草料基地、牛羊肉生产加工基地和奶源基地。

农业农村部办公厅　　2021 年 12 月 16 日印发

农业农村部科技发展中心文件

农科办〔2021〕158号

农业农村部科技发展中心关于国家重点研发计划“主要经济作物优质高产与产业提质增效科技创新”重点专项2021年度项目立项的通知

中国科学院植物研究所：

你单位申报的国家重点研发计划“主要经济作物优质高产与产业提质增效科技创新”重点专项2021年度项目已立项，具体立项情况详见附件。

请根据《国家重点研发计划管理暂行办法》（国科发资〔2017〕152号文印发）、《国家重点研发计划资金管理办法》（财教〔2021〕178号文印发）、《国务院办公厅关于改革完善中央财政科研经费管理的若干意见》（国办发〔2021〕32号）等国家重点研发计划管理有关规章制度的要求，认真落实项目（课题）承担单位法人责任，做好项目实施和资金管理使用工作；项目牵头单位和负责人要切实加强各课题之间的衔接与协调，确保项目的研究目标和任务按项目任务书规定如期完成；严格按照中央财政科研经费管理的有关规定，专款专用，提高资金使用效益。

附件：1. 国家重点研发计划“主要经济作物优质高产与产业提质增效科技创新”重点专项 2021 年度项目立项表

农业农村部科技发展中心

2021 年 12 月 29 日

附件 1

国家重点研发计划“主要经济作物优质高产与产业提质增效科技创新”重点专项 2021 年度项目立项表

序号	项目编号	项目名称	项目负责人	项目牵头单位	项目经费（万元）		
					资金总额	中央财政资金	单位自筹资金
1	2021YFD1000100	杂交构树产业关键技术集成研究与应用示范	沈世华	中国科学院植物研究所	1350	1000	350

附录 2

杂交构树相关检测、评价报告 7 份

1. 杂交构树青贮料检验报告。

2. 杂交构树叶片类黄酮测定分析报告。

3. 杂交交构树与苜蓿饲用主要营养成分比较分析评价报告。

4. 饲喂杂交构树饲料的牛奶品质分析报告。

5. 饲喂杂交构树饲料对鸡蛋品质影响的分析报告。

6. 北京市顺义区木林镇魏家店构树种植对耕地地力影响的评价报告。

7. 杂交构树种植对耕地地力影响及其复耕技术途径的研究报告。

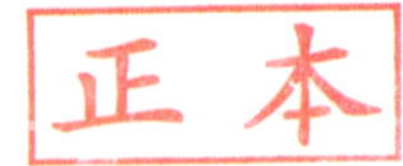

No：WJ181327

检 验 报 告

产（样）品名称 杂交构树青贮饲料

受（送）检单位 中科院植物所

检验类别 委托检验

农业部饲料效价与安全监督检验测试中心（北京）

SXA02-22/01

农业部饲料效价与安全监督检验测试中心（北京）

检 验 报 告

No. WJ181327　　　　　　　　　　　　　　共 4 页 第 1 页

<table>
<tr><td rowspan="2">样品名称</td><td rowspan="2">杂交构树青贮饲料</td><td>型号规格</td><td>-</td></tr>
<tr><td>商　　标</td><td>-</td></tr>
<tr><td>送检单位</td><td>中科院植物所</td><td>检验类别</td><td>委托检验</td></tr>
<tr><td>生产单位</td><td>中科院植物所</td><td>样品状态</td><td>绿色湿料</td></tr>
<tr><td>抽样地点</td><td>-</td><td>到样日期</td><td>2018.09.26</td></tr>
<tr><td>样品数量</td><td>1000g</td><td>送样者</td><td>沈世华</td></tr>
<tr><td>抽样基数</td><td>-</td><td>原编号或
生产日期</td><td>-</td></tr>
<tr><td>检验依据</td><td>见第 2、3、4 页</td><td>检验项目</td><td>水分、粗蛋白、粗脂肪、粗纤维、中性洗涤纤维、酸性洗涤纤维、粗灰分、钙、磷、铜、铁、锰、锌、镁、钴、砷、铅、铬、镉、18 种氨基酸、黄曲霉毒素 B_1、玉米赤霉烯酮</td></tr>
<tr><td>判定依据</td><td>-</td><td>实验环境条件</td><td>符合要求</td></tr>
<tr><td>所用主要仪器</td><td colspan="3">电热恒温烘箱、2100 定氮仪、XT10 脂肪仪、220 纤维仪、马弗炉、分光光度计、原子荧光 AFS-930、原子吸收 Z-2000、氨基酸分析仪、Agilent1200、酶标仪、电子天平</td></tr>
<tr><td>检
验
结
论</td><td colspan="3">只进行参数检验，不予判定。

签发日期 2018 年 10 月 19 日</td></tr>
<tr><td>备 注</td><td colspan="3">除水分外其他指标以干基计</td></tr>
</table>

批准：　　　　审核：　　　　制表：

2018.10.19　　　　2018.10.19

SXA02-22/01

农业部饲料效价与安全监督检验测试中心（北京）

检验结果报告书

No. WJ181327　　　　共 4 页　第 2 页

检验项目	单位	标准值	判定值	检测值	检测方法	本项结论
天门冬氨酸	%	—	—	0.74	GB/T18246-2000	—
苏氨酸	%	—	—	0.81	GB/T18246-2000	—
丝氨酸	%	—	—	0.45	GB/T18246-2000	—
谷氨酸	%	—	—	0.66	GB/T18246-2000	—
脯氨酸	%	—	—	0.64	GB/T18246-2000	—
甘氨酸	%	—	—	0.71	GB/T18246-2000	—
丙氨酸	%	—	—	1.80	GB/T18246-2000	—
胱氨酸	%	—	—	0.11	GB/T18246-2000	—
缬氨酸	%	—	—	1.12	GB/T18246-2000	—
蛋氨酸	%	—	—	0.19	GB/T18246-2000	—
异亮氨酸	%	—	—	0.89	GB/T18246-2000	—
亮氨酸	%	—	—	1.14	GB/T18246-2000	—
酪氨酸	%	—	—	0.37	GB/T18246-2000	—
苯丙氨酸	%	—	—	0.70	GB/T18246-2000	—
组氨酸	%	—	—	0.25	GB/T18246-2000	—
赖氨酸	%	—	—	0.70	GB/T18246-2000	—
精氨酸	%	—	—	0.52	GB/T18246-2000	—
色氨酸	%	—	—	0.14	GB/T18246-2000	—

SXA02-22/01

农业部饲料效价与安全监督检验测试中心（北京）

检验结果报告书

No. WJ181327　　　　共 4 页　第 3 页

检验项目	单位	标准值	判定值	检测值	检测方法	本项结论
水分	%	—	—	76.8	GB/T 6435-2014	—
粗蛋白	%	—	—	21.15	GB/T6432-1994	—
粗脂肪	%	—	—	4.9	GB/T6433-2006	—
粗纤维	%	—	—	28.3	GB/T6434-2006	—
中性洗涤纤维	%	—	—	46.72	GB/T20806-2006	—
酸性洗涤纤维	%	—	—	32.64	NY/T1459-2007	—
粗灰分	%	—	—	10.7	GB/T6438-2007	—
钙	%	—	—	1.74	GB/T6436-2002	—
磷	%	—	—	0.36	GB/T6437-2002	—
铜	mg/kg	—	—	10.6	GB/T13885-2017	—
铁	mg/kg	—	—	1400	GB/T13885-2017	—
锰	mg/kg	—	—	68	GB/T13885-2017	—
锌	mg/kg	—	—	29	GB/T13885-2017	—
镁	%	—	—	1.09	GB/T13885-2017	—

SXA02-22/01

农业部饲料效价与安全监督检验测试中心（北京）

检验结果报告书

No. WJ181327　　　　共 4 页　第 4 页

检验项目	单位	标准值	判定值	检测值	检测方法	本项结论
钴	mg/kg	—	—	0.23	GB/T13884-2003	—
砷	mg/kg	—	—	0.42	GB/T13079-2006	—
铅	mg/kg	—	—	4.53	GB/T13080-2004	—
铬	mg/kg	—	—	1.07	GB/T13088-2006	—
镉	mg/kg	—	—	0.04	GB13082-1991	—
黄曲霉毒素 B_1	μg/kg	—	—	7.5	GB/T17480-2008	—
玉米赤霉烯酮	μg/kg	—	—	186.8	GB/T19540-2004	—
以下空白						

SXA02-22/01

杂交构树叶片类黄酮测定分析报告

王芬芬、沈世华

中国科学院植物研究所

北方资源植物重点实验室

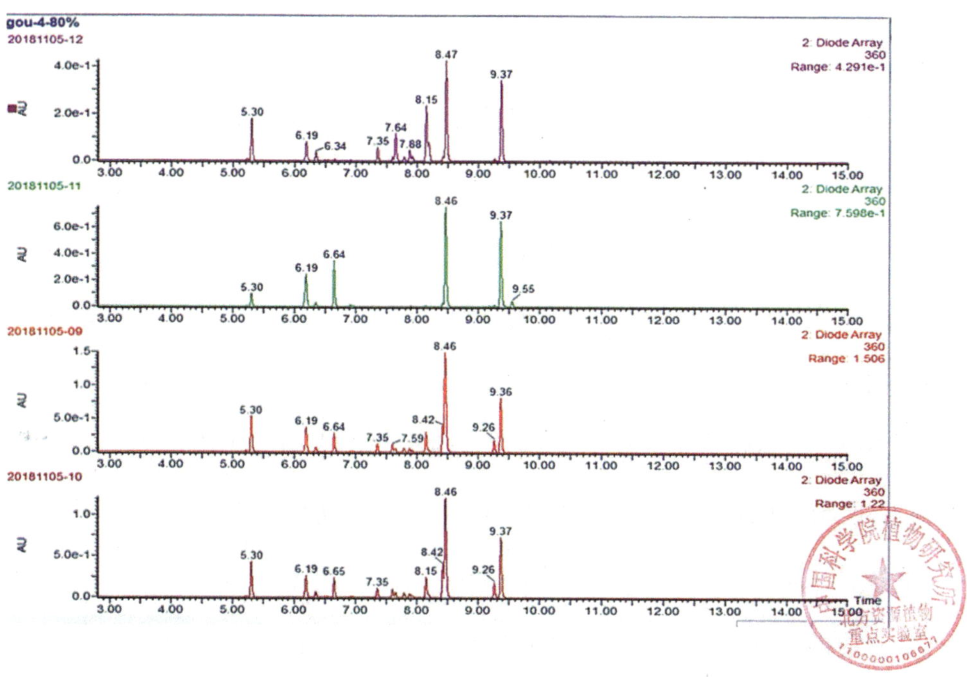

2020 年 6 月 16 日

类黄酮（Flavonoids）是仅在植物体合成的一类多功能次生代谢化合物，在植物生长、发育和繁殖，特别是植物环境适应、提高免疫和防御能力方面起重要作用，也是作物品质、药用和功能活性等的主要评价组成分。

类黄酮具有多种功效和应用价值，有很强的抗氧化作用，可有效清除体内的氧自由基，防止衰老退化，降低血脂和胆固醇，降低血糖，促进血液的循环，减少心脑血管疾病的发病率，改善睡眠；类黄酮具有消炎抗菌解毒作用，可以护肝、解肝毒、止咳、祛痰、提高机体免疫机能，防止癌症的发生。在畜牧业动物养殖生产上，类黄酮能显著提高动物生产性能，改善动物机体免疫机能，增强动物机体抗病力，减少药物、抗生素等的使用。类黄酮广泛存在于中药材、蔬菜、水果等食品中，以叶、花、果实中的含量和种类最多。

杂交构树是我国自主培育的新型优质多年生木本饲料植物，富含蛋白质、功能活性物质，具有生长快、产量高、耐刈割、适应性强等特点[1]；喂养畜禽适口性好，消化吸收率高，少用和不用抗生素和药物，能节约成本，大大提高畜产品品质，被国务院扶贫办列入十项精准扶贫工程之一，得到党和国家领导人的高度重视、农户的认可和地方政府的好评[2]。杂交构树作为药食同源植物，能显著增强动物免疫能力，甚至饲喂杂交构树发酵料的生猪未发生非洲猪瘟，为探索这些现象起因的物质基础，我们以杂交构树“科构 101”树叶为材料，对类黄酮化合物含量和种类进行了测定，并与常用蛋白牧草紫花苜蓿叶片的类黄酮含量进行了对比分析。

一、杂交构树类黄酮含量测定

采用超声方法提取类黄酮，通过分光光度计进行测定。结果显示，杂交构树叶片类黄酮含量达 53.810 mg/g（5.38%）。据贾秀峰等报道，紫花苜蓿叶片类黄酮含量为 3.455 mg/g（0.34%），远远低于杂交构树，仅为杂交构树的 1/15（表 1）。

表 1　杂交构树叶片与紫花苜蓿叶片类黄酮含量

品种名称	类黄酮含量（mg/g）	备注
杂交构树	53.810	比紫花苜蓿高 15.57 倍
紫花苜蓿	3.455	数据来源于文献[3]

二、杂交构树类黄酮种类分析

利用超高效液相色谱（Ultra Performance Liquid Chromatography）串联质谱方法，分析杂交构树类黄酮化合物组成，从而推定其种类有 20 种（图 1、表 2），包括：绿原酸、新绿原酸、芹菜素、木犀草素、芹菜素苷元、木犀草素苷元等。紫花苜蓿最常见的类黄酮种类主要为芹菜素、木犀草素、苜蓿素[4-5]，起重要功能作用的绿原酸很少，含量为 94.72μg/g[6]，而杂交构树绿原酸含量为 4384.15μg/g，是紫花苜蓿的 46 倍，新绿原酸（功能与绿原酸相同）为 6490.59μg/g，是紫花苜蓿的 68 倍。

绿原酸主要来自中药材金银花、杜仲等，是一种重要的生物活性物质，广泛应用于医药、保健、食品和日用化工等多个领域，具有抗菌、抗病毒、抗肿瘤、增高白血球、保肝利胆、降血压、降血脂、降血糖、免疫调节等作用。还具有无药残、无耐药性、无毒副作用等优点，可替代抗生素和激素类药物成为理想饲料添加剂，对提高动物生产率具有重要意义，其在畜禽生产具有广阔的应用前景。随着新技术的开发，杂交构树一定会成为一种新型的蛋白质饲料，为畜牧业的可持续发展提供新的活力。

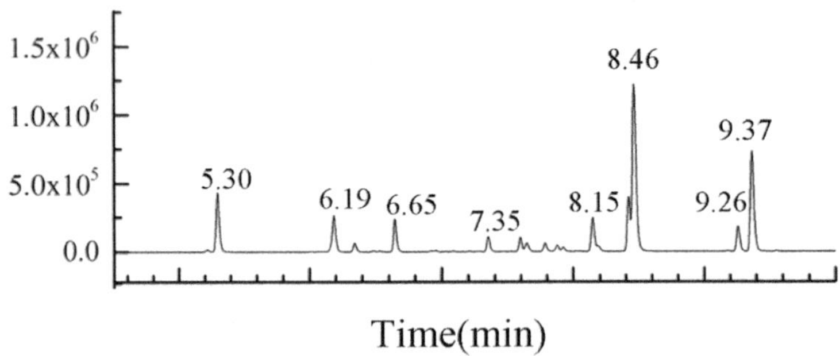

图 1　杂交构树叶片类黄酮超高效液相色谱图

表 2　杂交构树类黄酮种类分析及含量

编号	类黄酮分类	含量(μg/g)
1	新绿原酸	6490.59
2	绿原酸	4384.15
3	矢车菊素-3-O-芸香苷	18.59
4	5,7,4′-三羟基-6-C-阿拉伯糖-β-D-葡萄糖苷	292.00
5	5,7,4′-三羟基-6-C-[a-L-鼠李糖(1→2)]-β-D-葡萄糖苷	230.64
6	5,7,4′-三羟基-8-C-阿拉伯糖-β-D-葡萄糖苷	153.40
7	5,7,4′-三羟基-8-C-[a-L-鼠李糖(1→2)]-β-D-葡萄糖苷	19.66
8	异荭草苷	387.97
9	荭草苷	319.04
10	牡荆素-7-O-β-D-葡萄糖苷	448.30
11	牡荆素/异牡荆素	1335.97
12	木犀草素-C-六碳糖，C-六碳糖	122.02
13	木犀草素-7- O-β-D-葡萄糖苷	987.16
14	木犀草素-7- O-β-D-葡萄糖醛酸	1779.24
15	木犀草素	27.39
16	芹菜素-C-六碳糖，C-六碳糖	782.71
17	芹菜素-7- O-β-D-葡萄糖苷	991.68
18	芹菜素-7- O-β-D-葡萄糖醛酸	2422.30
19	二氢芹菜素衍生物	77.87
20	芹菜素	9.21

三、结论

1. 杂交构树叶片富含类黄酮化合物，总量为 5.38%，是紫花苜蓿叶片含量（0.34%）的 15.57 倍；

2. 杂交构树叶片至少有 20 种黄酮类，主要是绿原酸、新绿原酸、芹菜素、木犀草素等；

3. 杂交构树叶片含有重要生物活性物质绿原酸、新绿原酸，含量分别为 4384.15μg/g、6490.59μg/g，分别是紫花苜蓿的 46 倍、68 倍，更具有饲用功能性价值。

参考文献

[1]沈世华，彭献军.“构树扶贫”中的黑科技补齐我国畜牧业高品质饲料缺乏的短板[J].科技促进发展，2017(6).

[2]高永伟.构树扶贫　大有可为——就构树扶贫工程实施情况专访国务院扶贫办开发指导司[J].中国扶贫，2020(7).

[3]贾秀峰，　曲弘辰，李波，王寒竹.不同采收期苜蓿总黄酮含量差异的研究[J].黑龙江畜牧兽医，2011(13).

[4]李苗苗，靳思玉，牛志力，曹阳.苜蓿黄酮的生物活性功能及其在反刍动物中的应用[J].中国饲料，2019(13).

[5]刘学贵，黄明远，吕梦超，孙羽俫，卞珺，高品一，李丹琦.紫花苜蓿化学成分及其生物活性研究进展[J].食品工业科技，2018(11).

[6]李志华，沈益新，刘信宝，于静，王呼德呼，林仲安.不同品种紫花苜蓿酚酸类化感物质含量的研究[J].草业学报，2010，19(2).

杂交构树饲料与苜蓿草饲料主要营养成分对比分析评价报告

委托单位：国务院扶贫办中国扶贫发展中心

制定单位：生物饲料开发国家工程研究中心

制定日期：2020 年 3 月 9 日

本报告仅对文中检测报告来源数据的分析结果负责。

引言

杂交构树是中国科学院植物研究所历经十几年潜心研究采用现代农业育种技术，通过太空搭载育种，杂交选育等手段培育出的优质树种，在中国大部分地区均可种植，具有速生、丰产、优质、多抗、耐砍伐、耐病虫害等特点。在饲料、造纸、生态绿化、食用等方面都有广阔的应用前景。杂交构树的大量种植，既能获得功能性粗蛋白饲料，解决畜禽养殖与粮争地的矛盾，又能保证农户脱贫致富，改善贫困地区的生态环境，是实现经济、生态、社会三大效益的利国利民工程。

构树扶贫是国家十项精准扶贫工程之一，2015 年 2 月，国务院扶贫办发布了关于构树扶贫工程试点的通知，构树扶贫工程规模不断扩大，从 2015 年年初的 1.47 万亩发展到 2019 年年底全国累计种植面积达 102 万亩，且有 200 多个县和 600 多家企业或合作社参与构树工程试点。2018 年 4 月，中华人民共和国农业农村部第 22 号公告将构树茎叶纳入饲料原料目录。2018 年 6 月，农业农村部畜牧业司将构树、饲料桑、饲用油菜列为重点非粮蛋白饲料资源进行研究与试点。2018 年 7 月，国务院扶贫办发布《关于扩大构树扶贫试点工作的指导意见》通知，试点区域进一步扩大，明确了三条支持政策。2019 年 11 月，国务院扶贫办印发《关于构树扶贫试点工作指导意见的补充通知》，明确了构树扶贫用地政策和构树扶贫试点工程推广的为杂交构树，不同于植物学上的一般构树。

为此，国务院扶贫办中国扶贫发展中心委托生物饲料开发国家工程研究中心，对杂交构树饲料的主要营养成分与现行常用的同规格的苜蓿草饲料进行对比分析。

1. 对比方法

采用相关构树企业委托第三方检测机构对杂交构树饲料检测出具的报告数据与现行常用的同规格的苜蓿草饲料数据进行对比分析，得出结论报告。

2. 相关指标数据来源

杂交构树树叶：农业部饲料效价与安全监督检验测试中心（北京），检验报告 NO. WJ171344；由贵州务川科华生物科技有限公司提供样品。

杂交构树树叶：铅和砷数据来源于国家饲料质量监督检验中心（北京），检验报告号检（委）字（2007）第 0689 号，常规营养成分和微量元素指标数据来源于中国农业科学院饲料研究所；由大连中植环境生物科技有限公司提供样品。

杂交构树全株：农业部饲料效价与安全监督检验测试中心（北京），检验报告 NO. WJ171345；由贵州务川科华生物科技有限公司提供样品。

青贮杂交构树：农业部饲料效价与安全监督检验测试中心（北京），检验报告 NO. WJ181327；由中科院植物所提供样品。

杂交构树树叶(组培苗)：农业部饲料效价与安全监督检验测试中心(北京)，检验报告 NO. WJ171344；由贵州务川科华生物科技有限公司提供样品。

构树叶（粉）（扦插苗）：农业部农产品质量监督检验测试中心（郑州），检测报告 NO.2016WB-1083；由南阳卉农植物组培生物科技有限公司提供样品。

构树全株（组培苗）：青岛农业大学动物科技学院；由山东中牧林科农业发展有限公司提供样品。

构树青贮(扦插苗)：北京丰尊百奥生物科技有限公司，样品编号：24113100；由兰考神州构树生态科技有限公司提供样品。

3. 结果与分析

3.1 杂交构树饲料的营养成分分析

3.1.1 常规营养成分

（1）杂交构树叶粉和苜蓿叶粉的对比

表 1 杂交构树叶粉和苜蓿叶粉的常规营养成分比较（以干物质基础）

项目，单位	杂交构树叶粉	苜蓿叶粉 LY
水分，%	9.1	11
干物质，%	90.9	89
粗蛋白，%	26.05	28
粗脂肪，%	5.22	2.7
粗纤维，%	-	15
总能，MJ/kg	-	-
中性洗涤纤维，%	15.87	34
酸性洗涤纤维，%	12.99	25
粗灰分，%	15.41	15
钙，%	3.35	2.88
磷，%	0.23	0.34

注：杂交构树树叶粉检验报告检（委）字〔2007〕第 0689 号；LY 数据来自中国饲料成分及营养价值表(2019 年第 30 版)；“-”表示暂无数据。

从表 1 中可以看出，杂交构树叶粉的粗蛋白含量略微低于苜蓿叶粉，其粗蛋白含量为 26.05%，约为苜蓿叶粉的 93.03%。由此，杂交构树叶粉可以作为一种蛋白质饲料。

从总体来看，与苜蓿叶粉相比，杂交构树叶粉的粗脂肪含量突出，是苜蓿叶粉的 1.93 倍；同时中性洗涤纤维和酸性洗涤纤维偏低，约为苜蓿叶粉的 46.67% 和 51.96%。在饲料配合过程中应特别注意该特点，使用合适的饲料原料与其进行配伍调整。

矿物质含量中，杂交构树叶粉的钙含量略高于苜蓿叶粉，约高出 16.31%，而磷含量略低于苜蓿叶粉。

综上，杂交构树叶粉含有丰富的粗蛋白质，可以作为蛋白质饲料来源，同时脂肪含量比苜蓿叶粉高，在饲料中可以提供更高的能量。

（2）全株杂交构树和全株苜蓿的对比

表 2 全株杂交构树和全株苜蓿的常规营养成分比较（以干物质基础）

项目，单位	全株杂交构树	鲜苜蓿 LY
水分，%	74.02	76
干物质，%	25.98	24
粗蛋白，%	25.41	19
粗脂肪，%	-	3
粗纤维，%	-	27
总能，MJ/kg	18.23	-
中性洗涤纤维，%	41.44	46
酸性洗涤纤维，%	22.76	34
粗灰分，%	-	9
钙，%	2.11	1.35
磷，%	0.33	0.27

注：全株杂交构树检验报告 NO. WJ171345；LY 数据来自中国饲料成分及营养价值表(2019年第 30 版)；“-”表示暂无数据。

从表 2 中可以看出，全株杂交构树的粗蛋白含量为 25.41%，高出全株苜蓿粗蛋白含量的 33.73%。同时，结合表 1 和表 2 可以看出，苜蓿叶粉与全株苜蓿的粗蛋白含量差别非常大，全株苜蓿的粗蛋白含量仅占苜蓿叶粉的 67.85%（因为，实际上杂交构树叶粉粗蛋白也是高于全株杂交构树，由于数据来源不同而导致的没有太大差异）。考虑到成本原因，实际生产中一般以全株苜蓿草粉为主，蛋白含量为19%左右。由此无论是使用全株杂交构树还是单纯地使用杂交构树叶粉，其粗蛋白含量均超过了目前常用的全株苜蓿草粉。

从总体来看，全株杂交构树的中性洗涤纤维和酸性洗涤纤维含量比全株苜蓿草粉仍然偏低，但差别并不是很大；全株杂交构树的中性洗涤纤维和酸性洗涤纤维含量比杂交构树叶粉提高 2.61 倍和 1.75 倍。

矿物质含量中，全株杂交构树的钙含量略和磷菌高于全株苜蓿，分别高出56.29%和 22.22%，在饲料配方中，应予以关注。

综上，全株杂交构树粗蛋白质含量比全株苜蓿草粉高约三分之一，同时，中性洗涤纤维含量与全株苜蓿草粉相差并不大，而实际生产中一般多使用全株苜蓿草粉，由此无论使用全株杂交构树还是杂交构树叶粉，粗蛋白质含量均高于目前常用的全株苜蓿草粉。

（3）青贮杂交构树和青贮苜蓿的对比

表 3 青贮杂交构树和青贮苜蓿的常规营养成分比较（以干物质基础）

项目，单位	青贮杂交构树	青贮苜蓿[LY]
水分，%	76.8	70
干物质，%	23.2	30
粗蛋白，%	21.15	18
粗脂肪，%	4.9	3
粗纤维，%	28.3	28
中性洗涤纤维，%	46.72	49
酸性洗涤纤维，%	32.64	37
粗灰分，%	10.7	9
钙，%	1.74	1.4
磷，%	0.36	0.29

注：青贮杂交构树检验报告 NO. WJ181327；LY 数据来自中国饲料成分及营养价值表(2019年第 30 版)。

从表 3 中可以看出，除中性洗涤纤维和酸性洗涤纤维含量，青贮杂交构树比青贮苜蓿数据偏低外，总体上，青贮杂交构树的常规营养成分含量略高于青贮苜蓿。粗蛋白、钙和磷含量分别高出 17.33%、24.28%和 24.13%。

从常规营养成分来看，青贮杂交构树可以替代青贮苜蓿，作为饲料配方中的优质蛋白饲料。

3.1.2 微量元素

（1）杂交构树叶粉和苜蓿叶粉的对比

表 4 杂交构树叶粉和苜蓿叶粉的微量元素成分比较（以干物质基础）

项目，单位	杂交构树叶粉	苜蓿叶粉 LY
铜，mg/kg	8.316	11.8
铁，mg/kg	247.09	120
锰，mg/kg	50.329	27
锌，mg/kg	62.863	39*
镁，%	62.271	–
钴，mg/kg	2.437	–

注：杂交构树叶粉检验报告检（委）字〔2007〕第 0689 号；LY 数据来自中国饲料数据库 http://www.chinafeeddata.org.cn/，盛花期苜蓿；其中，锌数据来自中国饲料成分及营养价值表(2019 年第 30 版)；“–”表示暂无数据。

与苜蓿叶粉相比，杂交构树叶粉的铁、锰、锌含量均明显较高，高出 1.5—2.1 倍，而铜含量略低。

在饲料配方中，应注意杂交构树叶粉的特点，对微量元素的成分进行适当的调整。尽量减少日粮中微量元素添加剂的用量，降低成本，减少环境污染。

（2）青贮杂交构树和青贮苜蓿的对比

表 5 青贮杂交构树和青贮苜蓿的微量元素成分比较（以干物质基础）

项目，单位	青贮杂交构树	青贮苜蓿 LY
铜，mg/kg	10.6	11
铁，mg/kg	1400	280
锰，mg/kg	68	50
锌，mg/kg	29	41
镁，%	1.09	0.33
钴，mg/kg	0.23	0.6

注：青贮杂交构树检验报告 NO. WJ181327；LY 数据来自中国饲料数据库 http://www.chinafeeddata.org.cn/，CP17%-20%。

青贮杂交构树的铁、镁含量显著高于青贮苜蓿，分别高出 5 倍和 3.3 倍。青贮杂交构树的锰含量略高于青贮苜蓿，而铜、锌和钴含量略低于苜蓿叶粉。该特点在饲料配方中，应予以注意。

3.1.3 卫生指标

表 6 杂交构树叶粉和青贮杂交构树的卫生指标（以干物质基础）

项目，单位	杂交构树叶粉	青贮杂交构树	标准要求 LY
砷，mg/kg	0.92	0.42	≤4
铅，mg/kg	6.99	4.53	≤30
镉，mg/kg	-	0.04	≤1
黄曲霉毒素 B_1，ug/kg	-	7.5	≤30
玉米赤霉烯酮，ug/kg	-	186.8	≤1000
呕吐毒素，ug/kg	-	小于 40	≤5000

注：杂交构树叶粉检验报告检（委）字〔2007〕第 0689 号；青贮杂交构树检验报告 NO. WJ181327；LY 数据来自GB 13078-2017《饲料卫生标准》，砷，饲料原料—干草及其加工产品；铅，饲料原料—饲草、粗饲料及其加工产品；铬，饲料原料；镉和呕吐毒素，饲料原料—植物性饲料原料；黄曲霉毒素 B1 和玉米赤霉烯酮，饲料原料—其他植物性饲料原料；“-”表示暂无数据。

饲料卫生标准是指用法规的形式限定饲料中各种有毒有害物质的最大允许量，是饲料卫生质量监督和管理的依据，也是畜舍合理饲养的依据，是为了保证饲料的饲用安全，维护畜禽和人类的健康而制定的。

由表 6 可以看出，杂交构树叶粉和青贮杂交构树中砷和铅的含量，以及青贮杂交构树中铬、镉、黄曲霉毒素 B_1、玉米赤霉烯酮和呕吐毒素含量均符合我国《饲料卫生标准》（GB 13078-2017）的规定。

3.2 组培苗和扦插苗构树叶和构树全株粗蛋白含量的对比

表 7 组培苗和扦插苗构树叶粗蛋白含量比较（以干物质基础）

项目，单位	组培苗构树叶	扦插苗构树叶
粗蛋白，%	31.60	18.39

注：组培苗构树叶报告 NO.WJ171344［农业部饲料效价与安全监督检验测试中心（北京）］，扦插苗构树叶报告 NO.2016WB-1083［农业部农产品质量监督检验测试中心（郑州）］。

从表 7 中可以看出，组培苗构树叶粗蛋白含量为 31.60%，扦插苗构树叶粗蛋白含量为18.39%，组培苗构树叶粗蛋白含量是扦插苗构树叶粗蛋白含量的 1.72 倍。

表 8　组培苗和扦插苗构树全株粗蛋白含量比较（风干样品）

项目，单位	组培苗构树全株	扦插苗构树青贮
粗蛋白，%	24.81	13.0

注：组培苗构树全株报告：青岛农业大学动物科技学院，扦插苗构树青贮样品编号：24113100（北京丰尊百奥生物科技有限公司）。

从表 8 中可以看出，组培苗构树全株粗蛋白含量为 24.81%，扦插苗构树青贮粗蛋白构树全株含量为 13.0%，组培苗构树全株粗蛋白含量是扦插苗构树青贮粗蛋白含量的 1.91 倍。

从表 7、表 8 中可以看出组培苗构树叶和组培苗构树全株的粗蛋白质均明显高于扦插苗。因此，杂交构树作为一种粗蛋白质来源饲料，其种植选苗建议采用组培苗。

4. 主要结论

4.1 杂交构树叶粉的粗蛋白含量为 26.05%，与苜蓿粉相当。从蛋白质含量上看，杂交构树叶粉可以作为蛋白质饲料的来源，同时脂肪含量是苜蓿叶粉的 1.93 倍，在饲料中可以提供更高的能量。

4.2 全株杂交构树比全株苜蓿草粉的蛋白质含量高出 33.73%，同时，中性洗涤纤维含量与全株苜蓿草粉相差并不大，而实际生产中一般多使用全株苜蓿草粉。由此无论使用全株杂交构树还是杂交构树叶粉，粗蛋白质含量均高于目前常用的全株苜蓿草粉。

4.3 青贮杂交构树的常规营养成分含量略高于青贮苜蓿。粗蛋白、钙、磷和粗脂肪含量分别高出 17.33%、24.28%、24.13%和 38.77%。从常规营养成分来看，青贮杂交构树可以替代青贮苜蓿，作为饲料配方中的优质蛋白饲草同时青贮杂交构树中砷、铅、铬、镉、黄曲霉毒素 B_1、玉米赤霉烯酮和呕吐毒素含量均符合我国《饲料卫生标准》（GB 13078-2017）的规定。

4.4 组培苗构树叶粗蛋白含量是扦插苗构树叶粗蛋白含量的 1.72 倍；组培苗构树全株粗蛋白含量是扦插苗构树青贮粗蛋白含量的 1.91 倍。杂交构树作为一种粗蛋白质来源饲料，其种苗建议采用组培苗。

综上，从蛋白质含量来看，杂交构树叶粉和全株杂交构树可以作为蛋白质饲料的来源，同时杂交构树叶粉脂肪含量是苜蓿叶粉的 1.93 倍，在饲料中可以提供更高的能量。

从常规营养成分来看，青贮杂交构树的粗蛋白、钙、磷和粗脂肪含量相比青贮苜蓿分别高出 17.33%、24.28%、24.13%和 38.77%，同时其卫生指标砷、铅、铬、镉、黄曲霉毒素 B_1、玉米赤霉烯酮和呕吐毒素含量均符合我国《饲料卫生标准》（GB 13078-2017）的规定，可以替代青贮苜蓿使用。

组培苗构树叶粗蛋白含量是扦插苗构树叶粗蛋白含量的 1.72 倍；组培苗构树全株粗蛋白含量是扦插苗构树青贮粗蛋白含量的 1.91 倍。杂交构树作为一种粗蛋白质来源饲料，其种苗建议采用组培苗。

由此可见，杂交构树作为一种非常规饲料营养价值高，在目前蛋白质饲料资源紧张的情况下，可以代替或部分替代苜蓿草粉在草食动物日粮中应用。

参考文献

[1] 中国饲料成分及营养价值表(2019 年第 30 版). 中国农业科学院北京畜牧兽医研究所，中国饲料数据库情报网中心，动物营养学国家重点实验室.

[2] 中国饲料数据库（http://www.chinafeeddata.org.cn/）. 农业部畜牧兽医局，中国农业科学院畜牧研究所.

饲喂杂交构树饲料的牛奶品质分析报告

委托单位： 国务院扶贫办中国扶贫发展中心

报告出具单位： 生物饲料开发国家工程研究中心

报告出具日期： 2020 年 3 月 24 日

本报告仅对委托单位提供的检测报告的数据分析结论负责

一、本报告所分析的资料及来源

1. 安徽省食品药品检验研究院出具的编号为 AH2019-SSJ-02309 的检测报告《检验报告 样品名称：生乳（构树奶）》（简称检测报告）。

2. 检测报告摘要如下：安徽华好生态养殖有限公司委托安徽省食品药品检验研究院对生乳（构树奶）的蛋白质、脂肪、杂质度、非脂乳固体、酸度和菌落总数等指标进行检测。

3. 检测报告由委托单位提供，作为本报告附件 1。

二、本报告依据的标准

GB 19301-2010《食品安全国家标准 生乳》（附件 2）中对生鲜乳理化指标的规定。

三、 结果与分析

表 1 构树牛奶营养成分对比表

项目	GB 19301-2010 标准要求	报告数据
蛋白质（g/100g）	≥2.8	3.17
脂肪（g/100g）	≥3.1	3.67
杂质度（mg/kg）	≤4.0	3.0
非脂乳固体（g/100g）	≥8.1	8.27
酸度	12—18	12.2
菌落总数（ $\times10^4$cfu/ml）	≤200	6.8

根据检测报告，构树牛奶中蛋白、脂肪、细菌总数等相关指标如表 1 所示，根据 GB 19301-2010 的规定，构树牛奶在蛋白质、脂肪、非脂乳固体方面高于国家标准，杂质度、菌落总数方面低于国家标准。

四、 结论

根据检测数据，送检的构树牛奶在蛋白质、脂肪、非脂乳固体方面高于国家标准，杂质度、菌落总数方面低于国家标准。

五、应用限制

本报告仅授权委托单位应用于报送国务院相关机构，不得用于商业用途。

六、附件

1．AH2019-SSJ-02309 号检测报告《检验报告 样品名称：生乳（构树奶）》（略）。

2．GB 19301-2010 《食品安全国家标准 生乳》。

附件 2

中华人民共和国国家标准

GB 19301—2010

食品安全国家标准
生 乳

National food safety standard

Raw milk

2010-03-26 发布 2010-06-01 实施

中华人民共和国卫生部 发布

GB 19301—2010

前　言

本标准代替GB 19301-2003《鲜乳卫生标准》及第1号修改单。

本标准与GB 19301-2003相比，主要变化如下：

——标准名称改为《生乳》；

——增加了“术语和定义”；

——“污染物限量”直接引用GB 2762的规定；

——“真菌毒素限量”直接引用GB 2761的规定；

——“农药残留限量”直接引用GB 2763及国家有关规定和公告；

——修改了“微生物指标”。

本标准所代替标准的历次版本发布情况为：

——GBn 33-1977、GB 19301-2003。

GB 19301—2010

食品安全国家标准

生 乳

1. 范围

本标准适用于生乳，不适用于即食生乳。

2. 规范性引用文件

本标准中引用的文件对于本标准的应用是必不可少的。凡是注日期的引用文件，仅所注日期的版本适用于本标准。凡是不注日期的引用文件，其最新版本（包括所有的修改单）适用于本标准。

3. 术语和定义

3.1 生乳 raw milk

从符合国家有关要求的健康奶畜乳房中挤出的无任何成分改变的常乳。产犊后七天的初乳、应用抗生素期间和休药期间的乳汁、变质乳不应用作生乳。

4. 技术要求

4.1 感官要求：应符合表 1 的规定。

表 1 感官要求

项　　目	要　　求	检验方法
色泽	呈乳白色或微黄色	取适量试样置于50mL烧杯中，在自然光下观察色泽和组织状态。闻其气味，用温开水漱口，品尝滋味
滋味、气味	具有乳固有的香味，无异味	
组织状态	呈均匀一致液体，无凝块、无沉淀、无正常视力可见异物	

4.2 理化指标：应符合表 2 的规定。

表 2　理化指标

项　　目		指　　标	检验方法
冰点[a,b]/（℃）		−0.500～−0.560	GB 5413.38
相对密度/（20℃/4℃）	≥	1.027	GB 5413.33
蛋白质/（g/100g）	≥	2.8	GB 5009.5
脂肪/（g/100g）	≥	3.1	GB 5413.3
杂质度/（mg/kg）	≤	4.0	GB 5413.30
非脂乳固体/（g/100g）	≥	8.1	GB 5413.39
酸度/（°T） 牛乳[b] 羊乳		 12～18 6～13	GB 5413.34

[a] 挤出 3h 后检测。

[b] 仅适用于荷斯坦奶牛。

4.3　污染物限量：应符合 GB 2762 的规定。

4.4　真菌毒素限量：应符合 GB 2761 的规定。

4.5　微生物限量：应符合表 3 的规定。

表 3 微生物限量

项　　目		限量[CFU/g(mL)]	检验方法
菌落总数	≤	2×10^6	GB 4789.2

4.6　农药残留限量和兽药残留限量

4.6.1　农药残留量应符合 GB 2763 及国家有关规定和公告。

4.6.2　兽药残留量应符合国家有关规定和公告。

饲喂杂交构树饲料对鸡蛋品质影响的分析报告

委托单位： 国务院扶贫办中国扶贫发展中心

编制单位： 生物饲料开发国家工程研究中心

编制日期： 2020 年 02 月 19 日

本报告仅对文中检测报告来源数据的分析结果负责。

引言

杂交构树是中国科学院植物研究所历经十几年潜心研究采用杂交选育，结合现代生物技术以及太空搭载等手段培育出的优质树种，在中国大部分地区均可种植，具有速生、丰产、优质、多抗、耐砍伐、耐病虫害等特点。在饲料、造纸、生态绿化、食用等方面都有巨大的应用前景。杂交构树的大量种植，既能获得功能性粗蛋白饲料，又能解决畜禽养殖与粮争地的矛盾，还能解决脱贫致富的问题，是一项改善贫困地区生态环境，实现经济、生态、社会三大效益的利国利民利贫利企的好工程。

构树扶贫工程是国家精准扶贫十项工程之一，自 2015 年 2 月开展试点以来，种植规模不断扩大，截至2019 年年底全国累计种植面积已达102 万亩，共有200 多个县参与构树工程试点。2018 年 4 月，中华人民共和国农业农村部第 22 号公告，将构树茎叶纳入饲料原料目录。2018 年 6 月，农业农村部畜牧业司将构树、饲料桑、饲用油菜列为重点非粮蛋白饲料资源进行研究与试点。构树作为粗蛋白饲料已得到一些养殖企业的高度认可。

国务院扶贫办中国扶贫发展中心委托生物饲料开发国家工程研究中心对杂交构树粗蛋白饲料饲喂蛋鸡后对鸡蛋品质的影响进行对比分析和研究，具体情况报告如下。

1. 对比方法

根据国家权威机构检测的杂交构树粗蛋白饲料饲喂蛋鸡生产的鸡蛋的各项营养成分指标，与现行市售的普通鸡蛋进行比较，分析了饲喂杂交构树饲料对鸡蛋品质的影响，并得出对比分析结论。

2. 相关指标数据来源

构树鸡蛋表示使用含杂交构树粗蛋白饲料饲喂蛋鸡生产的鸡蛋。

构树鸡蛋中脂肪酸和胆固醇数据来源于华测检测认证集团北京有限公司，报告编号 A2190220107101001C，其中胆固醇指标不在 CNAS 认可范围内，构树鸡蛋样品由河北魏县林盛农业科技发展有限公司提供。

构树鸡蛋中微量元素数据来源于四川出入境检验检疫局检验检疫技术中心，检测报告编号 201701363X，构树鸡蛋样品由四川成都安之源生态科技有限公司提供。

3. 结果与分析

3.1 胆固醇和脂肪酸含量

表 1 构树鸡蛋和普通鸡蛋的胆固醇及脂肪酸含量比较

项目, 单位	构树鸡蛋	普通鸡蛋 LY
胆固醇, mg/100g	320	648
二十二碳六烯酸 DHA(C22:6n3), mg/100g	69.7	29.19*
单不饱和脂肪(酸), g/100g	3.77	1.9
多不饱和脂肪(酸), g/100g	1.36	0.5

注：LY 数据来自中国食物成分表标准版，第 6 版/第二册（2019 年），取鸡蛋（代表值）。其中*DHA 在中国食物成分表中暂无数据，该数据来自《食品安全质量检测学报》2019 年第 15 期 10 卷的学术论文《二十二碳六烯酸营养强化鸡蛋及蛋黄粉中脂质分析》。

鸡蛋蛋黄中含有大量的胆固醇，有研究表明，来源于鸡蛋中的胆固醇与来源于其他原料中的相比更容易导致人体内血清胆固醇的升高。但人体内每天摄入胆固醇过多，可诱发冠心病和高血压等一系列心脑血管疾病。由表 1 可以看出，构树鸡蛋中胆固醇含量明显低于普通鸡蛋，仅为普通鸡蛋的一半。

鸡蛋中的脂肪主要为不饱和脂肪酸，多（单）不饱和脂肪酸具有降低血清中的胆固醇和三酰甘油，抑制心血管疾病的作用，在降低高血压人群血脂方面，控制血压方面也有明显效果。表 1 可以看出，构树鸡蛋中的多不饱和脂肪酸和单不饱和脂肪酸含量均明显高于普通鸡蛋，多不饱和脂肪酸约为普通鸡蛋的 2.72 倍，单不饱和脂肪酸约为普通鸡蛋的 1.98 倍。

二十二碳六烯酸 DHA 是一种长链多不饱和脂肪酸，俗称“脑黄金”，是神经系统细胞生长及维持的一种主要成分，是大脑和视网膜的重要构成成分，在人体大脑皮层中含量高达 20%，在眼睛视网膜中所占比例约 50%，对胎婴儿智力和视力发育至关重要。研究表明，膳食补充 DHA 具有调节机体的糖脂代谢、促进大脑发育、改善脑损伤的功能，同时在预防和改善心血管疾病方面也具有重要作用。由表 1 可以看出，构树鸡蛋中的二十二碳六烯酸 DHA 含量明显高于普通鸡蛋，约为普通鸡蛋的 2.39 倍。

综上，构树鸡蛋中二十二碳六烯酸 DHA 含量、单不饱和脂肪酸和多不饱和脂肪酸含量均高于普通鸡蛋，而胆固醇含量低于普通鸡蛋。

3.2 微量元素含量

表 2 构树鸡蛋和普通鸡蛋的微量元素含量比较

项目，单位	构树鸡蛋	普通鸡蛋[LY]
钙，mg/kg	412	56
铁，mg/100g	1.7	1.8
硒，mg/kg	0.23	0.1192
锌，mg/100g	1	1.46
钠，mg/100g	116.6	62.8

注：LY 数据来自杨月欣. 中国食物成分表标准版（第 6 版/第二册）[M]. 北京：北京大学医学出版社，2019. 取鸡蛋（代表值）。

构树鸡蛋中铁和锌含量略低于普通鸡蛋，钙、硒和钠的含量均高于普通鸡蛋。钙享有“生命元素”之称，具有重要的生理功能。缺钙可能会引起儿童骨骼发育不良、免疫力低下、佝偻病、抽筋、精力不集中等，成年人低血钙症、骨质疏松、高血压、关节疼、手足抽搐症等。构树鸡蛋中钙含量是普通鸡蛋的 7.36 倍，可以作为钙营养摄入的优质来源。

4. 结论

构树鸡蛋的营养价值高于普通鸡蛋。构树鸡蛋中钙含量、DHA 含量、多不饱和脂肪酸含量和单不饱和脂肪酸含量均高于普通鸡蛋，分别是普通鸡蛋的 7.36 倍、2.39 倍、2.72 倍和 1.98 倍；而胆固醇含量仅为普通鸡蛋的一半。

参考文献

[1] 杨月欣. 中国食物成分表标准版（第 6 版/第二册）[M]. 北京大学医学出版社，2019.

[2] 赵英才等. 二十二碳六烯酸营养强化鸡蛋及蛋黄粉中脂质分析[J]. 食品安全质量检测学报，2019，10(15).

北京市顺义区木林镇魏家店构树种植对耕地地力影响的评价报告

评 价 人：卢昌艾

评价单位：中国农业科学院农业资源与农业区划研究所

2018 年 5 月 2 日

杂交构树种植对耕地地力影响及其复耕技术途径的研究报告

评 价 人：卢昌艾

评价单位：中国农业科学院农业资源与农业区划研究所

2021 年 11 月 10 日

杂交构树是一种速生、丰产、耐采伐、适应性强的多年生落叶乔木，属于粗蛋白木本饲料资源植物。近年来，我国每年需进口大批粮食，其中相当一部分进口粮食是被用于饲料用粮。比如在进口大豆当中，用于生产豆粕的比重占总量的75%—80%。杂交构树全株可制作新型青贮饲料，其“以树代粮”方式有利于缓解饲料原料不足，降低对粮食进口的依赖。

2015年，国务院扶贫办向全国推出“精准扶贫十大工程”，构树扶贫工程是其中之一。国务院扶贫办 2018 年 7 月下发《关于扩大构树扶贫试点工作的指导意见》（国开办发〔2018〕35 号），提出发展构树扶贫产业可重点在黄河流域滩区、长江流域低丘缓坡地、石漠化地区，特别是深度贫困地区等适宜地区种植杂交构树。随着全国构树产业的发展，部分地区在永久基本农田上种植杂交构树的现象引起了自然资源部和农业农村部的关注。

2019 年 1 月，自然资源部、农业农村部发布的《关于加强和改进永久基本农田保护工作的通知》（自然资规〔2019〕1 号）提出，“永久基本农田不得种植杨树、桉树、构树等林木…… 已经种植的，由县级自然资源主管部门和农业农村主管部门根据农业生产现状和对耕作层的影响程度组织认定，能恢复粮食作物生产的，5 年内恢复；确实不能恢复的，在核实整改工作中调出永久基本农田，并按要求补划”。2019 年 11 月，国务院扶贫办会同自然资源部、农业农村部联合印发《关于构树扶贫试点工作指导意见的补充通知》（国开办发〔2019〕18 号），提出“构树扶贫试点工程推广的为杂交构树，不同于植物学上的一般构树,应充分发挥杂交构树环境适应性强优势…… 特别是深度贫困县统筹规划、合理布局种植杂交构树……各省（自治区、直辖市）扶贫部门会同自然资源主管部门和农业农村主管部门每年组织对本地区杂交构树扶贫试点工作进行评估”。

基于上述政策要求,就需要全面深入研究杂交构树种植对耕地质量的影响,以及已种植杂交构树的永久基本农田复耕技术途径。本报告结合2018年5月《北京市顺义区木林镇魏家店构树种植对耕地地力影响》调研报告,依据2021年9—10月河北省魏县、安徽省霍邱县、山东省菏泽市牡丹区、河南省太康县、广西壮族自治区河池市宜州区、重庆市云阳县等构树扶贫工程专项评价调研资料，以及相关文献资料，分析杂交构树种植对耕地地力影响及其复耕技术途径。

一、全国不同种植区域与年限杂交构树的根系分布

杂交构树为中浅根系，侧根极其发达，主要分布在地表浅层，多集中于0—30cm土层，沙质土壤可达0—50cm土层。

（一）北京市顺义区不同种植年限的杂交构树根系分布状况

种植 12 年杂交构树根系分布

种植 8 年饲用杂交构树根系分布

种植 7 年饲用杂交构树复耕种植 1 年玉米的田块

图组 1 北京市顺义区不同种植年限构树根系（2018 年 4 月 12 日，沙质土）

从图组 1 可以看出，北京市顺义区木林镇魏家店沙土或壤质沙土上，种植 8 年和 12 年杂交构树地块的构树根系主要分布在 0—50cm；种植 7 年饲用构树后改种玉米 1 年的地块，0—60cm 没有残留的构树根系，**说明构树根系在种植玉米的一年期内已全部腐解掉。**

（二）全国不同区域的杂交构树根系分布状况

广西河池市宜州区 3 年饲用杂交构树根系分布（2021 年 9 月 17 日，壤土）

重庆市云阳县 3 年饲用杂交构树根系分布（2021 年 9 月 23 日，壤土）

河南省太康县 3 年饲用杂交构树根系分布（2021 年 9 月 26 日，壤土）

河北省魏县 4 年饲用杂交构树根系分布（2021 年 9 月 29 日，黏土）

安徽省霍邱县 4 年饲用杂交构树根系分布（2021 年 10 月 12 日，黏壤土）

山东省菏泽市牡丹区 5 年饲用杂交构树根系分布（2021 年 10 月 19 日，黏壤土）

图组 2 全国典型饲用杂交构树种植 3—4 年的根系分布

从全国 6 个省份种植3—4 年饲用杂交构树的根系分布来看（图组 2），绝大部分根系位于0—30cm 以内，30cm 以下土层根系多为3—4 级须根系，粗度多小于 3mm。

（三）小结

0—30cm土层质地偏黏或20—30cm土层土质偏黏的田块，杂交构树根系分布稍浅一些，多分布于0—20cm或0—30cm土层以内。0—50cm土层质地偏轻（沙性）的情况下，杂交构树根系分布深一些，但也主要集中于 0—40cm 土层内。

上述 7 个基地的杂交构树均种植于旱地，且根系分布相对较浅，对旱地的耕作层无明显的破坏作用。

二、杂交构树种植对土壤肥力与作物生长影响

（一）杂交构树种植对土壤肥力的影响

杂交构树根部虽不形成根瘤，但其根际土壤含有固氮菌类菌株，具有固氮、促生、溶磷、生物防治等功能，以及抑制腐皮镰孢菌、茄链格孢等植物病原菌的能力(张军，彭轶楠等.杂交构树根际固氮菌的分离与特性研究［J］.林业科学研究，2021，34(3).)。杂交构树抗逆性强，移栽后病虫害极少，上述7个杂交构树种植区域均没有使用化学农药防治病虫害的管理措施。目前杂交构树多作为饲料原料，种植区域多实施种养一体化产业模式，即杂交构树饲料—养殖废弃物还田的生态循环模式，有利于土壤肥力的维持和提升(图3)。

北京市顺义区杂交构树饲料与牛羊养殖

河南省太康县发酵饲料与猪养殖

重庆市云阳县发酵饲料与黑猪养殖

图 3 全国典型饲用杂交构树种植区的种养循环模式

2018年采集了北京市顺义区种植8年与12年构树田块、种植7年构树后复耕1年田块与周边永久基本农田的0—20cm、20—40cm、40—60cm土壤样品，测试分析了上述3个土层的物理化学指标。其中土壤物理指标包括土壤质地、容重与紧实度，土壤化学指标包括土壤pH、有机质、全氮、有效磷、全磷、速效钾、全钾等。与周边小麦—玉米轮作的永久基本农田相比，饲用杂交构树种植和适当的有机肥循环利用，可提升土壤有机质、防止土壤pH值下降等效果，对土壤全氮、有效磷、全磷、速效钾、全钾影响差异不很明显；复耕一年田块的同一土层土壤物理化学性状与永久基本农田类似，差异不显著。

（二）杂交构树复耕后作物生长

图 4 河北省魏县复耕还田作物长势（左侧：复耕后农田；右侧：常规农田）

北京市顺义区复耕 40 亩后种植玉米、山东省菏泽市牡丹区杂交构树种植 3 年后复耕种植小麦—玉米，河北省魏县杂交构树种植 3 年复耕种植 1 季玉米，从调研结果来看，当地农户反映除了需要将杂交构树根茬移除外，无须喷洒除草剂，无须增加施肥量等额外田间管理措施，小麦或玉米的单产水平相当于或稍好于周边常年种植粮食作物的田块。河北省魏县 2021 年 4 月复耕后种植的玉米长势，明显好于永久基本农田的玉米长势（图 4）。

三、杂交构树种植后复耕的技术途径

（一）杂交构树丢弃后未复耕田块的根系

图5　山东省菏泽市牡丹区3年饲用杂交构树弃种2年后根系（2021年10月）

山东省菏泽市牡丹区目前仅剩有40亩杂交构树种植地，收采3年后弃耕2年，从复耕土地的调研结果来看(图5)，地上大部分枝叶被农户放养的羊吃掉，但是地下根茬部分仍然较大，且根茬木质化程度很高，需要经过根茬移除后，才能种植新的农作物。

（二）杂交构树种植后复耕的技术途径

北京市顺义区40亩（饲用杂交构树种植7年后复耕）、山东省菏泽市牡丹区2540亩（饲用杂交构树种植3年后复耕）杂交构树种植后复耕的调研表明，两地**采用挖掘机拔出树根—挖掘机抖掉树根带出来的土壤—田间移出树根—田块旋耕（普通旋耕机，旋耕深度18—20cm）3次后种植作物的复耕技术途径**，复耕后没有出现杂交构树生长出来的现象（图组1、图6）。

河北省魏县构树种植区，种植3年的饲用杂交构树于2021

年 4 月复耕，**采用铧式犁将土壤深翻（翻深 30—40cm）3 次—挖掘机抖掉树根带出来的土壤 — 田间移出树根 — 田块旋耕（普通旋耕机，旋耕深度18—20cm）1 次后种植玉米的复耕技术途径**，复耕后没有出现杂交构树苗木生长出来的现象（图 6）。

图 6　杂交构树复耕后的田面状况（左图：山东省菏泽市；右图：河北省魏县）

综合已调研的北京市顺义区、山东省菏泽市、河北省魏县3地(图组1、图6)已经开展杂交构树复耕的经验来看，通过移出田间0—40cm 杂交构树根茬，留在田间残余根系很少生长出来的。此外，杂交构树不耐涝，淹水 7 天后杂交构树连同根系会一起死亡。

（三）复耕成本

山东省菏泽市牡丹区杂交构树种植 3 年后，通过上述挖掘机挖出根茬、再旋耕 3 次，农民将杂交构树根茬拿回家作柴火，其复耕成本约 100 元/亩；不过山东省菏泽市牡丹区杂交构树的种植密度约 400 株/亩，饲用构树种植密度多为800—1200株/亩，复耕成本需 200 元/亩。**如果种植密度正常，加上挖出的树根移出农田**

的人工成本，复耕成本 300—400 元/亩。

河北省魏县种植饲用杂交构树 3 年后复耕，农民将杂交构树根茬拿回家作柴火，其复耕成本约 200 元/亩；如果加上挖出的树根移出农田的人工成本，复耕成本约 400 元/亩。

四、边际土壤种植杂交构树的生长情况

2021年9月在重庆市云阳县调研时，了解到重庆东水蓝农业开发有限公司利用边际土壤种植杂交构树的生长情况。该公司 2017 年承包了重庆市云阳县云阳镇三坪村 200 亩荒山荒坡地（含 130 亩荒山荒坡地、70亩荒废 10—20 年的坡地）和 100 亩一般耕地。荒山荒坡地承包前，树木杂草丛生、有效土层薄，且岩石裸露度高（图 7）。

图 7　2017 年承包时的荒山荒坡地

2017—2018 年，公司进行荒山荒坡的土地整理，采用挖掘机刨出了大的石块，且为了采收机械行走方便，对坡大陡峭的地块整理成梯田，坡度小的地块找平成顺坡，于 2018—2019 年种植了杂交构树（图 8）。

图 8　荒山荒坡整理成顺坡或梯田

上述土地整理后，每亩施用农家肥 1 吨，铺上滴灌管，旱季灌溉或施用发酵池沼液（每次采收杂交构树枝叶后浇沼液 1 次，每年浇沼液约 5 次），人工除草，不使用除草剂等其他农药（图 9）。

图 9　施用猪粪沼肥及沼液

比较杂交构树种植 3 年前后土壤状况，种植前土壤贫瘠、颜色浅，土壤结构差，肥力低。通过 300 亩杂交构树—500 头猪的种养结合模式，500 头猪的干粪、粪水全部施用于这 300 亩杂交构树地，3 年后的土壤颜色深、有机质明显提高，土壤团粒结构明显变好，土壤肥力明显提升（图10）。

图 10 杂交构树种植前后的土壤（左为种植前，右为种植后）

通过 3 年多的种植，杂交构树生长旺盛，且其发达根系起到了很好的防治水土流失效果（图 11）。同时，能积极消化和处理动物粪污，实现种植养殖的综合循环利用。

图 11 荒山荒坡种植 3 年的杂交构树长势

五、结论

（一）杂交构树为中浅根系，从全国 7 个区域杂交构树根系分布特征的调研来看，杂交构树侧根发达，根系多分布于地表 0—30cm，沙质土壤可达 0—40cm，且 30cm 以下土层分布的根系为

3—4 级须根系，粗度多小于 3mm，容易腐烂分解，对旱地的耕作层无明显的破坏作用。

（二）杂交构树具有非共生固氮特性，其对耕地地力消耗不大，其种植不会导致土壤贫瘠化，尤其是在杂交构树种养循环模式下，适当施用有机肥，具有维持或提高土壤肥力的作用。

（三）通过田间移除杂交构树根茬（挖掘机或铧式犁挖出根茬），复耕种植作物后，没有再出现杂交构树生长出来的现象，也不影响复耕作物的产量。不考虑挖出根茬移出农田的成本，复耕成本为 100—200 元/亩；考虑田间移出根茬的成本，复耕成本约为 400 元/亩。

（四）荒山荒坡地通过适当的土壤整理、施用有机肥等措施种上杂交构树，并循环施用杂交构树一猪等种养模式产生的有机肥，可有效提升土壤肥力，且具有防治荒山荒坡水土流失的效果。

参考资料

张军，彭铁楠等．杂交构树根际固氮菌的分离与特性研究[J]．林业科学研究，2021，34（3）.

贺春禄，谭一泓．中国杂交构树精准扶贫:利在当下 功在千秋——专访中国科学院院士匡廷云[J]. 高科技与产业化, 2019 (4).

《北京市顺义区木林镇魏家店构树种植对耕地地力影响》调研报告，2018 年。

附件:《北京市顺义区木林镇魏家店构树种植对耕地地力影响》调研报告

北京市顺义区木林镇魏家店构树种植对耕地地力影响的评价报告

评 价 人:卢昌艾

评价单位:中国农业科学院农业资源与农业区划研究所

2018 年 5 月 2 日

北京市顺义区木林镇魏家店构树种植对耕地地力影响的评价报告

为了解北京市顺义区木林镇魏家店农田构树种植对耕地地力的影响，2018 年 4 月 12 日，国务院扶贫办开发指导司、农业农村部耕地质量监测保护中心、北京市土壤肥料工作站和中国农业科学院农业资源与农业区划研究所的有关人员，一起来到北京市顺义区木林镇魏家店北京乔纳森科技发展有限公司的构树种植基地，听取了北京乔纳森科技发展有限公司的“乔纳森杂交构树全产业链展示”的视频介绍，田间查看了构树不同种植年限田块的根系分布，并进行了相关田块的土壤取样、测试分析等，相关调查与测试分析结果如下：

一、 评价地块信息

图 1：北京市顺义区木林镇魏家店的构树种植基地

北京乔纳森科技发展有限公司的构树种植基地位于北京市顺义

区木林镇魏家店（图 1），沙质土壤，保水保肥性能差，耕地地力水平较低。种植构树前，多种植小麦、玉米等。

目前，基地内有 3 片相邻地块（图 2），分别为种植 12 年构树的资源圃地块（T12，约 30 亩）、种植 8 年饲用构树的地块（F8，约 40 亩）、种植 7 年饲用构树后改种 1 年玉米的地块（F7M1，约 40 亩）。为了解构树种植与农田种植的差异，选择了基地附近小麦一玉米轮作的基本农田作为对照（M，图 2）。

地块 1（编号：T12，约 30 亩）：种植 12 年构树的资源圃地块，无施肥。

地块 2（编号：F8，约 40 亩）：种植 8 年饲用构树的地块，2015 年秋季施用了 1 吨/亩的有机肥（牛粪湿基）。

地块 3（编号：F7M1，约 40 亩）：种植 7 年饲用构树后改种 1 年玉米，2017 年施用玉米专用肥（30 公斤/亩）。

地块 4（编号：M）：构树基地相邻的基本农田地块，常年种植小麦玉米。

T12 地块

F7M1 地块

—2—

F8 地块

M 地块

图 2：监测地块现状图

二、 土样采集与测试

1. 土壤剖面观察与取样

构树为落叶乔木，其根系浅，侧根分布广，多分布于0—50cm。为了解构树根系在地块中的分布，在 T12 地块与 F7M1 地块挖了0—60cm的土壤剖面，了解构树根系分布以及土壤剖面性状。

2. 土样采集

分别于 T12、F8、F7M1 和 M 地块，每一地块采集了 3 个重复样，每一重复样采用 5 点取样法，分别采集了0—20cm、20—40cm、40—60cm的土壤样品，带回实验室进行反映土壤生产性能基本物理化学指标的检测。

3. 土样测试

该基地主要为构树育苗与种植、奶牛羊等养殖，土壤重金属和有机污染物类的污染可能性较小，故没有对土壤重金属含量和有机污染物的含量进行检测。测试的土壤物理化学指标如下：

土壤物理指标：0—20cm、20—40cm、40—60cm 的土壤质地、容重与紧实度。测试方法详见“附件 1”。

土壤化学指标：土壤化学指标包括 0—20cm、20—40cm、40—60cm 土壤 pH、有机质、全氮、有效磷、全磷、速效钾、全钾等，测试方法详见“附件 1”。

三、 构树种植对耕地地力的影响

（一）构树根系分布状况

T12 地块构树根系分布

F7M1 地块构树根系分布

图 3：构树根系分布图

从图 3 可以看出，构树资源圃 T12 地块的构树根系主要分布在 0—50cm；种植 7 年饲用构树后改种玉米 1 年的 F7M1 地块，0—60cm 没有残留的构树根系，**说明构树根系在种植玉米的一年期内已全部腐解掉。**

（二）土壤物理性状

1. 土壤质地和紧实度

无论是构树种植地块（T12、F8、F7M1），还是基本农田地块（M）的0—60土壤质地均为沙土或壤质沙土。该土质具有以下特点：(1) 保水保肥能力差，土壤养分容易向下淋失；(2) 土壤增温快，土壤矿化作用较强，土壤有机质和其他有机养分库分解速度较快，土壤有机质或氮素养分库难以积累。

限于构树根系多分布于0—40cm，且构树种植地块（T12、F8、F7M1）附近多为沙质土壤，土壤均较为疏松，紧实度较小。因此，本试验区构树根系疏松土壤的作用难以体现出来。

2. 土壤容重

表 1　土壤容重(g/cm3)

土层/cm	T12	F8	F7M1	M
0—20	1.66±0.07 a	1.66±0.08 a	1.67±0.05 a	1.72±0.06 a
20—40	1.71±0.08 a	1.63±0.09 a	1.72±0.06 a	1.78±0.07 a
40—60	1.76±0.10 a	1.79±0.08 a	1.71±0.09 a	1.75±0.07a

备注：表中的数据为平均值±标准差，后面的小写字母表示同行的显著性差异(P<0.05)。下表同。

—5—

由于 4 个地块 0—60cm 均为沙质土，土壤容重均较高，且 4 个地块同一土层间的土壤容重差异不显著（表 1），说明 4 个沙质地块的构树种植或小麦玉米种植，对土壤容重没有什么影响。

（三）土壤化学性状

1. 土壤 pH 值

表 2 土壤 pH 值

土层/cm	T12	F8	F7M1	M
0—20	8.38±0.05a	8.34±0.04a	8.26±0.09a	6.97±0.18b
20—40	8.46±0.09a	8.41±0.03a	8.30±0.0a2	7.71±0.13b
40—60	8.38±0.03a	8.26±0.11a	8.30±0.06a	7.76±0.09b

表 2 结果表明，种植构树的 T12、F8、F7M1 地块土壤 pH 值维持在 8.30 上下；长期施用化肥的农田 M 地块，0—20cm 表层土壤 pH 值有所降低，降至适合作物生长的 7.0 左右。

2. 土壤有机质含量

F8 和 F7M1 地块的0—60cm土壤有机质水平均较高，M 地块次之，T12 地块相对较低（表 3）。说明与基本农田地块相比，饲用构树 F8 和 F7M1 地块不断收割地上部，促进了地下根系的生长，有相对较多的根系分泌物或死亡根系进入土壤形成土壤有机质；构树资源圃 T12 地块的根系分泌物或死亡根系较饲用构树地块相对少些，土壤有机质水平最低。相对于基本农田而言，饲用构树种植对土壤有机质有一定的提升作用，构树资源圃地块土壤有机质有所降低。

—6—

表 3 土壤有机质含量（g/kg）

土层/cm	T12	F8	F7M1	M
0—20	10.45±0.17c	14.03±0.66a	14.83±0.78a	12.14±0.62b
20—40	7.77±0.13c	10.38±0.47b	11.96±0.82a	9.84±0.64b
40—60	5.24±0.14c	8.75±0.73ab	10.26±0.96a	7.75±0.63bc

3．土壤全氮含量

表 4 结果表明，就0—20cm 表层土壤而言，M 与 F7M1 地块的全氮含量稍高些，F8 和 T12 地块稍低一些，但是均值差异不是很大。20—40cm 土壤，F7M1 地块的全氮含量稍高些，其他地块差异不大。40—60cm土壤全氮含量与20—40cm土壤的类似。由于0—60cm为沙质土，土壤难以固存氮素，氮肥或构树固氮提高土壤全氮含量的效果难以体现出来。相对于基本农田而言，饲用构树种植对土壤全氮含量影响不显著，构树资源圃地块土壤全氮含量有所降低。

表 4 土壤全氮含量（g/kg）

土层/cm	T12	F8	F7M1	M
0—20	0.74±0.01b	0.79±0.02ab	0.85±0.04a	0.84±0.01a
20—40	0.53±0.03b	0.52±0.04b	0.67±0.02a	0.45±0.04c
40—60	0.33±0.01b	0.29±0.09c	0.51±0.06a	0.35±0.01d

4．土壤有效磷含量

表 5 结果表明，就0—20cm 表层土壤有效磷含量而言，M 地块>F7M1 地块>F8 地块>T12 地块，且 4 个地块间差异显著。20—40cm 土壤，M 地块、F7M1 地块、F8 地块的土壤有效磷含量差异不大，T12 地块土

壤有效磷含量最低。40—60cm F8 地块与 F7M1 地块的土壤有效磷含量土壤较高，M 地块和 T12 地块的土壤有效磷含量较低。相对于基本农田而言，饲用构树种植和构树资源圃降低了0—20cm土壤有效磷含量；饲用构树种植提高了40—60cm土壤有效磷含量。

表 5　土壤有效磷含量（mg/kg）

土层/cm	T12	F8	F7M1	M
0—20	4.44±0.40d	9.12±0.40c	15.87±0.44b	22.28±0.49a
20—40	3.16±0.17b	7.64±0.38ab	8.19±0.36a	7.80±0.31ab
40—60	3.28±0.34b	6.33±0.37a	6.19±0.31a	3.36±0.29b

5．土壤全磷含量

表 6　土壤全磷含量（g/kg）

土层/cm	T12	F8	F7M1	M
0—20	0.76±0.01 b	0.78±0.01 ab	0.84±0.06 ab	0.87±0.02 a
20—40	0.69±0.02a	0.69±0.01a	0.71±0.07a	0.67±0.02a
40—60	0.60±0.04b	0.60±0.07b	0.74±0.06a	0.69±0.08ab

就0—60cm土壤全磷含量而言，4 个地块同一土层间土壤全磷含量均值差异不是很大（表 6）。其中，就0—20cm 土壤全磷含量而言，M 地块≥F7M1地块≥F8 地块≥T12地块，但是 4 个地块间差异不是很大；20—40cm 土壤，4 个地块间基本没有差异；40—60cm 土层 F8 地块与 F7M1 地块的土壤全磷含量较高，M 地块和 T12 地块的土壤全磷含量较低。综上所述，除构树资源圃地块的土壤全磷含量稍有所降低外，饲用构树种植与基本农田差异不大。

—8—

6．土壤速效钾含量

就 0—60cm 土壤速效钾含量而言，4 个地块同一土层间土壤速效钾含量均值差异不是很大（表 7）。其中，F7M1 地块、F8 地块、T12 地块 0—20cm 和 20—40cm 土壤速效钾含量差异不大，M 地块稍低些；40—60cm 土层 4 个地块的速效钾含量差异不显著。相对于基本农田而言，饲用构树种植的土壤速效钾含量较高。

表 7 土壤速效钾含量（mg/kg）

土层/cm	T12	F8	F7M1	M
0—20	92.1±0.1a	92.1±2.6a	89.9±4.3a	76.1±0.9b
20—40	76.1±2.1a	77.6±3.5a	76.7±3.1a	65.2±1.8b
40—60	61.4±3.5a	69.9±4.9a	67.3±3.8a	63.9±2.8a

7．土壤全钾含量

就 0—60cm 土壤全钾含量而言，F7M1、F8、T12 地块的土壤全钾含量较高，3 地块间差异不显著；M 地块较低，且较其他 3 地块差异显著（表 8）。

表 8 土壤全钾含量（g/kg）

土层/cm	T12	F8	F7M1	M
0—20	29.9±0.14a	30.33±0.81a	30.2±0.01a	24.9±1.56b
20—40	29.6±0.57a	29.8±0.20a	30.0±0.40a	26.4±1.41b
40—60	29.8±0.31a	28.27±1.18a	29.9±0.12a	26.7±0.14b

四、主要结论

1．多年种植构树的沙土质地土壤改种玉米后，构树根系基本腐解，对土壤剖面影响不大。

2．多年种植构树对沙土质地土壤的质地、容重、紧实度等物理指标无明显影响。

3．与基本农田相比，饲用构树种植和构树资源圃降低了沙质土壤0—20cm土壤有效磷含量，基本农田较高的有效磷含量可能与农田连续施用化肥有关；饲用构树种植并增施有机肥对沙质土壤有机质有一定的提升作用，12年构树资源圃地块长期不施肥情况下沙质土壤有机质有所降低；构树种植对沙质土壤全氮、全磷、速效钾、全钾含量影响差异不显著。

4．综上，种植饲用构树且适当施肥的情况下对后续改种农作物没有显著影响，可以随时复耕；构树种植（如构树资源圃）长期不施肥的情况下会造成土壤有机质、全氮、有效磷、全磷等养分指标的下降。

5．本报告只针对0—60cm均为沙质土壤的地块，进行了构树种植对耕地地力影响的评价。

6．本报告只限于评价构树种植对耕地地力的影响。

—10—

附件 1：土壤检测方法

(1) 土壤紧实度：美国 SC900 型。

(2) 土壤容重：环刀法。

(3) 土壤质地：现场手测法。

(4) 土壤 pH 值：PB-10 酸度计测定。

(5) 土壤有机质含量：重铬酸钾容量法—外加热法。

(6) 土壤全氮含量：半微量凯氏法。

(7) 土壤有效磷含量：0.5mol/L $NaHCO_3$ 浸提法。

(8) 土壤全磷含量：NaOH 熔融-钼锑抗比色法。

(9) 土壤速效钾含量：NH_4OAc 浸提，火焰光度法。

(10) 土壤全钾含量：NaOH 熔融—火焰光度法。

参考文献

1. 陈丽娟，李道捷，张云华．不同比例构树与苜蓿混合对安格斯母牛瘤胃细菌多样性的影响［J］．草业科学，2020，37（8）．

2. 蔡玉，陈国顺，支喜军等．构树发酵饲料在猪禽养殖中的应用研究进展［J］．畜牧兽医杂志，2019，38（1）．

3. 高永伟．构树扶贫 大有可为——就构树扶贫工程实施情况专访国务院扶贫办开发指导司［J］．中国扶贫，2020（7）．

4. 郝敬堂．好大一棵树［J］．中国扶贫，2016（23）．

5. 何连芳，白淑云，刘秉钺．不同树龄杂交构树的纤维特性及制浆性能研究［J］．中国造纸学报，2009（1）．

6. 贺春禄．退耕还林应大力提倡种植杂交构树——专访国家林草局退耕还林办副主任李青松［J］．高科技与产业化，2019（4）．

7. 蒋剑春．推广杂交构树是中国产业扶贫新途径［J］．高科技与产业化，2019（4）．

8. 贺春禄，谭一泓．中国杂交构树精准扶贫：利在当下 功在千秋—— 专访中国科学院院士匡廷云［J］．高科技与产业化，2019（4）．

9. 华金玲，从光雷，郭亮等．构树对黄淮白山羊瘤胃发酵特性、消化代谢、生产性能及肉品质的影响［J］．南京农业大学学报，2019，42（5）．

10. 黄炎坤，李杨，徐思源等．青贮构树枝叶替代稻糠对皖西白鹅繁殖性能的影响［J］．黑龙江畜牧兽医，2020（15）．

11. 胡丽娟．杂交构树搭载神舟七号返回［N］．科技日报，2008-10-14（11）．

12. 李慧．我国将实施精准扶贫十项工程［N］．光明日报，2014-12-25（10）．

13. 李旭静，张配颖，冯浩等．杂交构树青贮和巨菌草青贮替换全株玉米青贮对肉羊生长性能和血清生化指标的影响［J］．中国畜牧杂志，2021，57（1）．

14. 黎祖交．一个好树种可以催生一个大产业——以杂交构树为例［J］．高科技与产业化，2019（4）．

15. 黎祖交．试论在全面脱贫和乡村振兴中发展杂交构树产业的意义［J］．绿色中国，2020（9）．

16. 林萌萌，何振刚，郑爱华等．全株发酵杂交构树替代蛋白饲料对育肥猪生长性能、粪污排放量及养分表观消化率的影响．饲料研究，2019，42（4）．

17. 林萌萌，郑爱华，刘晓东等．青贮杂交构树替代蛋白饲料对肉羊生产性能的影响［J］．畜牧兽医杂志，2018，37（6）．

18. 彭献军，王金山，沈世华．运用杂交构树对尾矿生态修复和矿区绿化［J］．天津农业科学，2016，22（12）．

19. 司丙文，徐文财，郭江鹏等．杂交构树青贮对杜寒杂交肉羊生产性能、血清指标及背最长肌脂肪酸组成的影响［J］．畜牧兽医学报，2019，50（7）.

20. 沈世华．产业扶贫的好树种——杂交构树［J］．中国扶贫，2017（14）.

21. 沈世华．从历史长河中走来的构树［J］．生命世界，2018（3）.

22. 沈世华．科技创新引领未来：杂交构树研发及其产业化［J］．生命世界，2018（10）.

23. 沈世华．狠抓构树扶贫工程“三品”［N］．农民日报，2018-7-13（6）.

24. 沈世华，彭献军．中国科学家破译蔡伦造纸原料植物构树基因组．绿色中国（A版），2019（3）.

25. 沈世华，彭献军，陈乃芝．杂交构树产业扶贫实践与成效［J］．中国科学院院刊，2020，35（C）.

26. 沈世华，彭献军，段瑞等．科技引领创新 产业助力扶贫——杂交构树扶贫工程在山东菏泽的成效与启示［J］．中国科学院院刊，2018，33（9）.

27. 宋柏螈，陶振阳，任洪涛等．杂交构树发酵饲料对奶牛生产性能、乳清抗氧化及生化指标的影响［J］．家畜生态学报，2020，41（8）.

28. 屠焰，刁其玉，田莉等．杂交构树营养成分瘤胃降解特点的研究［J］．中国畜牧杂志，2009（11）.

29. 屠焰，刁其玉，张蓉等．杂交构树叶的饲用营养价值分析［J］．草业科学，2009，26（6）.

30. 王国琪，林萌萌，刘晓东等．以杂交构树为原料提升奶牛免疫力的饲料及其制法和应用 .CN108850586A. 2018.

31. 王福传，闫益波，杜丽英等．全株玉米青贮及构树青贮饲料对肉牛增质量效果的影响［J］. 山西农业科学，2019，47（10）.

32. 王金山，刘金升，彭献军等．杂交构树在滨海盐碱地生态绿化中的应用［J］. 天津农业科学，2014（2）.

33. 王智．杂交构树发酵饲料对奶山羊泌乳性能的影响［D］. 西北农林科技大学，2021.

34. 王小平，张保军，张展海等．青贮杂交构树对育肥肉羊生长性能、屠宰性能及器官指数的影响［J］. 中国饲料，2021，（3）.

35. 夏敏，张勇，李建新等．构树发酵饲料对肉牛肥育性能、屠宰性能和肉品质的影响［J］. 中国草食动物科学，2020，40（4）.

36. 肖琳芳．中科创构：中国杂交构树产业的助推者．高科技与产业化［J］，2019（4）.

37. 向凌云，高正龙，胡虹等．杂交构树饲料对肉兔生长性能、血清生化指标和健康状况的影响［J］. 饲料研究，2020，43（9）.

38. 张生伟，王小平，张展海等．青贮杂交构树对杜湖杂交肉羊生长性能、血清生化指标和肉品质的影响［J］. 草业学报，2021，30（3）.

39. 张兴，朱少中，杨旗，粟泽雄，谭红，刘传芳，吴买生，段叶辉，印遇龙．构树发酵饲料对湘沙猪配套系商品猪生长性能、胴体品质和肌肉品质的影响［J］. 动物营养学报，2020，32（12）.